EUGÈNE ASSE

LES PETITS ROMANTIQUES

ANTOINE FONTANEY. — JEAN POLONIUS
L'INDÉPENDANCE DE LA GRÈCE
LES POÈTES DE LA RESTAURATION
JULES DE RESSÉGUIER
ÉDOUARD D'ANGLEMONT

PARIS
LIBRAIRIE HENRI LECLERC
219, RUE SAINT-HONORÉ, 219
et 16, rue d'Alger.

—

1900

LES PETITS ROMANTIQUES

EUGÈNE ASSE

LES PETITS ROMANTIQUES

ANTOINE FONTANEY. — JEAN POLONIUS

L'INDÉPENDANCE DE LA GRÈCE

ET LES POÈTES DE LA RESTAURATION

JULES DE RESSÉGUIER

ÉDOUARD D'ANGLEMONT

PARIS

LIBRAIRIE HENRI LECLERC

219, RUE SAINT-HONORÉ, 219

et 16, rue d'Alger.

1900

A

HENRI GERBOD

EN

SOUVENIR

> Est amicitia nihil aliud,
> nisi summa consensio rerum
> divinarum atque humanarum.
>
> Cicero. *De Amicitia*, 20.

ANTOINE FONTANEY

A LÉO JOUBERT

ANTOINE FONTANEY

L'ON connaîtrait mal le mouvement littéraire qui, sous le nom de Romantisme, a jeté un si vif éclat sur le second tiers de notre siècle, si l'on s'arrêtait seulement aux grands écrivains qui s'en détachent et dont la gloire est maintenant consacrée. Pour l'embrasser tout entier, en bien pénétrer le sens, la nature, il faut s'engager plus avant dans cette étude, devenir familier avec d'autres écrivains moins illustres, dont les noms mêmes sont aujourd'hui à peu près oubliés, mais qui, par leurs défauts, par l'exagération des principes d'une école dont ils s'étaient faits les adeptes, ne les mettent que mieux en relief, n'en rendent que plus saillant le caractère. Ce sont ceux que nous appellerons les Petits romantiques, et dont nous voudrions raviver quelques figures.

I

Quand on lit les poésies de Sainte-Beuve — et c'est un tort de ne pas le faire plus souvent, car il est un des deux ou trois hommes qui, de notre temps, ont ouvert une nouvelle voie à la poésie, ou, si l'on préfère, créé un genre nouveau, — on voit figurer dans ses vers un nom qui, associé ainsi aux épanchements de la muse et de l'amitié, éveille la sympathie et provoque la curiosité. Ce nom, est celui d'A. Fontaney, auquel il dédia une de ses pièces les plus belles, empreinte de cette espèce d'ascétisme chrétien qui avait, pour un temps, succédé à la désespérance de Joseph Delorme et auquel on dut, quelques années plus tard, en 1834, le roman de *Volupté*. Elle est datée d'août 1829, et fait partie des *Consolations*, publiées anonymes l'année suivante (en mars). Le poète, qui se croit revenu des vanités du monde, et insensible désormais à ses fausses joies, y fait vœu de retraite dans une solitude, mi-monacale, mi-littéraire, et entourée de ce bric-à-brac *moyenageux*, comme on dit irrévéremment aujourd'hui, mais dont alors on était sincèrement épris :

> Oh ! j'ai rêvé toujours de vivre solitaire
> En quelque obscur débris d'antique monastère,
> D'avoir ma chambre sombre, et, sous d'épais barreaux,
> Une fenêtre étroite et taillée à vitraux,
> Et quelque lierre autour, quelque mousse furtive
> Qui perce le granit et festonne l'ogive ;
> Et frugal, ne vivant que de fruits et de pain,
> De mes coudes usant ma table de sapin,
> Dans mon fauteuil de chêne aux larges clous de cuivre
> J'ai rêvé de vieillir avec plus d'un vieux livre.

Et, à côté des vieux livres, bien d'autres choses encore, dont l'énumération peint bien le goût romanesque de l'époque, ses passions tournées au drame, le tout mêlé d'aspirations champêtres :

> Mille objets de rebus, tout ce qui s'use et change,
> Des papiers, des habits, un portrait effacé
> Qui fut cher autrefois, un herbier commencé,
> Pinceaux, flûte, poignards sur la même tablette,
> Un violon perclus logé dans un squelette....

Et comme bouquet, ce final chrétien et à la Palestrina :

> Moi vieillard avant l'âge, aux cheveux déjà gris,
> Et qui serai poussière avant tous ces débris,
> Quand je porte le sort de mon âme immortelle,
> Mourant, lui laisserai-je une chance moins belle ?
> La laisserai-je en risque, après l'exil humain,
> D'errer comme un atome au bord d'un grand chemin,
> Sans se mêler joyeuse au Dieu que tout adore,
> Sans remonter jamais et sans jamais éclore ?

Qui aurait alors, en lisant ces vers, prévu les obsèques civiles de 1869? Mais voilà les dangers du dilettantisme religieux, il ménage de ces retours, ou plutôt de ces contradictions.

Si nous avons cité les vers dédiés par Sainte-Beuve à Fontaney, c'est parceque ces confidences poétiques sont le cadre qui convient le mieux à un portrait de celui à qui elles étaient adressées, et font pressentir le caractère de l'homme et la nature du talent de l'écrivain. A. Fontaney fut le miroir fidèle d'une époque où la phraséologie religieuse, le sentiment chrétien lui-même, se mêlaient aux passions les plus fougeuses, les plus désordonnées, où le satanisme alternait dans le même homme avec l'ascetisme, où dans le roman et jusque dans la vie réelle on pouvait être à la fois Antony, René et Jocelyn, où enfin les héros poitrinaires étaient tout à fait à la mode, et où les amoureux n'étaient pas loin d'envier ces pâles et langoureux rivaux. Fontaney fut la réalisation complète de cet idéal, y compris la consomption, qu'il feignit peut-être d'abord, nous n'en jurerions pas, mais dont finalement il fut atteint pour tout de bon et mourut dans les circonstances les plus lamentables et les plus romanesques qui se puissent imaginer. Ajoutons à ces traits quelque teinte de dandysme, un léger travers d'anglomanie gâtant un peu une très réelle distinction, et l'on aura dans son ensemble cette originale et intéressante figure d'homme du monde et d'écrivain.

Le soin qu'il prit toujours de s'entourer d'un certain mystère a réussi plus peut-être qu'il ne souhaitait ; la perte de l'état-civil parisien, survenue depuis, rend aujourd'hui à peu près impossible de le percer. Nous essayerons cependant, grâce à quelques témoignages contemporains recueillis çà et là, et surtout aux demi-confidences mêlées à ses propres œuvres. Antoine Fontaney — ce prénom lui-même était resté jusqu'ici inconnu — naquit vers 1802. Il avait donc le même âge que Victor Hugo, dont il fut un des premiers et des plus ardents fidèles, et était de deux ans plus âgé que Sainte-Beuve, de quatre que Brizeux, de neuf que Théophile Gautier, d'un an plus jeune de Loeve-Veimars, avec lequel, comme prosateur, il eut plus d'un trait de ressemblance.

Si nous en jugeons par ses premières productions, par la connaissance qu'il posséda à fond de l'espagnol et de l'anglais, il dut recevoir une excellente éducation. On peut même, d'après une qualification que nous le verrons prendre en 1830, supposer qu'il étudia le droit.

Il avait à peine vingt ans, lorsqu'il perdit son père, avec lequel il habitait Vincennes, et qui y mourut au mois de septembre 1822, encore dans la maturité de l'âge, après une longue et cruelle maladie. Cette perte laissa dans son âme un profond souvenir, dont il s'est inspiré dans une pièce de son premier recueil poétique, en 1829. En voici quelques vers, assez faibles d'ailleurs, et dont le seul mérite est dans les détails qu'ils donnent sur la famille de l'auteur :

> Tu pars, mais tu n'as pas franchi
> La plus belle moitié de ton pèlerinage !
> Retranché des vivants dans l'été de ton âge,
>   Tes cheveux n'auront pas blanchi,
>   Et d'une vieillesse adorée

Le sort te ferme l'avenir !
Ah ! de combien d'amour je l'aurais entourée,
Et qu'il m'eût été doux à ta main vénérée
De présenter un jour des enfans à bénir !

Cet espoir devait-il aussitôt se flétrir ?
    Avant qu'à sa prison ravie
    Ton âme eût quitté cette vie
Depuis combien de temps je te voyais mourir !

    Chaque jour ta pâle existence
    Se mêlait avec le trépas,
    Chaque moment était un pas
Qui de ce but fatal rapprochait la distance.

Comme un flambeau mourant, ton esprit effacé
    N'avait conservé du passé,
Qu'un vague souvenir dépouillé d'espérance,
    Et j'avais vu ton corps glacé
    Survivre à ton intelligence (1).

Près de ce père qu'il vit longtemps mourir et dont l'intelligence s'était obscurcie ; dans la gêne d'une famille privée de son soutien naturel, sa jeunesse dut être triste et pénible, et il ne faut pas s'étonner que ses vers aient gardé l'empreinte de ces jours sans joie et comme sans soleil. Un seul rayon semble les avoir éclairés, rassérénés, celui de l'amour. Sa santé, qui fut toujours chétive, n'était pas faite pour réagir contre l'influence déprimante d'un tel milieu : il n'était pas de ceux, un Théophile Gautier par exemple, dont le beau tempérament sort victorieux de telles épreuves. Mais si elles laissèrent sur lui leurs stigmates, il avait assez de force d'âme pour n'y point succomber, pour se frayer sa route, si difficile qu'elle fût, en dépit des obstacles, et de s'élever d'une première situation bien humble, à un rang très honorable dans les lettres. Il avait, en effet, commencé

---

(1) A. Fontaney, *Ballades et Mélodies*, Paris, 1829, p. 191.

par occuper un petit emploi municipal à la mairie du XIe arrondissement de Paris (1). Ce détail, longtemps ignoré, nous est révélé par une lettre de Sainte-Beuve, qui, vers 1853, écrivait à un poète ami ou admirateur de Fontaney, M. René Biémont :

« C'est à votre ou plutôt à notre mairie que j'ai vu plus d'une fois Fontaney. La poésie lui a été à la fois bonne et fatale. Si c'est elle qui lui a fait quitter son modeste emploi pour les chances de la vie littéraire, elle l'a déçu, puisqu'il est mort à la peine, sans atteindre même à ce peu qu'on appelle la renommée. La poésie, telle que je la conçois dans certaines positions et dans une certaine mesure, c'est, Monsieur, un accompagnement du travail, une consolatrice au logis, une récréation aux heures de relâche. C'est une musique de l'esprit qui en entretient la douceur et la délicatesse et qu'on cultive en vue d'elle-même et de soi-même. Je ne conseillerais donc à personne de se priver de l'usage de cet aimable talent quand il est naturel, facile et qu'il se confond avec la sensibilité. De même je ne conseillerais à personne de s'y confier assez pour y mettre toutes ses espérances et pour vouloir faire par là son chemin » (2).

Ce sont là des conseils qu'on donne et qu'on doit donner quand la cinquantaine vous a assagi, mais auxquels Sainte-Beuve certainement ne songeait guère quand, vers 1825, il allait voir Fontaney au bureau des mariages de la mairie de la rue Garancière ; car, pour préciser tout à fait, c'est dans cet humble et fastidieux emploi que Fontaney passa ses premières années de jeunesse. La monotonie et l'assujettissement lui en pesaient d'autant plus, que ses goûts, sa distinction naturelle, le portaient vers le dilettantisme et les régions

---

(1) Aujourd'hui le VIe.
(2) Sainte-Beuve, *Correspondance*, publiée par M. Jules Troubat, Paris, Calman Lévy, 1877, 2 vol. in-12, t. I, p. 184 ; et *Premiers Lundis*, Paris, Michel Lévy, 1875, II, p. 321.

plus aristocratiques de la diplomatie et de la politique. « C'était, a dit de lui Sainte-Beuve, un homme parfaitement distingué dans le sens propre du mot ». Et encore, notant en critique expert un des traits distinctifs de son ami : « Sa vocation, ce semble, si elle avait pu se développer naturellement, eût été le commerce des poètes, des artistes, parmi lesquels il n'aurait pris, à titre de poète lui-même, qu'une place modeste ». Il y avait aussi en lui quelque chose du *gentleman,* et personne ne s'étonna sans doute quand il prit plus tard le pseudonyme de *lord Feeling.*

Dès 1827, il fréquenta les cénacles de Charles Nodier à l'Arsenal, de Victor Hugo rue de Vaugirard, n° 90, puis rue Notre-Dame-des-Champs, n° 11. Ce dernier venait de publier son troisième volume des *Odes et Ballades,* dont Sainte-Beuve rendait compte dans le *Globe* du 9 janvier 1827, ce qui mettait en relation les deux écrivains et en faisait deux amis.... pour le moment du moins. Sainte-Beuve habitait lui-même au n° 94 de la rue de Vaugirard, et peu après au n° 19 de la rue Notre-Dame-des-Champs (1). Pendant plusieurs années le poète et le critique demeurèrent donc porte à porte. Des relations entre les amis de l'un et de l'autre s'en établirent d'autant plus facilement, et nous ne serons pas surpris de voir Fontaney former vers la même époque une étroite amitié avec Sainte-Beuve. En même temps, prenant plus de confiance en lui, Fontaney passait de l'admiration des œuvres des autres à l'ambition pour lui-même, et se décidait, lui aussi, à écrire un livre.

Le premier qu'il publia fut un recueil de vers. Il parut probablement dans les derniers jours de décembre 1828, car le *Journal de la Librairie* l'enregistre, sous le n° 18,

---

(1) Sainte-Beuve, *Portraits contemporains,* Paris, 1869, I, 468; et Biré, *Victor Hugo avant 1830,* Paris, Gervais, 1883, p. 459.

dans son numéro du 5 janvier 1829. En voici le titre et la description :

Ballades, | Melodies | et Poésies diverses, | par A. Fontaney. | *Paris,* | *Hayet, libraire, rue de l'Échiquier, n⁰ 34 ;* | *Delaunay, libraire, au Palais-Royal, n*ᵒˢ *182 et 183 ;* | *Roret, libraire, quai des Augustins, n⁰ 17 bis.* | 1829. 1 vol. in-18 (*Imprimerie de Gratiot, à Paris*).

<small>Titre, et 2 pp. pour l'*Avis de l'Éditeur*, plus 232 pp., dont 2 pour la table. Sur le titre, cette épigraphe : *L'estro nel core*. Un cul-de-lampe, d'imprimerie courante, se trouve à la fin de chaque pièce : urne funéraire, sablier, tête de mort, couronne funéraire, couronne, palmes, lampe et coupe antiques, amour, muse pinçant de la harpe emportée dans les nuages.</small>

Le volume se compose de vingt-huit pièces de vers, dont 7 pour les *Ballades,* 15 pour les *Mélodies,* et 6 pour les *Poésies diverses.* Chacune est accompagnée d'une épigraphe, qui indique bien les préférences littéraires de l'auteur. Elles sont empruntées : parmi les français, à Chateaubriand, à Lamartine, à Victor Hugo, à Charles Nodier ; parmi les étangers, à Pope, à Thomas Moore, à Walter Scott, à Pétrarque, à Dante. Les traductions dominent dans ce recueil : *La Nuit de la Saint-Jean,* de Walter Scott ; la belle pièce de Wordsworth, *Nay, we are seven* (Nous sommes sept); deux pièces, choisies dans les *Hours of Idleness* de Byron, publiées pour la première fois en 1807, la première, *A Marie* (c'est le *Song : When I roved a young Higlander,* inspiré au poète par Marie Chaworth); la seconde : *Mes Rêves* (c'est celle adressée à M. S. G. : *When I dream that you love me*); neuf pièces tirées des *Mélodies Irlandaises,* de Thomas Moore, qui avaient commencé à paraître dès 1807, et continuèrent jusqu'en 1834 ; enfin la pièce de Manzoni, *Le 5 Mai,* alors célèbre, et qui témoigne des opinions bonapartistes du traducteur. On voit par ces noms combien Fontaney était déjà porté vers l'Angleterre et familier avec ses écrivains. Plus tard, il ira plus loin encore, prendra un double pseudonyme britannique, et cherchera à imiter l'humour de Sterne et la sensibilité de Mackensie, l'auteur du *Man of Feeling*.

Dans ce recueil, les pièces originales se réduisent à treize, dont quelques-unes portent des dates précieuses pour la vie de l'auteur. Ce sont : *la Mort d'un enfant ; le Convoi de l'étrangère ; Une Vision ; la Bénédiction d'un cimetière*, à M. S...... (Vincennes, octobre 1828) ; *Tu m'aimes, je ne puis mourir ; Un Ange ; le Retour*, à Mlle E... de B..... (Vincennes, avril 1828) ; *Toujours ; A mon Père, dédié à ma Mère* (Vincennes, septembre 1822), avec cette épigraphe :

> J'appris à connaître la mort sur les lèvres
> de celui qui m'avait donné la vie.
>
> CHATEAUBRIAND.

L'Aveu ; Souvenirs d'un printemps (Montmorency, novembre 1823) ; *le Portrait ; Adieux à la lyre.*

Ses premiers vers semblent dater de la mort de son père en septembre 1822, et la tristesse empreinte dans d'autres pièces, se rapporter au même sentiment qui inspira son début poétique. *Une Vision* est une sorte de revue funèbre comme celle de Zedlitz, moins l'accent guerrier : on ne s'étonne pas de la voir suivie de la traduction du *Lenore*, de Bürger ; les deux pièces sont dans le même ton lugubre :

> S'échappant doucement des fosses entr'ouvertes,
> Je vis de tous côtés des ombres se glisser ;
> Les unes se levant, de leurs linceuls couvertes,
> Au milieu des tombeaux allaient se disperser.
>
> Spectres errants, ces morts aux transparents visages,
> Entre la lune et moi venaient-ils à passer,
> Je les voyais, pareils à de légers nuages,
> Obscurcir un moment l'astre sans l'éclipser.

Au milieu s'intercale un *Chant des morts*, qui n'égaye pas le sujet. Deux autres pièces, le *Convoi de l'étrangère*, scène de funérailles d'une jeune fille morte inconnue dans un village :

> Ne nous demandez pas qui nous perdons en elle,
> Qui fut celle que nous suivons ?
> On dit qu'elle était jeune, on dit qu'elle était belle,
> Voilà tout ce que nous savons.

et la *Bénédiction d'un cimetière,* sont dans le même ton. Dans cette dernière, nous retrouvons le poète dans ce même Vincennes, où six ans auparavant il avait perdu son père. Peut-être la pièce, dédiée à M. S..., était-elle adressée à Sainte-Beuve. De ces pièces, d'une tristesse un peu monotone, la meilleure est celle sur la *Mort d'un enfant,* qui rappelle celle de Reboul (1828), mais avec une conclusion bien différente : l'Ange emporte dans ses bras l'enfant, pour prendre place dans les phalanges célestes, la mère à genoux pleure, et le poète, s'adressant à elle, s'écrie :

> Hélas ! il te laissait parmi nous solitaire !
> Que t'importait pour lui ce destin triomphant,
> Et qu'il fût dans le ciel un ange ! Sur la terre
> Il était ton enfant.

Reboul s'était souvenu de Grillparzer : Fontaney, en admettant qu'il ait connu l'un et l'autre, s'en sépare par ce dernier trait, qui est vraiment heureux.

L'amour a mieux encore inspiré Fontaney; c'est surtout aussi dans ses vers amoureux qu'il s'est peint lui-même. Dès 1823, cette passion éclate dans la pièce *Souvenirs de Printemps,* écrite à Montmorency, et où Enghien, son joli lac et ses gracieux environs, servent de cadres à ses jeunes amours. Comme poésie, c'est dans le goût bien plus des classiques que de la nouvelle école ; et ceci nous prouve une fois de plus combien les débuts du Romantisme furent timides et ses progrès insensibles :

>Frappant l'écho muet de ce triste ermitage,
>   Quand de l'horloge du village
>Le marteau sur l'airain retentira neuf fois,
>De ton lit solitaire à pas lents échappée
>   Et de ta mante enveloppée,
>   Tu n'iras plus, comme autrefois,
>   Te glissant dans la sombre allée,
>   Ouvrir, encor pâle et troublée,
>A ton ami caché dans l'ombre du chemin,
>   Cette porte mystérieuse
>Qui cédait doucement à l'effort de ma main,
>   Et que, hâtant ma fuite paresseuse,
>Tu venais me r'ouvrir encore le lendemain.
>
>Il ne nous verra plus errer dans ses nacelles,
>Et voguer sur ses flots doucement agités,
>   Ce beau lac où les hirondelles
>   Venaient le soir tremper leurs ailes.
>   Ces bords qu'il t'a fallu quitter,
>   Je reviens seul les visiter
>   . . . .
>Ici tu me montrais ce lointain paysage
>Qui de Montmorency couronne les coteaux.

Nous trouvons la fin de cette histoire d'amour dans la pièce *le Portrait*, dernier présent, comme le *Crucifix* de Lamartine, de celle qu'il ne devait plus revoir sur cette terre, mais qu'il espère rejoindre dans le ciel :

>   N'ai-je pas vu sa main timide,
>   De mes larmes encore humide,
>Le jour de son départ le poser sur mon cœur.
>
>Elle tremblait alors, et son triste sourire
>Me cachait mal les pleurs qui roulaient dans ses yeux ;
>   Ah ! l'adieu qu'ils semblaient me dire,
>   C'était un de ces longs adieux
>   Dont tout l'espoir est dans les cieux.
>   . . . .

> Ce talisman sacré, mon unique espérance,
> Sur mon sein palpitant ma main le presse encor :
> Tant qu'elle s'ouvrira pour former cette étreinte,
> Mes yeux vers l'avenir se tourneront sans crainte ;
> Et lorsque enfin viendra le moment de mourir
> Et d'aller retrouver dans une autre patrie
> Cette divinité qu'ici-bas j'ai chérie,
> Pour l'éternel sommeil avant de m'assoupir,
> Approchant ce portrait de ma bouche flétrie,
> Dans un dernier regard, dans un dernier soupir,
> J'exhalerai sur lui mon amour et ma vie !

Ces premiers amours ne doivent pas, je crois, se confondre avec le tendre sentiment qu'il éprouva plus tard, en 1828, pour une jeune fille, Mlle Emma de B..., qui comme lui habitait Vincennes, et à qui sa santé avait fait chercher des cieux plus cléments. Son retour lui inspira de jolis vers, mais qui par la forme semblent plus vieux de quelques années que ceux de Lamartine, et dater de Millevoye :

> Il est une saison où le temps n'a point d'ailes,
> Où, tandis que la terre est veuve de ses fleurs,
> De nos bois dépouillés habitants infidèles,
> Loin d'eux les rossignols vont chanter leurs douleurs.
>
> Vous avez fui comme eux, ô vous dont la présence
> Pouvait seule embellir des jours si ténébreux ;
> Ajoutant à leur deuil celui de votre absence,
> Emma, vous avez fui sous un ciel plus heureux.

La note douloureuse des vers de Millevoye, *Un jeune malade à pas lents*, n'est pas absente de cette poésie amoureuse ; Fontaney parle de ses maux, il les *chante*. Hélas ! maux trop véritables, auxquels l'amour cependant vient parfois faire trève, ou du moins apporter l'oubli. L'espérance même semble, auprès de la bien-aimée, renaître dans son cœur ; ainsi dans ces vers de la pièce : *Tu m'aimes, je ne puis mourir* :

> Las de défendre ma jeunesse
> Contre un mal qui la dévorait,
> J'allais sans regret, sans tristesse,
> Quitter un monde sans attrait.
> Je succombais, mais à la vie,
> Un lien qui la fait chérir,
> Rattache mon âme ravie :
> Tu m'aimes, je ne puis mourir.
>
> . . . .
>
> Désormais sois ma Providence,
> Je me livre à toi sans retour ;
> Tu m'as sauvé, mon existence
> Est un bienfait de ton amour.
> Ose les refermer sans crainte
> Ces bras que tu viens de m'ouvrir ;
> Qui pourrait briser leur étreinte ?
> Tu m'aimes, je ne puis mourir.

Ce recueil poétique d'A. Fontaney ne fit pas événement dans les lettres, mais ne passa pas non plus inaperçu. C'était surtout une promesse, et il acquit des sympathies à l'auteur. En ce même mois de janvier 1829 parurent les *Orientales* de Victor Hugo, et dans le cours de l'année : les *Tableaux poétiques,* de Rességuier ; les *Études françaises et étrangères,* d'Émile Deschamps ; les *Poésies de Joseph Delorme,* de Sainte-Beuve ; l'*Empédocle,* de Jean Polonius ; les *Chroniques de France* de Mme Tastu ; les *Légendes françaises* d'Édouard d'Anglemont ; les *Esquisses poétiques,* de Turquety. Le talent distingué, mais sans beaucoup d'originalité de l'auteur des *Ballades* ne pouvait faire concurrence à ces œuvres, restées plus ou moins célèbres. Cependant le nom d'A. Fontaney devint dès lors familier à un petit cénacle, et au mois d'août suivant, Sainte-Beuve, qui n'a jamais aimé à perdre sa poudre, inscrivait ce nom en tête d'une des plus importantes pièces de ses *Consolations*. Les premiers vers nous révèlent l'impression que le talent, le caractère du poète, ses aventures ou ses malheurs, avaient faite sur ses amis. C'est en quelque sorte le portrait qu'ils se traçaient de lui :

> Ami, soit qu'emporté de passions sans nombre,
> Après beaucoup de cris et de chutes dans l'ombre,
> Comme aux jeux un vaincu qui détèle ses chars,
> Vous arrêtiez votre âme, et de vos sens épars
> Réprimiez la fureur trop longtemps effrénée ;
> Soit que, fermant carrière à votre destinée,
> Le premier vent vous ait rejeté dans le port ;
> Qu'un amour malheureux, vous assaillant d'abord,
> D'un voyage plus long vous ait ôté l'envie,
> Et que, sans voir ouvrir, heurtant à cette vie,
> Vous vous soyez, bien jeune, assis, le cœur en deuil,
> Comme un amant, la nuit, qui s'assied sur un seuil,
> Ou soit encor que, plein de candeur et de joie,
> Vous cheminiez en paix dans votre douce voie,
> De l'amour ignorant les dons ou la rigueur.....

A cette même époque, le recueil attitré de la nouvelle école, les *Annales Romantiques* de 1829 contenaient de Fontaney des vers adressés à Mme N***, c'est-à-dire Mme Charles Nodier. Ils sont précieux par le tableau qu'ils nous présentent du salon de l'Arsenal, avec son mélange d'écrivains, d'artistes, de musiciens :

> Le luth et le pinceau, quand votre voix commande,
> Prodiguent à l'envi les accords, les couleurs ;
> Ce sont là les tributs dont on vous doit l'offrande ;
>   Chaque gloire à votre guirlande
>   Est fière de mêler des fleurs.
>
> La jeune muse a fait de ses nobles conquêtes
> Flotter autour de vous les nouveaux étendards ;
> Vous avez une cour de peintres, de poètes ;
>   On voit rassemblés à vos fêtes
>   Les fils de la lyre et des arts.
>
> Qu'ils sont beaux vos concerts ! Tantôt, c'est Lamartine,
> C'est ce jeune Ossian, chantre mystérieux
> Des intimes amours : homme à l'âme divine,
>   Exhalant aux cieux qu'il devine
>   Le souffle qui lui vient des cieux.

C'était ce cygne, hélas! chantant son agonie,
Delorme, que la mort entre nos bras frappa ;
Puis, versant à grands flots sa fougueuse harmonie,
    Victor Hugo par son génie
    Emporté comme Mazeppa.

Tastu se dérobant à l'encens des louanges,
Et voilant de son luth la pudeur de ses traits ;
Deschamps, vif éclaireur de nos jeunes phalanges ;
    De Vigny, le frère des anges
    Dont il a trahi les secrets.

On voit que Fontaney ne trahissait pas le secret du pseudonyme de son ami Sainte-Beuve, le très vivant Josep Delorme (1).

D'autres vers de lui, en cette même année, attestent l'amitié qui l'unissait au poète des *Odes et Ballades*. Victor Hugo venait de refuser l'indemnité que lui offrait le ministère comme compensation du refus de laisser jouer *Marion Delorme*. A cette occasion, Fontaney lui adressa un sonnet qui n'a jamais été édité, et qui avait été inscrit sur les marges du fameux Ronsard, présent de Sainte-Beuve à Victor Hugo. Ce sonnet, nous dit Charles Asselineau, qui possédait encore la tradition romantique, « a été longtemps célèbre comme un des premiers sonnets *parfaits* qu'eut produit la nouvelle renaissance poétique » (2).

Voici ce sonnet :

---

(1) De son côté, Mme Ménessier-Nodier, dans le tableau qu'elle a tracé des réunions de l'Arsenal, a dit: « Bientôt commençaient à arriver les habitués: c'étaient Fontaney et Alfred Johannot, ces deux figures voilées toujours tristes au milieu de notre gaieté et de nos rires, comme si elles avaient eu un vague pressentiment du tombeau... » (*Charles Nodier*, Paris, Didier, 1867, in-12, p. 300).

(2) Ch. Asselineau, *Mélanges, tirés d'une petite bibliothèque romantique*, Paris, René Pincebourde, 1866, in-8, p. 77. — Ce même sonnet autographe figure dans la *Revue d'autographes*, d'Eugène Charavay (février 1886, n° 97) avec cette mention « *très rare*, prix 75 fr. ».

Sur un trône plus haut encor, viens te placer ;
Tu l'avais dit : Ton sceptre, ô Victor, c'est ta lyre.
Ces insensés pourtant, quel était leur délire !
Avaient cru que son poids te dût sitôt lasser !

Quoi ! sur ton char de gloire en te voyant passer,
Par cet appas vulgaire ils pensaient te séduire,
Et que, dans ton chemin, cet or qu'ils faisaient luire,
Comme un prix de tes chants, tu l'irais ramasser.

Majesté du génie, à toi le diadème
Radieux, éternel ; tu l'as conquis toi-même,
Et tu sais le porter, et tu ne le vends pas !

Qu'ils tremblent de fouler ces domaines de l'âme,
Tes royaumes, volcans assoupis, dont la flamme
A ta voix, en Etnas jaillirait sous leurs pas.

A cette date, les aspirations poétiques, l'ambition littéraire, n'étaient pas seules à agiter A. Fontaney. La politique l'occupait beaucoup. La jeunesse libérale le comptait dans ses rangs. Ce rêveur, cet élégiaque, fut aussi un combattant de 1830. « Il épousa, a dit Sainte-Beuve, la révolution de Juillet avec ardeur et dévouement à l'heure de la lutte. » Nous aimons à croire que cet amour pour la liberté fut désintéressé. Sans cela, Fontaney eût éprouvé une bien cruelle déception. Le nouveau gouvernement, en effet, « le laissa de côté et en dehors. » Ni Fontaney ni ses amis ne purent considérer comme une récompense la nomination, qui figure au *Moniteur* du 12 août, de « M. Fontaney, *avocat*, comme commissaire du XIe arrondissement de Paris près la commission chargée de recueillir les faits mémorables des journées de Juillet (1) ».

Ce fut uniquement à la bienveillance particulière du duc d'Harcourt, le nouvel ambassadeur de France à

---

(1) *Moniteur universel*, p. 888. Dans cette nomination, Fontaney était associé à un M. de Crusy.

Madrid, qu'il dut « les fonctions vagues d'attaché » qui lui permirent de le suivre en Espagne (23 octobre 1830). Peut-être avait-il connu le duc d'Harcourt par M. Molé, fort lié, comme on sait, avec l'auteur des *Consolations* (1).

Sainte-Beuve, qui raconte le fait et l'apprécie de cette façon, n'y attache pas, ce nous semble, toute l'importance qu'il mérite. Pour ce petit employé de mairie, naguère encore gratte-papier dans un bureau sordide du vieil hôtel municipal de la rue Garancière, enregistrant les naissances et les décès, c'était bien quelque chose que de se voir ouvrir la carrière diplomatique d'accès toujours si difficile, et où M. de Lamartine n'avait pas débuté beaucoup plus brillamment à Naples en 1820.

Ce qui est certain, c'est que Fontaney dut à ce voyage *tra los montes* des connaissances, des impressions, des souvenirs, qui lui fournirent la matière des articles avec lesquels, en 1831, il allait débuter à la *Revue des Deux-Mondes,* et qui, sous le titre général soit de *Souvenirs d'Espagne,* soit d'*Esquisses du Cœur,* forment une nombreuse et brillante série. La prose, bien plus que les vers, était le fait d'A. Fontaney, et il le prouva dans ces articles, où il se révèle humoriste délicat, dans le genre de Sterne, et peintre brillant. Peut-être par goût pour le mystère, peut-être par souvenir de ses lectures anglaises et prédilection pour les compatriotes de Sterne et de Mackensie, il les signa bientôt du pseudonyme de

---

(1) François-*Eugène*-Gabriel, alors comte d'Harcourt, né le 22 août 1786, mort le 2 mai 1865. Grand philhellène en 1820, élu député en 1827, il avait pris place dans l'opposition libérale et voté l'adresse des 221. Nommé pair le 3 octobre 1837, par M. Molé, il fut ambassadeur à Rome en 1848-49. Comme il donna sa démission d'ambassadeur à Madrid dès le 27 novembre 1838, il faut croire que Fontaney continua à demeurer en Espagne encore quelque temps après son départ.

lord Feeling (1), sous lequel il devint presque célèbre.

Le premier de ces articles parut le 1er novembre 1831, sous le titre de : *Scènes d'une course de taureaux à Aranjuez* (2). Il fut suivi de cinq autres pendant l'année 1832 : la *Horca* (1er janvier); *Une Soirée à Tolède* (1er mars); *Esquisses du cœur, un Adieu* (15 juin); *Une Course de Novillos* (15 juillet); *Paquita* (15 novembre).

Un libraire intelligent, Ladvocat, avait alors entrepris, sous le titre : *Le Livre des Cent-et-Un,* un recueil de nouvelles, ou pour mieux dire d'articles de tout genre, dont l'unité était seulement dans le talent des écrivains qui les signaient. A. Fontaney y contribua pour deux nouvelles, assez originales. La première, parue dans le tome III (3), pp. 327-352, avait pour titre : Un Magasin de Modes; *Histoire d'une capote,* et était censé l'œuvre de lord Feeling, dont Fontaney ne serait que le traducteur. C'est à la fois le récit de la déception amoureuse d'un amant de femme du monde, Mme de Saint-Clair, qui accorde à un rival une soirée à l'Opéra qu'elle lui avait promise à ses côtés, et de l'aventure d'une modiste qui ressemble assez aux romans de Paul de Kock.

La seconde, *Une séance dans un cabinet de lecture,* est contenue dans le tome IX (4), pp. 251-281, et porte le nom d'A. Fontaney, avec cette épigraphe :

---

(1) Ce fut le 15 juin 1832, dans son article *Un Adieu,* qu'il prit, la première fois, ce pseudonyme.

(2) La scène se passe le dimanche 5 juin 1831.

(3) Paris | ou | le Livre | des Cent-et-Un. | Tome septième | A Paris, | chez *Ladvocat, libraire | de S. A. R. le duc d'Orléans* | MDCCCXXXII. Au verso du faux-titre : « *Typographie de Firmin Didot, rue Jacob,* n° 24. »

Faux-titre, titre et 396 pp. chiff., plus 1 f. de table. Sur le titre, gravure sur bois, H. Monnier, Thompson, sc.

Dans le même volume se trouvaient des articles de Delécluze, de B. Constant, d'E. Fouinet, de Jal, de Dupin aîné, de Gaillardet (*la Rue des Postes*), de Peyronnet (*Ham*), de Victor Hugo (*Napoléon III*).

(4) Paris | ou | le Livre | des Cent-et-Un. | Tome neuvième. | A Paris, | chez *Ladvocat, libraire | de S. A. R. le duc d'Orléans,* | *rue de Chabannais,* n° 2 |

A reviewer, a literary anthropophagus (Byron).

L'article est précédé de cette Préface :

« *Les Aventures de lord Feeling dans un cabinet de lecture* ont été trouvées écrites en entier de la main de leur héros lui-même, sur le revers d'un supplément du *Sténographe des Chambres* (1), qui avait servi à envelopper un gâteau de Savoie.

« On a cru devoir donner aux lecteurs des *Cent-et-Un* ce petit roman *historico-intime,* exactement et scrupuleusement tel que l'avait conçu et exécuté son auteur ».

C'est le récit, dans le genre humoristique et attendri de Sterne, mais mal imité, d'une séance dans le *Salon littéraire des étrangers,* de la rue Neuve-Saint-Augustin, où, conduit par un accès de spleen qui l'empêche de passer sa soirée au théâtre, le prétendu lord Feeling rencontre une charmante Anglaise, attendant son mari plongé dans la lecture des gazettes. Les regards de la belle inconnue sympathisent bientôt avec les siens. Mais il ne peut engager avec elle une plus intime conversation, par suite d'un fâcheux, *reviewer anthropophagus,* qui s'obstine à vouloir lui faire lire un manuscrit sur le commerce.

Le portrait de la jeune femme est joli :

« Elle avait une robe de satin noir, un grand cachemire noir, un petit chapeau de velours noir. Tout était noir dans sa toilette, sauf sa large collerette de batiste brodée, dont la

---

M.DCCCXXXII. Au verso du faux-titre : *Typographie de Firmin Didot frères,* rue Jacob, n° 24.

Titre, faux-titre et 415 pp. chiff., plus la table.

Ce volume contient des articles de Barginet, A. Delatour, A. Luchet, J. de Rességuier, Brazier, Henri Martin, L. Halévy, Frédéric Soulié (*la Librairie à Paris*), Gratiot, Merville.

(1) Ce journal a en effet existé, du 26 juillet 1831 au 14 février 1832. Il avait été fondé par Eug. Chatard, et paraissait immédiatement après chaque séance parlementaire.

blancheur n'était pas moins éblouissante que celle du cou gracieux autour duquel elle retombait... Pour passer le temps, elle n'avait trouvé rien de mieux à faire que de chauffer alternativement ses petits pieds à la porte du poêle ».

Dans le cours de cette même année 1832, la plus laborieuse et la plus brillante de sa vie, Fontaney avait abordé la chronique (1ᵉʳ mai), genre qu'il continuera, particulièrement en 1833, et la critique littéraire par des articles sur Victor Hugo (1ᵉʳ mai), et sur Charles Nodier (1ᵉʳ octobre). Nous citerons, du premier de ces deux articles, un passage où Fontaney, à propos de *Han d'Islande,* rappelle ce souvenir de sa propre jeunesse :

« *Han d'Islande,* cela ne se lit point. Aussi ont-ils condamné l'ouvrage par coutumace. Cependant nous qui, moins scrupuleux, au sortir du collège, avons lu ce roman de jeune homme ; jeunes hommes nous-mêmes, nous l'avons réhabilité bien vite. Il a frémi sur nos lèvres ce chaste baiser qu'Ordener prend sur les lèvres d'Éthel dans le noir corridor de la tour. Ce baiser, nul de nous ne l'a depuis oublié. C'est qu'il était pour nous comme une ablution. Il semblait que ce pur et nouvel amour avec lequel sympathisaient nos âmes, les lavât des souillures qu'y avaient laissées le Faublas et tout ce que, en cachette, au lycée, dans notre ardente et inquiète curiosité, nous avions pu parcourir de sales et honteux ouvrages. Ce roman de poète nous rangeait du parti de la réaction qui se préparait contre M. Pigault-Lebrun et son école fangeuse ».

Il était aussi revenu un instant à la poésie, en publiant, dans la même revue, la pièce intitulée Prière. Elle nous renseigne assez bien sur certains sentiments intimes qui eurent, à cette époque, une grande importance dans sa vie :

>Oh ! dites-moi si je vous aime ;
>Hélas ! je l'ignore moi-même,
>Tant mon triste cœur est brisé !
>Sous les coups qui l'ont étourdie,
>Tant ma pauvre âme est engourdie ;

Tant tout mon être est épuisé !
. . . .
Comme en un bois mouillé de pluie,
Sitôt que le soleil l'essuie,
On sent mieux le parfum des fleurs ;
Ainsi peut-être, ô mon amie,
Faut-il pour bien goûter la vie,
La respirer après les pleurs !
. . . .
Vienne le soir et la rosée,
La tige, au soleil épuisée,
Va sourire et se ranimer ;
Viennent vos larmes, et peut-être
Je vais respirer et renaître,
Je vais fleurir, je vais aimer (1).

A ce moment, Fontaney était redevenu, s'il avait jamais cessé de l'être, l'amant passionné, romanesque, que nous connaissons déjà.

Vers 1833, il s'était épris d'une des deux filles de Mme Dorval, Gabrielle, l'aînée. Elle était à peine âgée de dix-sept ans, et d'une idéale beauté. L'âme, dit-on, ne répondait pas au visage. Mme Sand, qui d'ailleurs l'a jugée sévèrement, l'accusait d'être jalouse de sa mère et lui a reproché de l'avoir abreuvée de chagrins par ses révoltes et ses calomnies. La jeune fille, confiante en sa beauté, poussée peut-être par la vocation, voulait entrer au théâtre. Sa mère s'y refusait obstinément : « *Je sais trop ce que c'est !* », disait-elle. Ce sentiment, si naturel chez une mère, se transforma dans l'esprit aigri et rebelle de sa fille en une basse envie de comédienne.

« Elle ne se gênait pas pour me dire, raconte Mme Sand, que sa mère redoutait sur la scène le voisinage de sa jeunesse et de sa beauté. Je l'en repris, et elle me témoigna très naïvement sa colère et son aversion pour quiconque donnait raison contre elle à sa mère. Je fus surprise de voir tant

---

(1) *Revue des Deux-Mondes*, 1832, févr., p. 507. Elle parut aussi, la même année, dans les *Annales romantiques*.

d'amertume cachée sous cette figure d'ange, pour laquelle je m'étais sentie prévenue. »

Cependant, nous voyons, par une lettre inédite de Mme Dorval à l'acteur Potier, que l'opposition maternelle ne fut peut-être pas aussi absolue et déterminée que le dit Mme Sand. Après avoir donné des détails sur ses débuts à la Comédie-Française, « sa fille, ajoute-t-elle, veut aussi être enfant de la balle ; elle voudrait bien la placer sous l'égide de celui qu'elle appelle « grande bringue ». Elle signe Amélie Bourdon, Allan, Dorval, Marie Merle. « Choisissez, toutes ces femmes-là vous aiment (1) ».

Fontaney était très amoureux. Sa distinction, sa pâleur qui répondait si bien à l'idéal que l'on se faisait alors d'un parfait amant ; la sincérité d'une passion qui s'exprimait en paroles de flamme, et qui semblait consumer l'être même de celui qui la ressentait ; tout enfin fit impression sur Gabrielle Dorval, qui se jura de n'être qu'à lui. Mais, là encore, elle rencontra l'opposition de sa mère, qui avait une opinion assez désavantageuse de ce prétendant. « Il a un peu de talent, disait-elle, très peu de courage, et une santé perdue ». L'amie de Mme Dorval, George Sand, tenue au courant de cette nouvelle lutte entre la mère et la fille, ne jugeait pas l'écrivain plus favorablement, moins peut-être :

« C'était, a-t-elle dit, un homme de lettres de quelque talent, qui faisait de petits articles dans la *Revue des Deux-Mondes,* sous le nom de lord Feeling. Mais ce talent était d'une mince portée et d'un emploi à peu près nul, commercialement parlant. F*** ne possédait rien, et, de plus, il était phtisique. »

Mme Dorval était alors à l'apogée de son talent et de ses succès. Entrée à la Comédie-Française, après son

---

(1) La lettre est datée du 16 février 1834. — Vente d'autographes du 14 février 1887. (Eugène Charavay.)

grand triomphe dans *Antony* (3 mai 1831), elle y crée le rôle de Marion Delorme (11 août 1831), de Ketty Bell, dans le *Chatterton* de Vigny (12 février 1835), où elle était si touchante, si admirable; et, deux mois plus tard (28 avril), celui très différent de Catarina dans *Angelo*, de Victor Hugo, où le public eut l'inoubliable spectacle de Mlle Mars jouant à côté d'elle le personnage de la Tisbé. Mme Dorval ne pouvait donc craindre une rivale scénique dans sa fille, mais peut-être en eût-elle été, dans un autre genre, une très redoutable pour Gabrielle, si elle eût fait quelque attention au pseudo-lord Feeling, qui même sous ce nom, quoique fort apprécié des lecteurs de la *Revue des Deux-Mondes,* était sans aucun prestige à ses yeux.

Nous croyons donc que les vers de la *Prière,* qu'on a lus plus haut, étaient adressés à la fille bien plus qu'à la mère, si tant est que ce soit dans la famille Dorval qu'il faille en chercher la destinataire. Mais il y a des situations qui engendrent naturellement la défiance et les soupçons. Mme Dorval était dans une de celles-là. Elle avait tout d'une excellente mère, d'une mère passionnément dévouée, sauf la conduite morale qui donne l'autorité, et désarme les rebellions d'un enfant. Là où la passion, aussi ardente dans la vie privée qu'à la scène, régnait en souveraine, quelle force pouvait avoir le langage de la sagesse et de la prévoyance sur un jeune cœur qui aimait, qui se croyait aimé, qui ne voyait autour de lui que les triomphes de l'amour, n'entendait parler que de la souveraineté de la passion ? L'obstacle rapprocha les deux amants, bien plus qu'il ne les sépara : et leur commune souffrance fut entre eux un lien de plus. Il nous semble que Fontaney dut répéter avec Gabrielle Dorval la même scène et employer le même langage que nous trouvons dans sa pièce l'*Aveu :*

> Dans ces rapides confidences,
> Je te racontais mes souffrances,
> Et tu me peignais tes malheurs,
> Je n'osais pas encor te parler d'espérance,
> Mais j'avais compris tes douleurs,
> Je savais qu'en mêlant nos pleurs
> Nous nous consolerions un jour de l'existence.

Mme Dorval, recourant aux grands moyens, voulut éloigner Fontaney; sa fille l'accusa de vouloir « le lui enlever ». Quel trait cruel pour une mère! quelle scène! Le drame en créa-t-il jamais de plus poignante? « Ah! s'écriait la pauvre mère blessée et consternée, voilà l'exécrable rengaine des filles jalouses! On veut les empêcher de courir à leur perte, on a le cœur brisé d'être forcée de briser le leur, et pour vous consoler elles vous accusent d'être infâme, pas davantage! »

Mme Sand, qui nous a conservé les paroles, nous dirions presque les imprécations de Mme Dorval, nous apprend la fin lugubre de l'aventure. La mère avait pris la résolution de mettre sa fille au couvent, pour couper court à de nouvelles rencontres. Celle-ci la prévint en se laissant enlever par Fontaney.

C'était un procédé un peu vif. Il ne fait pas honneur à Fontaney, qui, en cette circonstance, ne brisait pas seulement le cœur de Mme Dorval, mais préparait le malheur, la mort même de la jeune fille qu'il prétendait aimer. Fontaney conduisit d'abord en Espagne celle qu'il appelait sa femme. Il espérait sans doute pouvoir s'y marier sans être obligé de justifier du consentement de Mme Dorval. Il n'y réussit pas, et les amants furent obligés de faire leur soumission.

« Ils la firent, dit Mme Sand, en des termes blessants. Le mariage consenti et conclu, ils demandèrent de l'argent. Mme Dorval donna tout ce qu'elle put donner. On trouva naturellement qu'elle n'en avait guère et on lui en fit un crime. Les jeunes époux, au lieu de chercher à travailler à Paris, partirent pour l'Angleterre, mangeant ainsi d'un coup, en voyages et en déplacements, le peu qu'ils possédaient. Avaient-ils l'espoir de se créer des occupations à Londres? Cet espoir ne se réalisa pas. Gabrielle n'était pas artiste, bien qu'elle eût été élevée comme une héritière eût pu l'être, avec des maîtres et les conseils de vrais artistes; mais la beauté ne suffit pas sans le courage et l'intelligence. F*** n'était pas beaucoup mieux doué; c'était un bon jeune homme, d'une figure intéressante, capable de sentiment doux et tendres, mais très à court d'idées et trop délicat pour ne pas comprendre, s'il eût réfléchi, qu'enlever une jeune fille pauvre, sans avoir les moyens ni la force de lui créer une existence, est une faute, dont on a mauvaise grâce à se draper. Il tomba dans le découragement, et la phtisie fit d'effrayants progrès. Ce mal est contagieux entre mari et femme. Gabrielle en fut envahie et y succomba en quelques semaines, en proie à la misère et au désespoir. »

Ce récit de Mme Sand aurait besoin d'être contrôlé. Il est un point, où elle est matériellement en défaut. C'est sur le mariage qui aurait été consenti et célébré. Peut-être y eut-il un simulacre à l'étranger. Mais il existait si peu de mariage réel, légal, que c'est sous le nom de Gabrielle Dorval que les funérailles de Gabrielle furent célébrées à Paris, dans l'église Saint-Sulpice. En partant pour l'Angleterre, Fontaney y allait plutôt encore pour le compte des revues françaises, que pour chercher une situation à l'étranger. Ceci nous ramène à ses travaux littéraires depuis 1832, où nous les avons laissés.

En 1833, il avait continué à fournir à la *Revue des Deux-Mondes* des chroniques et à poursuivre ses *Esquisses du Cœur* et ses *Souvenirs d'Espagne* dans deux (1) nouveaux articles : *Les Bouquets* (15 février), et *Les Dernières fêtes*

---

(1) *Les Bouquets*, dont par exception la scène est à Paris, formaient la IVe nouvelle des *Esquisses du cœur*, auxquelles appartiennent l'*Adieu*, les *Courses de Novillos*, et *Paquita* ; toutes, sauf *Paquita*, étaient signées lord Feeling. La note suivante, qui accompagne le 1er article des *Fêtes de la Jura*,

de la Jura (15 octobre et 15 novembre). Il devait y terminer cette série un peu plus tard, par deux articles parus (1) à d'assez longs intervalles : *La Bella malcasada* (1ᵉʳ juin 1834), et *Les Cimetières de Madrid* (15 février 1835). Il les réunit, au mois d'avril 1835, en un volume in-8, que, sous le numéro 2290, la *Bibliographie de la France* enregistra dans son fascicule du 25 avril.

En voici la description :

Scènes | de la | vie Castillane et Andalouse, | par lord Feeling. | Paris. | Charpentier, libraire-éditeur, | rue de Seine-Saint-Germain, n° 31 | 1835.

xvi pp. pour l'annonce de librairie, le faux-titre ; au verso : « Imprimerie de Bourgogne et Martinet, rue du Colombier, 30 », le titre, la table et l'introduction ; et 407 pp.

Couverture imprimée. Le faux-titre porte : *Voyages et aventures en Espagne. Première livraison* (2). Prix 7 fr. 50.

Indépendamment de l'Introduction assez étendue (pp. ix-xvi), ce volume contient neuf scènes ou nouvelles : *Une Course de taureaux à Aranjuez*, p. 1 ; *la Bella malcasada*, p. 45 ; *le Campo santo*, p. 107 ; *Don Diego*, p. 123 ; *la Muger del ahorcado*, p. 271 ; *les Parisiens de*

---

célébrées à l'occasion de la convocation des *Cortès* par Ferdinand VII, nous donne la date précise du second séjour de Fontaney en Espagne :

« Nous recevons d'un de nos amis de Madrid ce curieux récit des fêtes de la *Jura* ; le même collaborateur nous fait espérer pour la *Revue* une série de travaux sur l'Espagne, qui gagneront encore en intérêt et en à-propos depuis l'événement du 29 septembre ».

Le 2ᵉ article (15 novembre) est précédé de cette note :

« Nous ne recevons qu'aujourd'hui 13 novembre 1833 la 2ᵉ partie des *Fêtes de la Jura*. Poste et courriers, nous écrit notre collaborateur, tout était arrêté et retenu par les insurgés. »

Ces deux articles sont signés du pseudonyme Juan Martinez.

(1) Tous les deux sont signés lord Feeling. L'aventure de la première est supposée avoir été trouvée dans un vieux livre espagnol, que lord Feeling, c'est-à-dire Fontaney, aurait passé la nuit à lire, dans une mauvaise hôtellerie de la Vieille-Castille, où il était descendu « un soir d'hiver de 1830 ».

(2) Bibl. Nat., inv. Y² 34095.

Madrid, p. 345; *El entierro de un pobre*, p. 361; *Un Incendie*, p. 361; *Une profession*, p. 391.

Le livre avait été ainsi annoncé par la *Revue des Deux-Mondes* du 15 février, dans une note qui accompagnait l'article *les Cimetières de Madrid* :

« Un de nos collaborateurs, qui a publié dans la *Revue* divers morceaux sur l'Espagne qu'il a visitée à plusieurs reprises, va faire paraître, chez le libraire Charpentier, deux volumes intitulés : *Voyages et Aventures en Espagne*, que nous recommanderions d'avance, si leur propre valeur et l'intérêt qu'ils empruntent des circonstances ne leur assuraient des chances de succès suffisantes. »

L'année 1834 avait été l'une des moins fécondes de sa vie : et l'on n'y relève, avec *La Bella malcasada*, qu'un article de critique littéraire (1) sur les *Conversations de Chateaubriand* (1ᵉʳ décembre). Son esprit était ailleurs : et c'est sans doute aux douloureuses péripéties de ses amours qu'il faut attribuer ce silence. Sous l'empire de la nécessité peut-être, il se montra plus actif l'année suivante. Outre le recueil de nouvelles que nous venons de citer, il publia dans la revue de Buloz, sous le nouveau pseudonyme d'O'Donnoz, des chroniques politiques sur l'Angleterre, particulièrement sur le Parlement (1ᵉʳ août, 15 septembre 1835). Ces articles, où il abordait un genre jusque-là étranger pour lui, coïncidaient avec son séjour à Londres en compagnie de Gabrielle Dorval, et il est très probable que les avantages pécuniaires que lui offrait cette nouvelle veine littéraire à exploiter, le portèrent, bien plus que la fantaisie, à entreprendre ce voyage tant critiqué par Mᵐᵉ Sand. La politique anglaise ne l'absorbait

---

(1) Signé lord Feeling, lequel prétend avoir recueilli ces *Conversations* « d'un jeune poète anglais que M. de Châteaubriand, durant son ambassade à Londres, avait fréquemment admis à l'honneur de son intimité, et qui les avait consignées dans un journal. » On pourrait en conclure que Fontaney était lui-même déjà à Londres en ce moment.

pas cependant, et, à côté, il s'occupa beaucoup de la littérature et de l'art chez nos voisins. Déjà, en 1832, il avait écrit un article sur Washington Irving (1), dont l'*Alhambra* venait de paraître (1832), maintenant il en fait un sur le poète Wordsworth (1er août 1835), dont vers la même époque Sainte-Beuve traduisait admirablement plusieurs sonnets (2) ; et il se révèle comme critique d'art dans un autre article de la Revue (1er juillet 1836), *Les Exhibitions de peinture et de sculpture à Londres en 1836*.

En cette même année 1836, il commençait, à la *Revue de Paris*, une nouvelle série de souvenirs d'Espagne, par *Une visite à l'Escurial*, dont la pensée remontait sans doute à cette courte et romanesque excursion qu'il avait faite avec Gabrielle au-delà des Pyrénées. Mais il revenait surtout et avec une grande ardeur à la critique littéraire, en publiant coup sur coup, à la *Revue des Deux-Mondes,* quatre articles sur des romanciers et des poètes contemporains. C'est d'abord (15 octobre 1836) une étude sur les *Romans nouveaux*, dont Frédéric Soulié, Michel Masson, Léon Gozlan, lui fournissent la matière. Le 15 décembre suivant, il s'occupe de la *Poésie nouvelle et des romans nouveaux,* avec Mme Louise Colet, Mélanie Waldor, Turquety, Saintine. Le 1er mars 1837, il revient aux femmes poètes, dans un article intitulé *La petite Poésie*, et choisit pour objet de sa critique Mme Ségalas et Élisa Moreau. C'est encore à une femme auteur, Mme Charles Reybaud qu'est consacré le dernier article qu'il ait écrit dans cette revue (15 août 1837). Quand cet article parut, A. Fontaney n'existait plus depuis deux mois.

On a beaucoup parlé des haines que ces articles de critique lui avaient attirées, surtout chez la gent fémi-

---

(1) Dans la *Revue des Deux-Mondes*, du 1er juin 1832.
(2) *Les Consolations*, XIII, XIV, XV.

nine. Cela prouverait que les femmes auteurs de cette époque avaient l'épiderme littéraire très sensible, car A. Fontaney n'a rien d'un critique malveillant et acerbe, malgré sa franchise.

Le seul récit un peu circonstancié que nous ayons de sa mort, se trouve encore dans l'*Histoire de ma vie* de George Sand ; nous le reproduirons donc, mais en faisant nos réserves quant au ton général :

« Le malheureux F*** revint mourir à Paris. Il reçut l'hospitalité, pendant quelques jours, à Saint-Gratien, chez le marquis de Custine, et là, il eut la faiblesse de se plaindre de Mme Dorval avec âcreté. Se faisant illusion sur lui-même, comme tous les phthisiques, il prétendait avoir été robuste et bien portant avant ce séjour à Londres où les privations de sa femme et l'inquiétude de l'avenir l'avaient tué. Il se trompait complètement sur lui-même... Il suffisait en effet de le voir pour remarquer sa toux sèche, sa maigreur extrême et le profond abattement de sa physionomie. La pauvre Gabrielle attribuait ces symptômes effrayants aux souffrances de la passion, et, innocente qu'elle était, ne se doutait pas que l'assouvissement de cette passion serait la mort pour tous deux... Quant aux secours que Mme Dorval eût dû leur envoyer, dans l'état de gêne très dure et très effrayante où elle vivait elle-même..., ces secours eussent été un faible palliatif. En outre, F*** avouait lui-même qu'il avait eu honte de lui faire savoir à quelles extrémités il s'était vu réduit... Malgré ce remords intérieur, F***, brisé par la perte de sa femme, aigri par sa propre souffrance, et se débattant aux approches de l'agonie, s'épanchait en confidences amères. Que Dieu lui pardonne. » (1)

La pauvre Gabrielle Dorval était morte le 14 avril 1837, huit semaines avant A. Fontaney. C'est en revenant de son service funèbre, qui avait eu lieu à Saint-Sulpice, le 16, à 11 heures du matin, et de l'inhumation au cimetière Montparnasse, que Sainte-Beuve, qui s'y était rencontré avec Victor Hugo avec lequel il était brouillé,

---

(1) *Histoire de ma vie*, Paris, Calmann Lévy, 1879, t. IV, p. 219.

et sans qu'aucunes paroles aient été échangées entre eux, écrivit ces beaux vers :

> Quand, de la jeune amante, en son linceul couchée,
> Accompagnant le corps, deux Amis d'autrefois,
> Qui ne nous voyons plus qu'à de mornes convois
> A cet âge où déjà toute larme est séchée ;
>
> Quand l'office entendu, tous deux silencieux,
> Suivant du corbillard la lenteur qui nous traîne,
> Nous pûmes, dans le fiacre où six tenaient à peine
> L'un devant l'autre assis, ne pas mêler nos voix ;
>
> Quand par un ciel funèbre et d'avare lumière,
> Le pied sur cette fosse où l'on descend demain !
> Nous pûmes jusqu'au bout, sans nous serrer la main,
> Voir tomber de la pelle une terre dernière ;
>
> Quand chacun, tout fini, s'en alla de son bord,
> Oh ! dites ! du cercueil de cette jeune femme,
> Ou du sentiment mort abimé dans notre âme,
>   Lequel était plus mort ? (1)

Une note, que Sainte-Beuve ajouta à cette pièce dans l'édition de ses poésies de 1860, nous donne quelques détails intéressants sur cette mort de Gabrielle Dorval. La voici :

« Gabrielle Dorval, fille de la célèbre actrice de ce nom et l'amie du poète Fontaney. Celui-ci l'enleva à sa famille, l'emmena en Angleterre. Ils y vécurent quelques mois ensemble, de travail, de misère et d'amour ; ils en revinrent tous deux mortellement atteints. Ils moururent à six semaines l'un de l'autre. Gabrielle la première. A son convoi, je me trouvai avec V. H. dans la même voiture. »

On remarquera que Sainte-Beuve ne parle pas de mariage. La morte est toujours « Gabrielle Dorval, l'*amie* du poète Fontaney ».

Les doutes que nous pouvions conserver à cet égard, en présence de l'affirmation de Mme Sand, ont été définitivement levés par les recherches que nous avons

(1) *Poésies complètes*, Paris, Lemerre, 1879, in-16, t. II, p. 281.

faites dans les registres mortuaires de la paroisse Saint-Sulpice. Voici le bulletin qui nous a été délivré, au moment même où nous corrigions nos épreuves (1) :

ÉGLISE PAROISSIALE SAINT-SULPICE

L'an mil huit cent trente-sept, le seize Avril, à onze heures du matin, a été célébré le convoi de Mademoiselle Catherine-Françoise-Sophie-Gabrielle Allan d'Orval (sic), âgée de vingt et un ans, décédée le quatorze du même mois, rue de l'Ouest, n° 20.

Pour copie conforme, Paris, le 29 février 1896.

L. CHABIN,
Pss.

Fontaney survécut bien peu à « son amie ». Ses amis, quoique le sachant malade, étaient loin de le croire si près de sa fin. Cependant, il expirait le dimanche 11 juin, au matin, dans cette même maison de la rue de l'Ouest n° 20, où Gabrielle Dorval, quelques semaines plus tôt, avait souffert les mêmes affres de l'agonie. Dès le lendemain les portes de Saint-Sulpice s'ouvrirent pour lui comme elles s'étaient ouvertes pour elle, et son cercueil passa où le sien avait passé. Le service eut lieu à deux heures de l'après-midi, et cette heure même nous dit combien il fut modeste. Voici la copie de l'acte mortuaire qui le concerne :

ÉGLISE PAROISSIALE SAINT-SULPICE

L'an mil huit cent trente-sept, le douze juin, à deux heures du soir, a été célébré le convoi de Monsieur Fontaney,

---

(1) Nous ne saurions nous montrer trop reconnaissant pour l'empressement avec lequel cette communication bienveillante nous a été faite. — Nous venions à peine de découvrir ces documents, lorsque nous trouvions, aux Archives de la Seine, dans le registre des tables décennales de l'état civil de Vincennes, parmi les décès du mois de septembre 1822, la mention de celui d'*Étienne, dit Fontaney*, père de notre Fontaney. Ces mots : *dit Fontaney*, donnent peut-être la raison du mystère dont Antoine Fontaney tenait à entourer son origine.

Antoine-Étienne, homme de lettres, âgé de trente-quatre ans, décédé le onze du même mois, rue de l'Ouest, n° 20.
Pour copie conforme, Paris, le 29 février 1896.

L. CHABIN,
Pss.

Le *Journal des Débats* annonça ainsi cette mort :

« Un de nos jeunes littérateurs les plus distingués, M. A. Fontaney, vient de succomber à la suite d'une longue et douloureuse maladie de poitrine. Son convoi a eu lieu hier. M. Fontaney s'était fait connaître par un grand nombre de travaux estimables, publiés dans nos *Revues*, et par la publication d'un livre sur l'Espagne, où se faisait remarquer un talent pur et élevé. Plusieurs de ses poésies méritent d'être citées avec éloge.

Les nombreux amis de ce jeune écrivain ont formé le projet de se réunir pour lui élever un monument dans le cimetière du Mont-Parnasse, où ses restes ont été déposés (1).

La *Revue des Deux-Mondes,* dans son numéro du 15 juin 1837 (t. X, p. 817), publia, à l'occasion de la mort d'A. Fontaney, un article non signé, mais qui en réalité était de Sainte-Beuve :

La Revue des Deux-Mondes, écrivait-il, et les écrivains qui y travaillent viennent de perdre un collaborateur qui était pour presque tous un ami. M. Fontaney, dont les piquants *Souvenirs sur l'Espagne,* publiés sous le pseudonyme de *lord Feeling,* ne sont certainement pas oubliés, est mort, il y a peu de jours, âgé de trente-quatre ans environ, après une maladie de langueur qui pourtant ne faisait pas craindre une fin si prompte. M. Fontaney était un homme parfaitement distingué, dans le sens propre du mot, un de ces hommes auxquels il n'a manqué qu'une situation plus heureuse et plus élevée qui fît valoir en eux tous les mérites de l'esprit et du caractère. Dès 1827, il commença de se lier avec les écrivains et les poètes de l'école nouvelle, vers laquelle l'attirait une vive inclination. Ami de Charles Nodier, de Victor Hugo et

(1) *Journal des Débats* du 15 juin.

des autres, il jouissait surtout de comprendre, et ne s'exerçait lui-même que rarement, bien qu'avec distinction et sentiment toujours. Sa vocation, ce semble, si elle avait pu se développer naturellement, eût été le commerce des poètes, des artistes, parmi lesquels il n'aurait pris, à titre de poète lui-même, qu'une place modeste ; il se faisait de l'art une si haute idée, il avait un tel dédain du goût vulgaire qu'il n'admettait guère les essais incomplets et qu'il ne voulait que les œuvres sûres. Ajoutez à cette noble qualité de l'esprit toutes les délicatesses et les fiertés de l'honnête homme et du *gentleman,* pour parler son langage de *lord Feeling ;* on comprendra quelles difficultés et quelles amertumes une telle nature dut rencontrer dans la vie. Il souffrit beaucoup. La révolution de Juillet, qu'il épousa avec ardeur et dévouement, à l'heure de la lutte, le laissa de côté et en dehors : de tels hommes pourtant auraient mérité d'être employés. Des fonctions vagues d'attaché à l'ambassade d'Espagne, sous M. d'Harcourt, ne lui procurèrent d'autre résultat qu'une première connaissance de ce pays, quelques amitiés qui lui restèrent, et d'ailleurs beaucoup de désappointements personnels. Il n'eut jamais d'autres fonctions ; mais depuis, chargé de correspondances pour certains journaux, il revit l'Espagne, il visita l'Angleterre ; il savait à merveille ces deux pays, parlait leur langue dans toute les propriétés de l'idiome, chérissait leurs poètes, leurs peintres : il était intéressant à entendre là-dessus. Sa douleur, son inquiétude seulement se demandait s'il parviendrait à rendre et à produire tout cela. Des infortunes privées, tout un roman désastreux que tous ses amis savent, s'y joignirent et achevèrent de ruiner, non pas son courage qui fut grand jusqu'au bout, mais sa santé et ses forces. D'une main affaiblie il écrivait encore dans cette *Revue,* il y a peu de temps, de bien fermes et spirituelles pages sur les romans et poésies du jour (1) ; si quelque ironie chagrine y perce, il n'est aucun des blessés, aujourd'hui, qui ne le lui pardonne. Nous publierons prochainement un dernier travail que nous avons de lui. Ses contemporains, ses amis de dix ans déjà, perdent, en M. Fontaney, un de ces hommes avec qui l'on sent, avec qui l'on

(1) Articles signés Y. C'était M. Fontaney aussi qui avait écrit dans la *Revue* des esquisses sur le Parlement anglais fort remarquées, et signées *Andrew O'Donnor* (anc. note).

est d'accord même sans se revoir, et qui font, en disparaissant successivement, que notre meilleur temps se voile, et que la vie devient comme étrangère » (1).

De son côté, la *Revue de Paris,* où Fontaney écrivait depuis quelque temps, publiait cet éloge dans son numéro du mois de juin 1837 (t. XLII, p. 198); en l'associant à celui d'un autre de ses collaborateurs, M. Bouzenot :

« La mort a frappé dernièrement deux de nos collaborateurs, jeunes tous deux, quoique séparés par un intervalle de dix ans. Nous n'avons point encore parlé de M. Bouzenot, mort il y a plus d'un mois, et voilà déjà que nous avons à parler de M. Fontaney, mort il y a huit jours..... M. Fontaney, de dix ans plus âgé, appartenait à la génération littéraire et poétique de la seconde moitié de la restauration. Il y avait figuré plutôt comme spectateur et connaisseur, que comme écrivain actif. On a de lui pourtant des vers dont les moins anciens sont distingués de forme et toujours de sentiment. M. Fontaney a surtout écrit des articles de prose dans les *Revues* depuis 1830 ; il reste à la *Revue de Paris* une nouvelle de lui qu'elle publiera. Ses souvenirs sur l'Espagne donnés sous le pseudonyme de *lord Feeling* ont été recueillis en volume. Dans les derniers temps, il s'était exercé à la critique des œuvres contemporaines avec succès ; son goût difficile et sévère, servi par une plume spirituelle, avait vivement éveillé l'attention. M. Fontaney, si distingué par l'esprit et par les connaissances, était un homme d'une grande délicatesse morale et d'un caractère digne. Les circonstances particulièrement douloureuses dans lesquelles se sont épuisées ses dernières années, ajoutent à l'intérêt touchant que laisse sa mémoire au cœur de tous ceux qui l'on connu. »

Une note ajoutée à une nouvelle posthume de l'écrivain, la *Sœur grise,* publiée dès le numéro suivant de la même revue (p. 201), contient quelques précieux détails sur la mort de Fontaney, et précise les dates.

(1) Cet article a été reproduit dans les *Premiers Lundis,* Paris, Michel Lévy, 1875, in-12, t. II, p. 318.

« Ce mélancolique récit, où l'on peut surprendre presque à chaque ligne l'hésitation et les tristes pressentiments qui assiégeaient l'auteur, est un legs littéraire de notre malheureux ami M. A. Fontaney, dont nous avons annoncé la mort prématurée dans notre dernière livraison. Le jeudi 8 juin, nous avions passé plus d'une heure avec lui, sans que rien pût faire soupçonner une fin aussi prochaine : il écrivait encore ; le vendredi 9, au soir, il nous envoyait ce manuscrit, et le dimanche 11, au matin, il avait cessé de vivre ! Nous publions, sans y rien changer, cette histoire, dont le fond a été fourni, nous le pensons du moins, à notre infortuné collaborateur par le docteur Jobert, qui l'a soigné avec une si touchante et si vive sollicitude tout le temps de sa maladie. »

Ainsi mourut, à trente-cinq ans, dans la misère, dans la douleur encore saignante de la perte de celle qu'il aimait, peut-être dans les remords, le pauvre A. Fontaney, qui, s'il eut des torts de conduite, les paya chèrement. L'homme en lui était plus remarquable que l'écrivain : arrêté d'ailleurs au début de sa carrière littéraire, ce serait lui faire tort que de le juger, comme tel, uniquement sur ce qu'il a laissé. Toujours en progrès, sa maturité aurait donné certainement des fruits plus savoureux. Ce progrès, très réel, est surtout sensible dans ses vers. Le sonnet à Victor Hugo a une fermeté, un éclat qui mettent cette pièce infiniment au-dessus des vers du recueil de 1829. Dans la prose, il eut moins à acquérir ; et cependant, ses dernières scènes de la vie espagnole sont bien supérieures aux premières : l'*Adieu*, entre autres, est presque parfait. « Ses nouvelles, a dit Charles Asselineau, sont des aventures esquissées plutôt que racontées, moins des récits que des confidences, moins des tableaux que des *esquisses*, comme il les appelait lui-même. » Pas si esquisses que ça, petits tableaux souvent très finis, au contraire. Le même écrivain, qui avait sinon connu personnellement Fontaney, du moins entendu sur lui des amis survivants, a tracé ainsi son portrait :

« Ceux qui l'ont connu nous le dépeignent comme un homme élégant, spirituel, passionné, mais plein de réserve et de pudicité, comme toutes les âmes délicates qui craignent incessamment de se compromettre ou de se vulgariser. Cette réserve quelque peu britannique, accrue peut-être de son commerce assidu avec la littérature et la société anglaise, se dénote encore par la répugnance qu'il avait à livrer son nom au public... On nous raconte comme une preuve de ce dégoût, de cette peur instinctive de la publicité donnée à sa personne, qu'il affectait, au théâtre, de se placer ailleurs que là où se tiennent ordinairement les gens de lettres, afin d'éviter de paraître profiter de ses entrées » (1).

Un autre portrait, mais celui-là, dû à la main d'un artiste et d'un ami, est celui qu'avait fait de lui le peintre Louis Boulanger.

Fontaney, qui n'a point, croyons-nous, sur sa tombe le buste que des amis espéraient y placer, n'a pas non plus une édition complète de ses œuvres. En ravivant son souvenir, puissions-nous y aider.

EUGÈNE ASSE.

(1) Charles Asselineau, *Mélanges tirés d'une petite bibliothèque romantique*, Paris, René Pincebourde, 78, rue Richelieu, 1866, in-8, p. 78.

JEAN POLONIUS

A Georges Vicaire

JEAN POLONIUS

(Comte Xavier Labensky)

Le comte Xavier Xavierevitch Labensky, que nous continuerons à appeler Jean Polonius, d'après le pseudonyme littéraire qu'il s'était choisi, et sous lequel il est surtout connu, fut un solitaire dans le monde romantique. Tandis que les autres romantiques, petits ou grands, s'affiliaient à des cénacles ou en créaient eux-mêmes : cénacle de la rue du Faubourg-Saint-Honoré, chez les Deschamps; de l'Arsenal, chez Nodier; de la place Royale, chez Hugo; de la rue du Doyenné, chez Théophile Gautier, Marilhat, etc. ; lui n'apparaît dans aucun d'eux, ou n'y laisse aucune trace. Contrairement aussi à la pratique de ses frères en poésie, c'est par le livre qu'il débute, et non dans les recueils littéraires du temps, tels que le *Conservateur littéraire* (1819-1821), vrai berceau du romantisme, la *Muse Française* (1823-1824), le *Mercure du XIXe siècle* (1823-1830); les *Annales de la littérature et des arts* (1820-1829). Si son nom apparaît dans les *Annales* *romantiques,* c'est en 1831 seulement, alors qu'il avait déjà publié ses deux premiers recueils de vers, et pour une pièce seulement. En cela il ressemble à Lamartine qui éclata tout entier dans ses *Méditations poétiques* de 1820, sans qu'aucune aube l'ait annoncé, et qui n'appartint à aucun groupe littéraire, pas plus qu'il n'en forma aucun. Nous pourrions le rapprocher également en cela d'Alfred de Vigny, qui de bonne heure se renferma dans sa tour d'ivoire et n'en sortit plus, si à ses débuts l'auteur d'*Éloa* n'avait fréquenté les réunions d'Émile Deschamps, de Nodier, de Victor Hugo, et écrit dans les recueils que ses amis patronaient. Ce n'est pas, nous le verrons, la seule ressemblance qu'il ait eue avec ces deux grands poètes.

Sa qualité d'étranger fut sans doute pour beaucoup dans cette sorte d'originalité. Né loin de la France, ne s'y montrant presque jamais qu'en passant, il n'eut guère le temps d'y former de longues liaisons littéraires, et ne semble pas en avoir eu le goût. Aussi sait-on peu de choses sur sa vie. Quand nous aurons dit qu'il naquit en Pologne vers 1790, d'une ancienne et noble famille, qu'entré dans la carrière de la diplomatie, il fut attaché quelque temps à l'ambassade de Russie à Londres, d'où il fut rappelé à Saint-Pétersbourg pour occuper d'importantes fonctions, d'abord à la Chancellerie impériale, puis au Conseil d'État ; qu'il devint secrétaire en chef du comte de Nesselrode, le célèbre ministre des affaires étrangères, qui l'appréciait particulièrement; qu'il mourut sept ans avant celui-ci, en 1855, âgé de soixante-cinq ans : nous aurons rappelé de sa vie tout ce que l'on en connaît. Ce serait peut-être insuffisant pour le diplomate : c'est assez pour le poète, dont la vie, celle du moins de l'intelligence et du cœur, est tout entière dans ses œuvres.

Ses vers, en effet, paraissent avoir été ses seuls co

dents. Les épanchements de l'amitié, qu'il avait connus bien jeune, sur les bords de la Néva, il ne les retrouva plus dans ses divers séjours à l'étranger, où il n'éprouva que les troubles fiévreux et les désespoirs de l'amour. Plus encore que les circonstances, un fonds de misanthropie en avait fait un solitaire par nature autant que par choix. Sur ce trait de caractère qu'il faut noter, nous avons son aveu même, dans une de ses pièces les meilleures, intitulée : *Souvenirs du Nord,* et adressée à cet unique ami, M. G. P., perdu presque aussitôt qu'entrevu :

> Chez des peuples nouveaux, sous un ciel moins sévère,
> J'ai fui comme le cygne aux premiers vents du Nord ;
> Mais, aux lieux inconnus où mon aile a pris terre,
> Je n'ai pas retrouvé l'amitié sur le bord.
>
> Trop timide ou trop fier pour demander au monde
> Ce qu'on n'obtient de lui qu'en rampant sous sa loi,
> Ruisseau mystérieux, j'ai peu mêlé mon onde
> A l'océan troublé qui roule autour de moi.

Nous avons parlé de misanthropie : le mot n'est pas exagéré, et c'est bien ce sentiment qu'on retrouve dans ces autres vers, où il console à l'avance son ami des amertumes d'une solitude possible, par le spectacle des dégoûts que lui réserverait le monde :

> Mais tu n'as pas connu cet odieux martyre
> De suivre, par devoir, des plaisirs que tu hais ;
> De plier, de forcer tes lèvres à sourire (1)
> . . . .

Étranger à la France par la nationalité, le comte X. Labensky ne l'est ni par la langue, ni par l'esprit, ni par les sentiments. Dans ses vers on rencontre bien rarement une expression qui dénote que leur auteur ait jamais parlé une autre langue que le français : il en con-

---

(1) *Souvenirs du Nord.*

naît toutes les finesses ; l'hésitation, l'effort de trouver le mot correspondant à l'idée ne se font pas sentir. En cela il ressemble à un autre Russe, le comte Shouwalof, qui, au XVIIIe siècle, faisait les petits vers presque aussi bien que Voltaire, et, par son *Épître à Ninon* (1), fut, dans la poésie légère, non moins célèbre que les Gentil Bernard, les Dorat, les Pezay, les Cubières. Ainsi, de notre temps, un autre étranger, le prince Metscherski (2), s'était approprié si bien le style de Victor Hugo, que plus d'un critique s'y trompa alors. Phénomène encore plus remarquable que cette facilité, on pourrait dire cette perfection à manier la meilleure langue qui se parla en France de 1825 à 1840, Jean Polonius a les sentiments, la tournure d'esprit qui appartiennent aux Français de cette époque. Ce Russe, qui n'a passé par aucun des évènements glorieux ou terribles dont l'influence fut si grande sur les générations de 1815 et de 1820, a cependant ce qu'on appelle aujourd'hui leur état d'âme. Il en a l'amertume, la passion maladive, quelque peu de leur désespérance. Il a le *mal du siècle,* ainsi qu'on disait alors.

Il est vrai que c'était là comme un air que l'Europe entière respirait plus ou moins : Byron (1788-1824) l'avait respiré en Angleterre, Lenau (1802-1850) en Allemagne, Pouchkine (1799-1837) en Russie. Jean Polonius, qui avait presque leur âge, et avait pu les connaître en Italie, à Londres, à Vienne, à Saint-Pétersbourg, ne saurait nous surprendre par le romantisme de sa pensée ou de la forme de ses vers. Mais ce qu'il faut noter, c'est que son romantisme a surtout le caractère du romantisme français : tendre, amoureux comme dans Lamartine, philosophique comme dans Vigny; sans les accents sataniques de Byron, ou andalous de Musset.

(1) Quand elle parut, en 1774, elle fut attribuée à Voltaire.
(2) Né en 1808, mort en novembre 1844, auteur des *Boréales,* 1838 ; des *Roses noires,* 1845, précédées d'une lettre de Victor Hugo.

Si l'amour, comme cela est arrivé si souvent, ouvrit dans son âme la source de poésie, cela n'est vrai que des sentiments, non de leur expression poétique. Chez lui, il ne fit même que retarder cette expression. Jean Polonius chanta seulement quand il eut à dire les regrets plus que les joies de l'amour. Il semble bien que la Sicile ait été le théâtre de ce premier amour déçu, si l'on en juge par ces vers, les premiers qu'il ait publiés :

> J'ai quitté les écueils de cette île enchantée
> Où l'amour si longtemps me retint sous sa loi ;
> Heureux ou malheureux de l'avoir désertée,
> N'importe ! — Je suis libre et mes jours sont à moi.
>
> Viens, mon luth ! sous mes doigts viens résonner encore !
> Assez, dans mes ennuis, j'oubliai tes accents ;
> Assez tu reposas sur la plage sonore
> Dont naguère l'écho répondait à mes chants.

Cet amour avait été plein de cruels déchirements, de péripéties douloureuses : la voix du poète avait presque été étouffée par ses larmes :

> Quoi chanter, quand l'amour, quand la douleur déchire !
> Chanter, la mort dans l'âme et les pleurs dans les yeux !
> Pénible spectateur de son propre délire,
> Mesurer froidement des mots harmonieux !
>
> Non, ne vous vantez pas que l'amour vous enflamme,
> S'il vous permet encor d'autres vœux, d'autres soins,
> S'il vous laisse du temps pour épier votre âme,
> Pour songer à la gloire et chercher des témoins.

Chez Jean Polonius, le poète ne se retrouva que dans la solitude de l'abandon, quand la Muse n'eut plus en son cœur de passion rivale :

> Égaré dans le vide où notre âme retombe,
> Quand de ses passions le feu s'est épuisé,
> J'ai besoin de graver quelques mots sur leur tombe
> De peupler le désert où l'amour m'a laissé. (1)

(1) *Retour aux Muses.*

Musset, parlant des poètes, dira plus tard, avec une amertume plus grandiose, et une plus saisissante image :

Quand ils parlent ainsi d'espérances trompées...
Leurs déclamations sont comme des épées.
Elles tracent dans l'air un cercle éblouissant,
Mais il y pend toujours quelques gouttes de sang. (1)

I

Jean Polonius avait trente-sept ans lorsqu'il se révéla comme poète au public français.

Son premier recueil de vers, annoncé, sous le n° 30, dans la *Bibliographie de la France* du 3 janvier 1827, parut sous ce titre :

Poésies, | par | Jean Polonius. | *Paris.* | *Aimé André, libraire* | *quai des Augustins, n° 59* | 1827. In-8. Prix : 3 fr.

2 ff. pour le faux-titre (qui porte au verso : *Imprimerie de H. Fournier, rue de Seine, n. 14*) et le titre, et 115 pp., plus 2 ff. n. c. pour la table et l'errata. Couverture imprimée, vert d'eau, avec fleuron représentant une lyre et une étoile (2).

Ce premier recueil n'est précédé d'aucune préface. Il se compose de vingt-six pièces, dont deux seulement sont accompagnées d'épigraphes empruntées à Wordsworth, à Béranger. En voici les titres :

Retour aux Muses. Strophes de 4 vers, de 12 pieds.
Le Sourire. Strophes irrégulières, de 12 pieds.
Craintes et Vœux. Vers de 8 pieds.
Le Silence. Strophes de 4 vers, de 12 pieds.
Les Baisers. Strophes de 8 pieds.
Jalousie. Strophes de 8 vers, de 8 pieds.
Le Mystère. Vers irréguliers.

(1) *La Nuit de Mai.*
(2) Bibl. Nat., Inventaire, Ye, 30492.

Le Retour. Strophes de 10 vers, de 8 pieds.
Stances. Strophes de 5 vers, de 10 pieds.
Stances. Strophes de 4 vers, de 10 pieds.
Je la verrai. Strophes de 8 vers, de 8 pieds.
Souvenirs du Nord. A M. G. P. Strophes de 4 vers, de 12 pieds.
Le Pèlerin. Barcarolle. Strophes de 8 vers, de 6 pieds.
L'Exil d'Apollon. Strophes de 4 vers, 3 de 12 pieds, le 4e de 6 pieds.
Le Progrès du Génie. Strophes de 4 vers, de 10 pieds.
A Adolphe, à son départ pour la Suisse. Strophes de 8 vers, de 8 pieds.
Stances. De 8 vers, de 12 pieds.
Stances. De 6 vers, 4 de 8 pieds, 2 de 12 pieds.
Marine. Strophes de 5 vers, de 8 pieds.
La Colombe égarée. Strophes de 4 vers, de 10 pieds.
Chanson Klephte. Strophes de 8 vers, de 8 pieds.
Adieux à Madame Pasta. Strophes de 4 vers, de 10 pieds.
Les Deux Astres. Vers de 8 pieds. Dialogue entre l'Étoile et la Comète.
Le Lai de l'Abeille. Vers de 4 pieds.
Rêverie. Strophes irrégulières de 12 pieds et de 6 pieds.
Le Soleil d'Automne. Strophes de 4 vers, de 8 pieds.

Lorsque Jean Polonius publia ce volume de début, il avait le même âge que Lamartine, et était l'aîné de neuf ans de Vigny, avec lesquels nous aurons lieu de le comparer. Les premières *Méditations poétiques* avaient paru en 1820, les nouvelles en 1823 ; *Héléna* en 1822, les *Poèmes antiques et modernes* en 1826. Pour replacer l'auteur des *Poésies* dans son milieu poétique, nous dirons que cette année 1827 fut marquée par l'apparition des *Ballades Allemandes* (3 janvier), de Ferdinand Flocon, le futur député de 1848 ; de l'*Ode à la Colonne*, de Victor Hugo (19 février); des *Préludes poétiques* d'Amédée de Loy (17 mars); des *Poésies diverses* de Ch. Nodier (27 juin) ; de *Berthe et Robert*, d'Édouard d'Anglemont (4 juillet); des *Athéniennes*, de Boulay-Paty (14 juillet) ; des *Poésies* d'Élisa Mercœur ; des *Poésies Européennes*, de Léon

Halévy (8 août); de la *Barricade*, de Barthélemy et Méry ; des stances sur le *Buste de Charles X*, de Soumet (10 novembre); du long poème d'*Ismalie*, du vicomte d'Arlincourt (15 décembre) ; du *Retour*, de Delphine Gay (19 décembre). Si l'on rapproche le volume de vers publié la même année par Jean Polonius de ceux que nous venons de citer, on trouve qu'il leur est très supérieur. La plupart des pièces qui le composent se lisent encore aujourd'hui avec plaisir, et il en est deux ou trois qui égalent les plus belles écrites à cette époque : l'une même est un vrai chef-d'œuvre qui ne doit pas périr.

Le caractère général du recueil est élégiaque, mais avec des nuances particulières, qui tantôt semblent d'un émule de Millevoye, et, plus en arrière encore, des poètes du XVIIIe siècle, de Bertin et de Parny ; les autres, d'une touche plus moderne, rappellent Ulric Guttinguer dans son recueil de 1824. A la première manière appartiennent les pièces : *Le Baiser, Jalousie, Le Mystère, Retour, Je la verrai*, et *Craintes et Vœux*, où on lit :

>   Ris à ce monde qui t'encense :
>   La rose est faite pour briller.
>   Ah ! puisses-tu ne pas, comme elle,
>   Quand du roc qui la vit fleurir
>   Une main avide et cruelle
>   Vient l'arracher et la flétrir,
>   Dire un jour avec un soupir :
>   « Malheur, malheur à qui naît belle ! »

La barcarolle *Le Pèlerin*, la *Chanson du Klephte*, le *Lai de l'Abeille*, sont même d'un goût tout à fait démodé. A la seconde manière, nous rapporterons les pièces pleines de passion, comme le *Sourire*, où apparaît déjà cet amour fatal qui est celui de Byron, de Guttinguer, après eux, de Musset :

Je sais que ton regard ne brille que pour plaire ;
Que sa flamme est pareille à la froide lumière
Qu'en nos climats glacés nous verse le soleil ;
Que c'est au prix des pleurs que tu vends ton sourire,
Et que tu fais payer une heure de délire
Par des jours d'amertume et des nuits sans sommeil,
Mais j'ai besoin d'aimer....

Et encore le *Silence,* qui débute par ces vers tout à fait romantiques :

Tu te plains que je garde un silence farouche,
Que toujours près de toi mon front semble attristé...

Surtout enfin ces *Stances* dans lesquelles le poète rappelle à sa maîtresse l'heure où il a su triompher de sa passion, de son délire, et respecter la femme malheureuse qui cherchait un refuge dans ses bras :

En vain tout s'unissait pour servir ma tendresse ;
En vain mes sens émus me criaient : « Sois heureux ! »
Mon orgueil te sauva de ta propre faiblesse ;
J'arrêtai de mon sang l'impétueuse ivresse ;
J'étouffai sous ma main ses battements affreux.

Tu ne les as pas vus, tu n'as pu les connaître,
Ces combats, ces tourments, sans témoins, et sans bruit !
Ils sont morts dans mon sein, morts sans oser paraître,
Comme ces feux impurs qu'un air brûlant fait naître,
Et qui, fils de la nuit, expirent dans la nuit.

Nous n'avons cité ces vers que pour donner une juste idée du caractère de la poésie élégiaque de Jean Polonius : mais, s'il n'avait écrit que ceux-là, il ne se distinguerait guère de la foule des poètes qui ont publié des vers amoureux. Cependant, Sainte-Beuve, Asselineau, l'ont rapproché de Lamartine, ont vu en lui un disciple du poète du *Lac ;* disciple, il est vrai, *longe vestigia sequens,* mais enfin le rappelant quelquefois.

Tout au moins les critiques l'ont-ils considéré comme un des poètes qui, venus après Lamartine, se sont inspirés de lui et se rattachent à son école.

« Ce n'est pas, dit Sainte-Beuve, un précurseur de Lamartine, il l'a suivi, et peut servir très distinctement à représenter la quantité d'esprits distingués, d'âmes nobles et sensibles qui le rappellent avec pureté dans leurs accents... Ses premières poésies attirèrent l'attention dans le moment; un peu antérieures, par la date de leur publication, à l'éclat de la seconde école romantique de 1828, on les trouva pures, sensibles, élégantes; on ne les jugea pas d'abord trop pâles de style et de couleur. C'est l'amour qui inspire et remplit ces premiers chants de Polonius; ils rentrent presque tous dans l'élégie. Plus de Parny, plus même de Millevoye : les deux ou trois petites et adorables élégies de Lamartine : *Oui, l'Arno murmure encore*, etc.; *Lorsque seul avec toi pensive et recueillie*, etc., semblent ici donner le ton; mais, si le poète profite des nouvelles cordes toutes trouvées de cette lyre, il n'y fait entendre, on le sent, que les propres et vraies émotions de son cœur. Ce gracieux recueil se peut relire quand on aime la douce poésie et qu'on est en veine tendre. »

Voilà l'éloge : voici les réserves :

« Jean Polonius chante, comme un naturel, dans la dernière langue poétique courante, qui était alors celle de Lamartine, mais il ne la refrappe pas pour son compte; il ne la réinvente pas » (1).

Il nous paraît difficile cependant de trouver, dans les vers élégiaques de ce premier recueil, rien qui rappelle la pureté d'expression, l'harmonie berceuse, la molle cadence des pièces de Lamartine citées par Sainte-Beuve. Il est d'ailleurs une profonde différence qui sépare les vers d'amour de Jean Polonius de ceux que le même

(1) *Revue des Deux-Mondes* du 15 juin 1840, IV⁰ série, t. XXII, p. 1029-1030. Cet article, paru à l'occasion du troisième volume poétique de J. Polonius, *Érostrate*, a été réimprimé dans les *Portraits contemporains*, Paris, 1889, III, 276.

sentiment a inspirés à Lamartine : c'est l'absence complète de l'idée religieuse ; tandis qu'elle est toujours présente chez le chantre d'Elvire. Lamartine, comme presque tous les premiers romantiques, reste chrétien, même dans les élans de la plus grande passion. Jean Polonius n'est d'aucune religion. Sur ce point, c'est un païen absolu. Non pas qu'il fasse profession d'irréligion, encore moins de matérialisme, d'athéisme. Ailleurs, on voit même qu'il avait des opinions spiritualistes très arrêtées : tout ce que nous voulons dire, c'est qu'il ne faisait pas intervenir la religion comme élément poétique dans ses vers, selon la pratique, plus décorative que sincère, des romantiques de 1820 à 1830, et en particulier de Victor Hugo, laissant à part Lamartine qui resta toujours fidèle à des sentiments dont il serait injurieux de mettre en doute la sincérité.

Lamartine arrive à l'inspiration philosophique par l'inspiration religieuse ; Jean Polonius, au contraire, aborde directement le poème philosophique. Et c'est dans le poème philosophique qu'apparaît sa vraie supériorité. Dans ce genre, il fut un véritable initiateur : car, comme Lamartine, Vigny lui-même, le grand poète philosophique du XIXe siècle, commença par le poème religieux. *Éloa, Moïse,* qui datent de 1824 et de 1826, sont avant tout des poèmes religieux, au moins par la source biblique où ils sont puisés. Dans ce recueil de 1827, Jean Polonius, au contraire, nous apparaît avec le caractère bien tranché, exclusif, de poète philosophique, qui restera éminemment le sien. Telle est, en effet, la marque profonde imprimée à sa pièce *l'Exil d'Apollon,* la plus belle du recueil, et qui doit être considérée comme un chef-d'œuvre.

Notons encore que Jean Polonius fut, avec Alfred de Vigny, le premier qui, à la suite d'André Chénier, s'inspira de l'Antiquité païenne. Vigny, dès 1822, avait composé *Symétha, la Dryade, le Somnambule,* tandis que Lamartine et Victor Hugo semblent en faire complètement abstraction, sauf ce dernier, pour la partie pittoresque, comme dans le *Chant de fête de Néron.*

Pour l'inspiration aussi bien que pour la forme, on trouverait difficilement dans toute l'école romantique quelque chose de plus beau que cet *Exil d'Apollon* :

> Apollon dans l'exil végète sur la terre.
> Dépouillé de sa gloire, il a fui loin du ciel,
> Errant, comme l'aiglon qu'a rejeté son père,
>   Loin du toit paternel.
>
> . . . .
>
> Il est nuit....
>
> Près des lieux où l'Ossa lève sa crête altière,
> Morne, il va conduisant ses troupeaux vagabonds,
> Réduit au pain grossier qu'on jette pour salaire
>   Aux pâtres de ces monts.
>
> . . . .
>
> Qu'il est doux, le parfum de ces forêts lointaines !
> Qu'il est grand, le tableau de ce dôme étoilé !
> Mais quels tableaux, hélas ! peuvent charmer les peines
>   De l'auguste exilé ?
>
> Astres, soleils divins, peuplades vagabondes,
> Yeux brillants de la nuit qui parsemez les cieux,
> Qu'êtes-vous pour celui qui du père des mondes
>   A vu de près les yeux ?
>
> Le front nu, le regard levé vers les étoiles,
> Sous l'abri d'un laurier le dieu s'est étendu,
> Et son œil enivré cherche à percer les voiles
>   Du ciel qu'il a perdu.

Le dieu accorde sa lyre et fait entendre ce chant de regrets, de douleur des bonheurs, des grandeurs disparus, chant vraiment sublime que nous ne pouvons malheureusement donner ici tout entier :

Que voulez-vous de moi, visions immortelles ?
Douloureux souvenirs, ineffables regrets !
Que voulez-vous? pourquoi m'emporter sur vos ailes
      Aux célestes palais ?

J'entends encor le bruit de leurs fêtes brillantes;
Sous ces lambris d'azur d'où me voilà tombé,
Je sens, j'aspire encor les vapeurs enivrantes
      De la coupe d'Hébé.

Je vois les dieux assis sous les pieds de mon père !
Je les vois, de son front contempler la splendeur,
L'œil fixé sur ses yeux, brillants de sa lumière,
      Heureux de son bonheur.

Même vœu, même don, même esprit les anime.
Chacun d'eux, l'un de l'autre écho mélodieux,
Sait comprendre et parler cette langue sublime
      Qu'on ne parle qu'aux cieux.

Mais moi, qui me comprend dans mes chagrins sans
                                  [nombre?

. . . .

Ces pâtres ignorants à qui mon sort me lie,
Bruts comme les troupeaux qu'ils chassent devant eux,
Peuvent-ils deviner d'une immortelle vie
      Les besoins et les vœux?

Ont-ils vu les rayons dont brille mon visage ?
Sauraient-ils distinguer mes lyriques accents
De ces cris imparfaits, de ce grossier langage
      Qu'ils appellent des chants ?

Fixant sur mes regards un stupide sourire,
Ils s'étonnent des maux que nul d'eux n'a soufferts;
Cet étroit horizon où leur âme respire
      Est pour eux l'univers.

J'ai vécu d'une vie et plus haute et plus fière !
Ma lèvre, humide encor du breuvage des dieux,
Rejette avec dégoût les flots mêlés de terre
      Qu'il faut boire en ces lieux.

> O mon père ! ô mon père ! à quelle mort vivante
> L'enfant de ton amour est ici-bas livré !
> Pourquoi le triple dard de ta flèche brûlante
> Ne m'a-t-il qu'effleuré ? (1)

Si nous ne nous trompons, on peut sans désavantage rapprocher de cette pièce, l'*Exil d'Apollon,* celle de *Moïse,* d'Alfred de Vigny, composée dans un esprit très différent, mais qui s'en rapproche par l'amertume des sentiments que peut inspirer le spectacle de la terre.

Après elle, nous ne citerons plus du recueil de 1829 que ces derniers vers des *Deux Astres,* où la Comète, à la course vagabonde, s'adresse ainsi à l'Étoile, fixe dans sa marche régulière :

> Vaut-il donc mieux, dans l'esclavage
> Usant les siècles à vieillir,
> Jour après jour, âge après âge
> Pâlir, s'éteindre, dépérir.
> Ah! quand Dieu de sa main puissante,
> Me jette encor toute brûlante
> Dans les feux de l'astre du jour,
> J'ai du moins rempli ma carrière ;
> J'ai vécu libre, active et fière,
> J'ai détruit, créé tour à tour.

II

Deux années s'étaient écoulées depuis l'apparition des premiers vers de Jean Polonius, lorsque parut le second recueil poétique qui porte son nom. C'est en cette même année que parurent les *Ballades et Poésies,* de Fontaney (janvier); les *Poésies,* de Joseph Delorme (4 avril); les

---

(1) L'*Exil d'Apollon* a été reproduit tout entier dans les *Souvenirs poétiques de l'École romantique,* d'Édouard Fournier. Paris, Laplace, Sanchez, 1880, in-12, p. 238.

Chroniques de France, de Mme Tastu (23 mai); les *Fleurs,* de Saint-Valry (8 août); les *Esquisses poétiques,* d'Édouard Turquety (12 septembre); les *Voyages poétiques,* de Théodore Carlier (29 décembre), toutes œuvres plus ou moins romantiques.

La *Bibliographie de la France* du 9 mai 1829, annonça ainsi ce nouveau recueil, sous le n° 2801 :

Empédocle, | vision poétique, | suivie d'autres poésies, | par Jean Polonius. | *Paris,* | *Aimé-André, libraire,* | *quai Malaquais, n° 13;* | *H. Fournier J^e, libraire,* | *rue de Seine, n. 14.* 1829; in-18.

<small>2 ff. n. ch. pour le faux-titre (au verso : *Imprimerie de H. Fournier*) et le titre; plus 241 pp. ch., dont 3 pour la table. Couverture imprimée, papier chamois; fleuron, une Lyre. Le titre porte cette épigraphe de Parini (1) :</small>

<small>Orecchio ama placato
La Musa, e mente arguta e cor gentile,
Ed io, se a me fia dato
Ordir mai su la cetra opra non vile,
Non toccherò già corda
Ove la turba di sue ciance assorda.</small>

Ce second recueil n'est pas, plus que le premier, accompagné de préface. Il se compose de trente-six pièces (pp. 1-230), et de Notes (pp. 231-237). Voici les titres de ces pièces, suivant leurs divisions :

Dialogue, p. 1-3. Entre la Gloire et le Temps. Strophes de 4 vers, de 12 et de 8 pieds.
Empédocle, p. 7-45. L'auteur y emploie les vers de 12 pieds, les strophes de 10 vers, de 8 pieds; celles de 4 vers, de 12 et de 6 pieds, les vers de 10 pieds.
Poésies diverses, p. 51-230.
La Fleur. Strophes de 6 vers, de 8 pieds.
Le Vieux Navire, marine. Strophes de 4 vers, de 8 pieds.

<small>(1) Bibl. Nat., Inventaire; Ye, 24865.</small>

Dimos. Chant Klephtique. Strophes irrégulières, de 8 pieds et de 12; de 12 pieds ; de 12 et de 8 pieds.

La Jeune Veuve. Strophes de 6 vers, de 12 pieds.

L'Étrangère. Strophes de 4 vers, de 8 pieds.

A la même. Strophes de 4 vers, de 8 pieds.

Le Matin. Strophes de 4 vers de 12 et de 6 pieds.

Stances. Strophes de 6 vers de 12 pieds.

Stances. De 32 strophes de 8 vers de 10 pieds.

Hymne à la Poésie. Strophes de 10 vers de 8 pieds. — Cette pièce est précédée d'une épigraphe empruntée au poète Wither.

A M. le Baron de ***. Strophes de 6 vers de 12 et de 6 pieds. — Épigraphe de Milton.

Les Inspirations du moment. Strophes irrégulières de vers de 12 pieds, de 12 et de 6 pieds, de 12 et de 8 pieds. — Épigraphe d'Ugo Foscolo.

Aux poètes. Strophes de 6 vers de 12 et de 6 pieds.

Avril. Strophes de 6 vers de 10 pieds.

A un ami. Strophes de 4 vers de 12 et de 6 pieds.

Stances. Strophes de 4 vers de 8 pieds.

Le Retour. Chant de table, à ses compagnons d'enfance. Strophes irrégulières de vers de 12 et de 8 pieds, de 12 et de 6 pieds.

Stances. Strophes de 8 vers de 12 pieds.

A la Nécessité. Strophes irrégulières de vers de 12, de 8, de 6 pieds. — Épigraphe de Mme de Staël : « La nécessité rafraîchit. »

A l'Espérance. Strophes de 5 vers de 8 pieds.

A Ida. Strophes de 8 vers de 10 pieds.

A l'Expérience. Strophes de 8 vers de 12 pieds.

A la Perfection. Strophes de 4 vers de 12 pieds.

La Lampe antique. Strophes irrégulières de 12 et de 8 pieds.

La Terre promise. Strophes irrégulières de 12 et de 8 pieds.

*A ***.* Vers de 10 pieds.

Les Cygnes. Vers de 10 pieds.

Les Plaintes de la Lyre. Strophes de 8 vers de 6 pieds.

Au Printemps. Strophes de 5 vers de 10 pieds.

Le Luth abandonné. Strophes de 4 vers de 12 et de 6 pieds.

Au bord de l'eau. Strophes de 8 vers de 8 pieds.

La Cataracte. Strophes irrégulières de vers de 12 et de 8 pieds.

Le Travail. Vers de 12 pieds. Épigraphe de Voltaire.

La pièce, intitulée *Dialogue,* la première de ce volume, pourrait être considérée comme une préface, bien qu'elle n'en porte pas le nom. Le poète écoutera-t-il le conseil de la Gloire, qui lui dit :

> Lime, achève, polis ! — Au gré de la raison,
> Tes vers ne sont pas mûrs encore.
> Ne livre pas à l'aquilon
> Ces fruits trop empressés d'éclore.

ou bien celui du Temps, qui le presse de donner l'essor à sa pensée, de ne pas la laisser se refroidir dans la trop longue contemplation :

> Vole à d'autres sujets ! Ne laisse pas languir
> La sève créatrice en ton sein bouillonnante ;
> C'est une onde qui veut courir,
> Et tarit dès qu'elle est dormante.

C'est sur les conseils du Temps que se clôt cette pièce ; et cela nous dit qu'il a eu le dernier mot dans ce colloque avec le poète.

Le poème d'*Empédocle,* et c'est bien un poème par l'ampleur du développement, par la hauteur du sujet, est la pièce capitale du volume, auquel, avec raison, elle a fourni un titre, et dont elle forme à peu près le sixième. Par quelques vers du poème, et par les notes qui le suivent, on peut croire que l'auteur le composa en Sicile, sur les lieux mêmes qui furent témoins de la mort célèbre du philosophe d'Agrigente, en vue de l'Etna, près de Catane, dont les habitants nomment encore aujourd'hui *Torre del filosopho,* une vieille tour en ruines où, soit disant, Empédocle aurait fait ses observations scientifiques. L'on sait comment Empédocle, possédé d'une sorte de folie scientifique, d'une immense passion de gloire, se précipita dans le cratère de l'Etna pour pénétrer le mystère de ses éruptions, ou de dépit de ne l'avoir pas pénétré. Et comme a dit Horace :

> Deus immortalis haberi
> Dum cupit Empedocles, ardentem frigidus Ætnam
> Insiluit...

C'est de cette légende, car ce n'est qu'une légende, aujourd'hui détruite par la critique historique, que Jean Polonius a tiré le sujet de son poème. Il montre en beaux vers combien la science est vaine, et conclue ainsi :

> Crois-moi : ces grands secrets dont notre esprit murmure
> Ne valent pas les maux qu'il se crée ici-bas.
> Contemple l'univers, admire la nature,
> Ne l'interroge pas.

C'est ce que récemment on a appelé « la banqueroute de la science ». Bonne ou mauvaise, la thèse est ici développée avec beaucoup de grandeur et de poésie ; quelques passages sont admirables.

Jean Polonius, tout d'abord, pose bien ainsi la question ; parlant en son propre nom, avant de s'incarner dans son héros, il s'écrie :

> Il est souvent des jours où notre esprit aride
> Comme un pâle flambeau qui s'éteint dans le vide,
> Las de chercher en vain le beau, la vérité,
> Ou de ce noble but d'avance dégoûté,
> Succombe, et du succès abjurant l'espérance,
> Ne sent plus que le frein d'une amère impuissance.
> Je l'éprouvais, hélas ! ce vide où tout nous fuit !
> Ennuyé, fatigué de longs travaux sans fruit,
> Mon cœur se demandait avec inquiétude
> Si, malgré tant d'efforts, tant de soins, tant d'étude,
> L'homme esclave des sens, doit périr attaché
> Sur les bords de l'abîme où le vrai s'est caché ?
> Si du moins, quand la mort fermera sa paupière,
> Il doit, noble habitant d'une plus haute sphère,
> Finir ce qu'ici-bas il laisse inachevé,

Trouver ce qu'il chercha, voir ce qu'il a rêvé ;
Ou si, pareil au fruit dont on jette l'écorce,
Après qu'il a cédé sa douceur ou sa force,
Le sage tout entier meurt comme l'ignorant,
Qui, du moins, fut heureux dans son aveuglement.

A ces questions, qui pour lui sont restées sans réponse, c'est dans une *Vision*, dans un songe où lui apparaît Empédocle, dans les dernières paroles du philosophe reproduites plus haut, comme la conclusion de ce poème, qu'il trouve la vraie solution : « contempler sans approfondir » ; nous dirions presque, dans un positivisme poétique et anticipé : sorte de précurseur en vers de celui d'Auguste Comte.

Quelle que soit la valeur du système, voici assurément des vers qui sont beaux : c'est Empédocle qui parle :

J'ai tenu le compas ; j'ai fait vibrer la lyre ;
Comme toi, j'ai voulu tout sentir et tout voir ;
Comme toi, j'ai cherché la gloire, et ce délire
    Qu'on appelle savoir.
. . . .
Que maudit soit ce jour d'imprudence et d'ivresse,
Où ma lèvre approcha la coupe du savoir,
Où sa première goutte embrasa ma jeunesse
    D'un orgueilleux espoir.

De ce jour, une soif inquiète, insensée,
A tourmenté mon âme, a dévoré mon sang ;
J'ai maudit ma raison, renié ma pensée,
    Envié le néant.

Pour étancher en moi cette soif invincible
J'aurais voulu franchir tous les temps, tous les yeux ;
M'élancer loin des bords de l'univers visible
    Par-delà tous les cieux.

J'aurais voulu m'unir à la nature entière ;
Pénétrer les secrets de la terre et de l'air ;
Être tout, vivre en tout, dans l'herbe, dans la pierre,
    Dans le feu, dans l'éther.
. . . .

> Peut-être ! — mot cruel ! borne étroite et funeste !
> Voilà donc où finit tout espoir, tout succès !
> Nous consumons notre âme, et voilà ce qui reste
>   Au fond de nos creusets !

A ce tableau désespéré de l'inanité de la science, le poète oppose le bonheur paisible de la vie simple, de l'homme qui jouit des beautés de la nature sans vouloir les approfondir. La peinture en est charmante, et presque virgilienne. En la lisant, on la rapproche involontairement de ce passage de la *Comédie de la mort*, où Théophile Gautier s'est inspiré du même contraste entre la vie d'un conquérant — par l'épée, comme Napoléon, ou par la science — et celle des humbles et ignorants bergers, dont le : *O felices Agricolæ* serait comme le thème. Reprenant la parole après l'intermède d'une sorte de chœur impersonnel, il s'écrie :

> Souvent plongeant d'en haut sur la plaine enflammée,
> Quand les feux du couchant embrasaient l'horizon,
> Mon œil mélancolique a suivi la fumée
>   Des chaumes du vallon.
>
> En la voyant vers moi monter comme un nuage,
> Je me disais : « Hélas ! en ces mille hameaux,
> Pas un œil ne me voit, pas un cœur ne partage
>   Ou ma joie ou mes maux.
>
> C'est l'heure où du berger l'épouse impatiente,
> Attendant sur le seuil, en son humble séjour,
> De son époux, absent depuis l'aube naissante,
>   Invoque le retour.
>
> Au foyer qui pétille, attentive, elle veille ;
> Elle apprête pour lui son rustique repas ;
> Elle écoute les vents, elle prête l'oreille
>   Aux doux bruits de ses pas.
>
> Moi, sur le roc désert nulle épouse adorée,
> Ne m'attend vers le soir, pour m'enivrer d'amour
> . . . .

Quelquefois descendu de ces cimes de glace,
J'allais respirer l'air des vallons et des champs ;
Convive inattendu, je redemandais place
    Au banquet des vivants.

. . . .

Je voyais les amants s'égarer sous l'ombrage ;
Devant moi, deux à deux, ils passaient tour à tour ;
Le zéphyr m'apportait au travers du feuillage
    Leurs paroles d'amour.

Que de fois j'enviais leur paisible ignorance !
Oh ! fuyant le vautour acharné sur mon cœur,
Que ne pouvais-je, au prix de leur insouciance,
    Acheter le bonheur.

. . . .

Sur le bord de l'abîme où il va se précipiter, Empédocle jette ce dernier anathème au ciel qui ne lui a pas livré ses secrets :

Astres ! Soleils brillants ! divines créatures !
Adieu ! — De vos rayons je maudis la splendeur ;
Adieu ! — Vous n'avez fait qu'éclairer mes tortures,
    Qu'insulter à mon cœur !...

Roulez, illuminez le stupide vulgaire ;
Votre lumière obscure est digne de ses yeux ;
Pour moi, je cherche un jour plus fait pour ma paupière
    Que vos débiles feux.

Je suis las d'invoquer l'inconnu, l'invisible ;
D'interroger la nuit, de parler au chaos ;
    Sans y trouver d'échos.

Que l'abîme aujourd'hui me révèle l'abîme !
Je suis las de crier dans ce gouffre insensible
Puisque la mort sait tout, interrogeons la mort !
Forçons-la de répondre à sa propre victime,
    En lui livrant mon sort.

Cette conclusion d'un désespéré de la science, d'un homme dégoûté de tout, qui se jette dans le suicide, ne nous y trompons pas, n'est pas celle du poète, qui, cette vision funèbre écartée, sortant comme d'un mauvais rêve, retrouve au réveil la nature souriante et paisible, conviant l'homme au bonheur :

> Tout avait fui, tout n'était que mensonge ;
> Je renaissais ; je revoyais le ciel !...
> Et, saluant son éclat immortel,
> Je respirai de n'avoir fait qu'un songe.

Dans ce poème d'*Empédocle*, Jean Polonius avait voulu peindre les impuissants de la science, comme plus tard, dans *Érostrate*, les impuissants de la politique, les grands hommes manqués, nous dirions plus vulgairement les ratés.

Mieux que d'autres, Charles Asselineau a marqué le caractère des poèmes philosophiques de Labensky, et fait preuve d'équité à leur égard. Il lui assigne dans ce genre de poésie, une place intermédiaire entre les grandes pièces de Vigny et les vers de Laprade.

« Avec Labensky, dit-il, nous sommes en plein Lamartine. » — C'est là le jugement de Sainte-Beuve : mais voici où Asselineau va plus loin : « et même un peu au-delà, entre les nouvelles *Méditations* et les poèmes philosophiques de M. de Laprade, par exemple. Parvenu à une époque de maturité poétique, Labensky put donner à son génie un développement plus libre. Certaines pièces d'une exécution très ferme, telles que l'*Exil d'Apollon*, ou certaines parties de son *Empédocle*, sont bien à lui et d'un caractère qui lui constitue une originalité de bon aloi. Son âme de philosophe s'y meut à l'aise et pleinement dans une forme grave et arrêtée, aussi distant de la mysticité vague du Lakisme français, que de la frivolité du dernier siècle (1). »

---

(1) Ch. Asselineau, *Mélanges tirés d'une petite Bibliothèque romantique*. Paris, 1866, in-8, p. 87.

Nous nous associons à ce jugement, sous cette réserve toutefois, que si l'on distingue entre le poème religieux et le poème philosophique, Labensky précéda Lamartine, et même Vigny, plus qu'il ne les suivit. Telle est à plus forte raison le rang qu'il doit occuper à l'égard d'un autre poète d'un talent secondaire il est vrai, mais dont les vers sont empreints d'un esprit philosophique très remarquable, Édouard Alletz, l'auteur de la *Nouvelle Messiade* (1830), et des *Études poétiques du Cœur humain* (1832); et d'Alexandre Soumet, dont la *Divine Épopée* parut en 1840 seulement. Moins véritablement poète que Jean Polonius, mais plus dogmatique, Édouard Alletz écrivait en 1832 : « Pourquoi donc l'art des vers ne se lierait-il pas de nos jours, aidé par la philosophie du cœur, avec les éléments de la science qui occupe tous les esprits, de cette politique qui cherche à régler les hommes rassemblés, au moyen d'une savante économie fondée sur la connaissance de leurs passions (1). » C'était aller presque jusqu'à mettre l'économie politique en vers : et Alletz ne recula pas devant cette audace... funeste. Tel n'est pas le cas de Jean Polonius, qui s'en tint toujours à la philosophie générale, c'est-à-dire au sentiment, seul conciliable avec la poésie.

C'est à la même veine philosophique qu'appartiennent encore, dans le recueil de 1829, les pièces suivantes : *A la Nécessité,* dont il dit, dans une sorte de fatalisme oriental :

> Mes yeux ne craignent point de rencontrer tes traits ;
> Je ne veux que les voir, sans trouble, sans nuage ;
> Montre-toi, nomme-toi ; je me résigne en paix.
> Dès lors, devant ton trône humiliant ma tête,
> Je resterai couché sous l'ombre de ta main ;
> Et, sûr que désormais tout effort serait vain,
> Je dormirai, tranquille, au bruit de la tempête.

(1) G. Alletz, *Études poétiques du cœur humain.* Paris, Vimont, 1832, in-8 de 335 p. Préface, p. XI.

Ce qui ne l'empêchera pas de s'écrier dans sa pièce
A l'Espérance :

> Viens ! et demain, s'il le faut, je te laisse
> Tourner ta proue, et cingler sans retour.
> Il suffira qu'oubliant la tristesse,
> J'aie un moment savouré ton ivresse,
> Et sur ton sein reposé un seul jour.

Quitte à revenir à des sentiments plus stoïques dans celle *A l'Expérience,* dont il dira :

> Sans toi, les plus beaux fruits que le ciel sème en nous
> Périraient sans briser leur enveloppe épaisse,
> C'est toi dont le fléau, frappant l'aire à grands coups,
> Fait jaillir de l'épi le grain de la sagesse.

Ses vers *A la Perfection,* sont comme une profession de foi littéraire, où il se montre à nous aspirant vers un idéal, toujours présent à sa pensée, mais fuyant toujours :

> Je ne t'attendrai pas, montagne inaccessible,
> Mais ton pic rayonnant, de loin toujours visible,
> Sert de but à ma course, et de phare à mes pas !

Ce sont là des entités poétiques un peu froides, aussi bien que l'*Hymne au Travail,* auxquels, malgré les nobles pensées et la hauteur philosophique, nous préférons des pièces où la philosophie se cache sous des images plus souriantes, plus animées, comme dans les *Cygnes,* les *Plaintes de la Lyre,* la *Lampe antique,* le *Luth abandonné.* Sainte-Beuve, ainsi qu'on l'a vu, estimait beaucoup cette dernière pièce, qu'il considérait comme une œuvre de transition entre le ton un peu vieilli des Élégies et celui plus vivant, plus moderne des autres poèmes.

Il faut d'ailleurs noter, dans le recueil de 1829, un notable changement dans le style des quelques élégies qui s'y trouvent : ce style est plus serré, plus nerveux ; la passion apaisée, laisse au poète plus de calme, de sérénité :

> Loin du bruit, loin du jour, j'emporte ton image :
> Je la cache en mon sein, comme une fleur sauvage,
> Que le désert nourrit, loin du regard humain.
> Je la voile, pareille à la flamme furtive
> Du flambeau qu'une vierge, en sa marche craintive,
> Contre son propre souffle abrite avec sa main (1).

En général, les pièces du recueil de 1829 comme du précédent, ont un caractère impersonnel : de là le peu de détails qu'on en peut tirer sur la vie de l'auteur : on y apprend à connaître son âme ; non sa vie. Cependant, avec beaucoup d'attention, on y glane quelques renseignements sur lui-même ; ainsi, qu'il resta absent de sa patrie pendant dix ans,

> Dix ans sont écoulés depuis que notre sort
> Nous sépara l'un l'autre au sortir de l'enfance,

dit-il dans sa pièce *Le Retour*, lue dans un banquet qui réunissait ses anciens compagnons d'étude, parmi lesquels plus d'un avait eu une destinée tragique :

> L'un, tombé sous les coups d'une main ennemie,
> Du sang qu'il lui devait a fraudé sa patrie ;
> L'autre a vendu le sien, sous de lointains climats,
> A de vains intérêts qui ne le touchaient pas ;
> Celui-ci n'écoutant qu'un désespoir extrême,
> Par amour, par ennui, l'a répandu lui-même ! (2)

Dans ses vers il soupire, ou il célèbre quelques noms de femmes, le plus souvent discrets pseudonymes poétiques, Ida, l'Étrangère ; il adresse à Mme Pasta, l'illustre cantatrice, des vers qui sont d'un amoureux autant que d'un admirateur, et qu'on ne peut s'empêcher de comparer à la pièce bien connue de Musset sur la Malibran, mais autant supérieure à celle de Jean Polonius, que la Malibran l'était à Mme Pasta :

---

(1) *Stances*, p. 85, et encore *Stances*, p. 154, le *Bord de l'Eau*, p. 212.
(2) Second recueil, p. 148.

> Malheur à qui t'admira la première !
> Nulle après toi ne charmera ses yeux :
> Eh ! quel breuvage ici-bas pourrait plaire
> Quand on a bu dans la coupe des Dieux. (1)

Jean Polonius paraît avoir été sensible à l'amitié, et dans quatre pièces, *Souvenirs du Nord, A M. G. P.; A Adolphe, à son départ pour la Suisse; A un Ami; A M. le baron de* ***, on reconnaît des accents sincères et touchants. Ces quatre amis semblent avoir été des étrangers, un seul peut-être Français : le dernier était un poète, si on en juge par les vers où Jean Polonius gourmande son silence, en se rappelant les beaux lieux chantés par lui :

> Je planais sur ces lacs qu'a célébrés ta lyre,
> Où tu vins tant de fois épier le sourire
> De l'étoile du soir. (2)

Mais le sentiment qui domine en lui est celui de la nature; c'est à cette source qu'il veut que le poète puise sans cesse, loin du fracas de la politique, à l'abri des ardeurs de l'ambition :

> Plaines, ruisseaux, torrens, cataractes sublimes,
> Murmurantes forêts, où j'errai tant de fois,
> Monts altiers, dont mes yeux dévoraient les abîmes,
> Grottes, qui répondiez aux accens de ma voix ;
> . . . .
> Rendez-moi, rendez-moi les secrets que mon âme
> A confiés à l'air, aux vents, aux flots déserts !
>
> Que je revive encor dans ces rêves de flamme,
> Que je puisse une fois en renouer la trame,
> En retracer la forme aux yeux de l'univers. (3)

Jean Polonius, cependant, n'est pas du tout un poète descriptif : il ne voit la nature que dans ses grands traits

---

(1) I⁰ʳ Recueil, p. 86.
(2) *Empédocle*, p. 110.
(3) **Les** *Inspirations du moment*. II⁰ Recueil, p. 120.

c'est par l'émotion qu'elle donne à ses vers plus que par les tableaux qu'il en a tracés qu'on reconnaît sa passion pour elle. L'on ne saurait dater ces poésies d'un lieu déterminé, pas même d'un pays; sauf la Russie, dont il a donné des descriptions précises dans trois pièces qu'il faut lire : *Souvenirs du Nord* (1), *Le Matin* (2), *Au Baron de **** (3), *A un Ami* (4). Ainsi, cette vue de Saint-Pétersbourg en hiver :

> Le soleil, de la neige éclairant l'étendue,
> Parsemait sa blancheur des roses du matin,
> Et semblait, sous sa flamme, animer la statue
> De Pierre, bondissant sur son coursier d'airain.
>
> Nous admirions, au loin, s'élançant dans les nues,
> Les dômes, les clochers de la ville des tzars,
> Les guirlandes de givre à leurs toits suspendues,
> Et la foule mouvante, et les traîneaux épars.
>
> Tantôt, la lance au bras, la cosaque intrépide,
> Debout, le corps penché sur son coursier fougueux,
> Passait comme l'éclair...
>
> Tantôt venait un Russe, à la démarche lente ;
> A sa barbe, à ses cils, tout blanchis de frimas,
> On eut cru voir marcher une image vivante
> De l'hiver, vieux tyran de nos rudes climats. (5)

Après la publication des deux recueils de 1827 et de 1829, Jean Polonius n'était plus un inconnu : ses vers avaient été l'objet d'articles dans les journaux, les revues; et si on y faisait souvent des réserves, la critique, selon son drapeau, le trouvant tour à tour trop romantique, ou trop classique, l'éloge cependant dominait. Une note du

---

(1) I⁰⁰ Recueil, p. 40.
(2) II⁰ Recueil, p. 79.
(3) *Id.*, p. 109.
(4) *Id.*, p. 135.
(5) I⁰⁰ recueil, p. 41.

catalogue de la librairie Aimé-André, successeur de Lefèvre, chez lequel ces deux recueils avaient paru, en donne une idée asssez exacte :

« Ces charmantes poésies d'un auteur distingué, qui se cache sous le nom de Polonius, obtiennent un succès mérité. Tous les journaux qui ont rendu compte de ce Recueil se sont accordés pour en faire l'éloge, et plusieurs morceaux ont été comparés aux plus belles méditations de Lamartine. » (1)

Aussi trouvons-nous maintenant le nom de Jean Polonius dans des recueils consacrés à la reproduction des œuvres romantiques.

Dans le *Keepsake français* (2), qui venait de se fonder en 1830, sous la direction de J.-B.-A. Soulié, conservateur à la Bibliothèque de l'Arsenal, parut une très remarquable pièce de Jean Polonius, à côté d'autres signées Chateaubriand, Casimir Delavigne (*l'Ame du Purgatoire*), Charles Didier (*la Source de l'Orbe*), Ch. Nodier (*le Château de Robert le Diable*), Jules Lefèvre (*Venise*), Amable Tastu (*Napoléon*), Alfred de Vigny (*la Jeune Hellenienne*), Gaspard de Pons (*Prière d'un damné*), Fontaney (*la Princesse et les Pélerins, Médora, le Portrait* et *A Mlle Marie N****), Ernest Fouinet, etc. Cette pièce : *Le Soleil d'Automne*, était empruntée à son premier volume poétique de 1827. En 1831, le même recueil (p. 254) contient encore de notre poète, une autre pièce de vers : *Trente ans*. En voici quelques vers :

---

(1) Ce catalogue fait partie de la collection de M. Georges Vicaire, que nous remercions de sa gracieuse communication.

(2) *Keepsake | français | ou | Souvenir | de Littérature Contemporaine | recueilli | par M. J.-B.-A. Soulié, | conservateur à la Bibliothèque de l'Arsenal | Orné de dix-huit gravures anglaises. | Première année | 1830. | Paris, Giraldon, Bovinet et Cie | éditeurs et m^{ds} d'estampes commissionnaires, | Passage Vivienne, n° 26.* — Faux-titre gravé, 3 ff. n. c. pour le titre et la table, plus 267 pp. ch. Les gravures sont d'après Lawrence, Devéria, Wilkie, Chalon, Leslie, Turner, Bonington. — Bibl. Nat. : Inventaire, Z 52, 375. Elle possède malheureusement, de cet ouvrage, que l'année 1830. Les autres nées n'ont pas été déposées et n'ont pas été acquises depuis.

> J'ai connu l'amour; — mais sa flamme,
> Comme un éclair qui brille et fuit,
> Un moment n'effleura mon âme
> Que pour en épaissir la nuit.
> Je n'ai jamais senti le charme
> De cet amour tranquille, heureux,
> Goûtant sans trouble et sans alarme
> Tout ce qu'ont pu rêver ses vœux :
> Mais l'amour sombre, ardent, timide,
> L'amour stérile d'Ixion,
> Entre ses bras pressant le vide
> Et n'étreignant que l'aquilon.

Les *Annales Romantiques* imitent cet exemple. Le volume de l'année 1831 contient de Jean Polonius une pièce très belle, une Ode, *Ixion,* qui n'a pas été reproduite depuis, si ce n'est pas Charles Asselineau dans ses *Mélanges tirés d'une petite Bibliothèque romantique.* Paris, Pincebourde, 1866, p. 62. L'année 1834 contient encore de lui une autre pièce.

III

Jean Polonius, en 1830, semblait n'avoir que quelques efforts à faire encore pour atteindre à un des premiers rangs dans la littérature française : son nom était connu, le public attendait de lui une œuvre décisive. Cette œuvre se fit si longtemps attendre que quand elle parut, l'auteur avait eu le temps d'être oublié, sauf de quelques esprits versés dans les écrits du romantisme.

Comment expliquer ce silence, qui lui devint funeste? Ce ne fut ni lassitude, ni dédain, mais tout ensemble l'éloignement où il était de la France, et les circonstances particulières d'une époque peu propice, pensait-il, à une œuvre aussi étendue, aussi étrangère surtout aux préoccupations du moment, que l'était le poème d'*Érostrate* entrepris dès 1830. Il n'avait cessé d'y travailler depuis son *Empédocle,* qui en était comme l'avant-coureur. C'est onze ans seulement après la publication de ce dernier en 1829, que parut son nouveau poème. Bien qu'il porte la date de 1840, la *Bibliographie de la France* l'annonça dans son fascicule du 2 janvier 1841, sous le n° 42 (1). En voici la description :

Erostrate | Poème | par M. X. Labensky | auteur des poésies | publiées sous le nom de Jean Polonius | Paris | librairie de Charles Gosselin | 9, rue Saint-Germain-des-Prés | MDCCXL. In-8. Prix : 7 fr. 50.

2 ff. n. c. pour le faux-titre (au verso : *Imprimerie de H. Fournier et Cie | rue de Seine, 14 bis*). v-xii pp. pour la Préface, 306 pp. pour le poème, et 1 p. n. ch. pour la table. — Sur le titre, marque ordinaire de la librairie Gosselin : C. G. dans un fleuron (2).

C'est le premier et unique volume du comte Labensky, qui soit accompagné d'une Préface; en voici les passages les plus intéressants pour la genèse et l'appréciation de ce poème :

« Le poëme qu'on va lire était, sinon achevé, du moins conçu et exécuté en grande partie depuis longtemps.

(1) Nous avons longtemps et vainement cherché *Erostrate* dans cet ouvrage (année 1841); parce que, à la table, le nom de l'auteur a été par erreur écrit *Lobensky*. — Un peu avant ou un peu après *Erostrate*, qui est comme à cheval sur les deux années 1840 et 1841, avaient paru les livres de vers suivants. En 1840 : *Feuilles aux vents*, par A. de Loy; *Béatrix*, par Saint-René Taillandier; *Poèmes rustiques*, par La Morvonnais; *Provence*, par Adolphe Dumas; *Primavera*, par Turquety; *la Divine Épopée*, par Soumet; *Onyx*, par Coran; *Solitudes*, par Juillerat; et parmi les innombrables poésies composées à l'occasion du retour des cendres de Napoléon, le *Retour de l'Empereur*, par V. Hugo, à côté de *l'Empereur n'est pas mort*, par Belmontet; *Sainte-Hélène et les Invalides*, par Ed. d'Anglemont; le *Retour*, par C. Delavigne, les *Funérailles de Napoléon*, par Louise Colet. — En 1841 : *Les Cloches*, par Lacretelle; *Chants civils et religieux*, par A. Barbier; *Psyché*, par A. de Laprade; les *Ternaires*, par A. Brizeux; *Esquisses poétiques de la vie*, par E. Alletz; *Amours de France*, par Ed. d'Anglemont; *Chants d'un prisonnier*, par A. Esquiros.

(2) Bibl. Nat. : Inventaire Ye 24866. — Nous conservons au nom de l'auteur l'orthographe que lui-même lui a donnée, quoique Sainte-Beuve et les Biographies écrivent *Labinsky*.

Plusieurs motifs, dont il serait superflu de fatiguer le lecteur, en ont jusqu'ici retardé la publication. L'un d'eux a peut-être été le peu de chance de succès que semblait promettre à un livre de ce genre la défaveur complète dans laquelle sont aujourd'hui tombés tous les sujets empruntés à l'histoire grecque ou romaine. Il se manifeste bien une certaine tendance à la réaction ; mais cette défaveur ne laisse pas d'être marquée encore ».

Cette première raison n'eût pas été très bonne, car à cette époque avaient déjà paru, et avec succès, plusieurs ouvrages dont le sujet était emprunté à l'antiquité, tels que les *Poésies romaines* de Jules de Saint-Félix.

La vraie raison de ce délai, nous la trouvons dans la suite de la Préface :

« L'auteur eût volontiers traité de préférence un sujet moderne, s'il avait trouvé dans le moyen-âge, ou dans les temps plus rapprochés de nous, un nom aussi propre que celui d'Érostrate à personnifier poétiquement le caractère et la passion qu'il a voulu peindre. Mais cette passion, qu'on peut appeler l'ambition rentrée, Érostrate en était le type tout donné, et après avoir fait, pour ainsi dire, quelques façons avec son héros, le poète s'est décidé à suivre la pente qui l'entraînait vers lui. Si les formes qu'il a dû adopter courent le risque de paraître usées, il espère que, pour le fond du moins, son poème est bien de notre temps. Le nombre des Érostrate est en effet plus considérable qu'on ne pense à une époque comme la nôtre, où la démocratie sans cesse en action, et l'éducation toujours plus répandue, mettent chaque jour en mouvement dans la société plus de désirs et d'ambitions qu'il ne lui est possible d'en satisfaire. Le spectacle du présent n'aura donc pas été sans influence sur l'auteur, s'il a réussi à faire d'Érostrate ce qu'il a voulu en faire, c'est-à-dire un homme d'intelligence et d'imagination, un esprit doué peut-être de hautes facultés, mais qui, soit qu'elles aient manqué d'harmonie, soit que les circonstances ne lui aient point permis de les développer librement, les voit refoulées au-dedans de lui-même, et qui, furieux de se sentir noué de toutes parts, se précipite de désespoir dans le crime, sans en connaître l'infamie et l'absurdité, mais pour agir au moins une fois, pour se venger sur autrui de sa propre impuissance, pour échapper enfin à ce qui est pour lui le plus grand des maux, l'oubli ».

Si la Révolution de 1830 et les années qui la suivirent, avaient pu offrir à l'auteur plus d'un type d'hommes que « l'ambition rentrée », comme il dit, a précipités dans la révolte ou le crime, présenter à ses méditations plus d'un exemple des passions, des convoitises d' « une démocratie sans cesse en action », il faut convenir aussi qu'en France les esprits étaient par cela même peu portés à sympathiser avec une œuvre conçue dans une pensée hostile à l'ordre nouveau, ou, si l'on veut, à ce désordre nouveau. De là sans doute les hésitations du comte Labensky à achever ce poème, les délais apportés à sa publication.

En réalité, tout philosophique que soit son poème, le comte Labensky s'y écarte de ce désintéressement des choses de la politique, de cette réserve envers les partis qu'il avait ailleurs conseillés au poète :

> Fuyons donc loin d'un siècle à nos vœux indocile !
> Fuyons ses vains débats, son théâtre mobile,
> Et laissons ses flatteurs, qu'il chassera demain,
> Agiter pour lui plaire, à son avide oreille
> Tous les graves hochets dont le bruit émerveille
> Ce vieillard enfantin (1).

Représenter Érostrate comme un fou vulgaire, dont rien n'explique moralement l'action insensée et criminelle ; s'en tenir simplement à cette réponse que l'histoire a recueillie de lui : « Qu'il n'avait eu d'autre motif en incendiant le temple d'Éphèse que de faire parler de lui », c'eût été enlever d'avance tout intérêt à un poème qui ne

---

(1) IIe Recueil, p. 127 : *Aux Poètes.*

devait pas avoir moins de quatre chants. Aussi le comte Labensky en fait-il un personnage plus compliqué, dans lequel le bien et le mal, les qualités et les défauts, se mêlent étrangement, qui, comme Alexandre, dont sa pensée devança les projets grandioses sur l'Asie, aurait pu être un grand homme, et qui ne fut que le plus célèbre des incendiaires. Grand homme manqué, comme l'auteur en avait pu voir le type modernisé dans les révolutions qui, de 1829 à 1840, avaient agité l'Europe. Voici comment, dans sa Préface, il parle de la conception qu'il se fit de son héros.

« L'incendie, dit-il, eut lieu, comme on sait, dans la nuit même où naquit le grand Alexandre... La coïncidence de ces deux faits, et le rapprochement naturel qui en découle entre deux destinées si différentes, entre l'immortalité du crime et celle du génie, entre la rêverie et l'action, entre la fièvre ambitieuse qui désire et la puissance qui réalise, ont semblé à l'auteur ne devoir point être perdus pour la poésie... Il a peint les concitoyens d'Érostrate... comme un peuple mou, efféminé, abâtardi par son climat... Leurs mœurs appartenaient à l'extrême démocratie ; on connait leur proverbe : « Si quelqu'un veut primer à Éphèse, qu'il aille primer ailleurs... »

L'idée qu'Érostrate, malgré la folie barbare de son action, valait peut-être au fond mieux qu'elle, et pouvait être animé de sentiments généreux, avait déjà frappé Verri, qui, à la suite de ses *Nuits romaines* (1), lui a consacré quelques pages. L'auteur n'a eu connaissance de cet ouvrage qu'après avoir achevé le sien, et si l'on prend la peine de les comparer l'un à l'autre, on verra qu'ils offrent peu de points de ressemblance. Il a profité toutefois de quelques pensées de Fontenelle, qui, dans l'un de ses *Dialogue des Morts* (2), met en présence Alexandre et Érostrate, en cherchant à établir que les actions si différentes du conquérant et de l'incendiaire partaient au fond du même principe ».

(1) Parues en 1780. Le comte Verri a écrit aussi une *Vie d'Érostrate*, traduite en français par Lestrade (1826),
(2) Parues en 1683.

Le sujet, dans sa généralité philosophique, était un peu dans l'air, du moins dans l'air que respirait le parti royaliste en France et ailleurs. Dans un tout autre ton, qui n'avait rien de commun avec le romantisme, Berchoux, l'auteur de la *Gastronomie,* n'avait-il pas publié, dès 1829, *les Encelades modernes,* et en 1840 même, Auguste Barbier ne composa-t-il pas, lui aussi, un *Érostrate ?*

Suivant le plan que le comte Labensky s'était tracé, son *Érostrate* est donc un Ionien, doué de tous les talents que donne une haute culture : il est poète, il a étudié la philosophie sous Platon, remporté plus d'une couronne dans les jeux Olympiques. Que lui manque-t-il donc pour être un grand homme, pour acquérir une gloire pure ?

>   Que veut-il donc ? où tend sa mobile nature ?
>   Que cherche-t-il ainsi, courant à l'aventure ?
>   Quelque chose de neuf, de hardi, d'imprévu,
>   Quelque fait éclatant qu'on n'ait point encore vu...
>   Crime ou vertu, n'importe ! — Il suffit qu'il saisisse ;
>   Que son nom d'un seul coup, frappe, étonne, éblouisse...

La solitude farouche où il vit augmente encore l'acuité, la bizarrerie de ses désirs. La Grèce qu'il admire, il la jalouse aussi ; il la jalouse pour sa patrie, et pour le reste de l'univers.

>   La Grèce, dans les cieux levant sa tête altière,
>   Semble du monde entier concentrer la lumière !
>   Là seulement on pense, on agit, on produit ;
>   Le reste vit pour vivre, ou germe dans la nuit.
>   Quoi donc ! — tout l'univers est-il là ? — cette enceinte
>   Qu'anime le génie et la liberté sainte,
>   Ne peut-on l'agrandir ? — chez les peuples épars
>   Transporter le flambeau de la guerre et des arts ?
>   Oui, les temps sont venus ! cette palme éclatante,
>   N'attend plus, pour tomber, qu'une main qui la tente ;
>   L'univers confondu veut sortir du chaos ;
>   La Grèce appelle un maître, et la terre un héros !...

C'est l'internationalisme césarien au IVe siècle avant J.-C. Voilà le point de départ : la fable se complique par l'amour d'Érostrate pour une jeune fille, Ithis, qu'il dispute à un rival, Thoas, le favori des Éphésiens. Pour écarter ce rival, toujours victorieux, à la course, au disque, aussi habile dans l'art de la tribune que dans ceux du gymnase, Érostrate rentre dans la vie active ; mais il est vaincu, toujours vaincu. Alors son ambition et son amour, également déçus, le portent à commettre le crime qui a porté son nom jusqu'à nous. Telle est la marche du poème.

L'auteur l'a divisé en six parties ou chants, bien qu'elles ne portent pas ce nom, et qui répondent aux diverses phases par lesquelles le récit se hâte vers le dénouement. Ce sont : *le Matin* (pp. 1-50); *le Gynécée* (pp. 51-84); *l'Hippodrome* (pp. 85-132) ; *le Bois Sacré* (pp. 133-204) ; *le Temple* (pp. 205-250) ; *l'Incendie* (pp. 251-306).

Le défaut de l'œuvre n'est ni dans le plan, habilement formé et conduit, ni dans les descriptions et les épisodes, heureusement empruntés aux mœurs de la belle antiquité hellénique, mais dans le héros même, qui à l'ingratitude de la matière, ajoute la monotonie. Érostrate est un personnage franchement ennuyeux ; et la variété des tableaux : scènes pittoresques du Gynécée et de l'Hippodrome, pompes religieuses de la consécration à la Déesse de la couronne remportée par Thoas, description des splendeurs artistiques du temple d'Éphèse, de ses prêtres, de la foule d'adorateurs qui s'y presse, péripéties et terreurs de l'incendie qui anéantit tant de trésors de l'art antique, tout cela n'y fait rien ; Érostrate jette un froid que rien ne peut combattre, et une sorte de nuit opaque que tout l'éclat de la poésie ne peut percer. Il y a d'ailleurs évidemment disproportion entre l'œuvre et le sujet, qui aurait beaucoup gagné à être traité plus succinctement, dans la dimension, et avec la variété de rythmes que l'auteur avait données à son *Empédocle.*

Ce défaut cependant laisse subsister la grande valeur littéraire de l'œuvre, et n'atténue pas le caractère de poète philosophique qui reste bien le caractère dominant de Jean Polonius.

Le succès ne répondit pas à l'attente de l'auteur. Sainte-Beuve, qui choisit, en 1840, l'apparition d'*Érostrate* pour apprécier l'œuvre entière de l'auteur, fut presque sévère pour ce poème. Il est vrai qu'il n'apprécie pas, en général, assez haut le caractère philosophique des deux grands poèmes de Labensky. Du premier, *Empédocle,* il ne dit rien, le mentionnant à peine ; du second, *Érostrate,* il n'en donne qu'une analyse, et passe dédaigneusement comme devant une œuvre trop en dehors du courant des émotions françaises à cette époque :

« Son Érostrate, dit-il, est un grand homme manqué qui, de mécompte en amertume, arrive lentement, par degrés, à son exécrable projet. Six chants sont nécessaires à la conduite et à la conclusion de cette pensée. On suit Érostrate dans le Gynécée, dans l'Hippodrome, au Bois sacré ; les peintures locales que promettent ces divers titres sont exécutées avec étude, conscience, talent. Et pourtant le poème a-t-il vie ? et tout ce travail est-il venu avec bonheur ? Se peut-il même jamais qu'un long ouvrage de cette sorte, conçu et réalisé loin de la France, y arrive à point, et y paraisse juste dans le rayon ? » (1).

Charles Asselineau, qui a bien marqué le caractère philosophique des poésies de Labensky, préfère cependant à *Érostrate,* le poème d'*Empédocle* dont il a dit :

« L'auteur avait été plus heureux dans *Empédocle,* poème du même genre, où se trouvait en germe la pensée déve-

---

(1) *Portraits contemporains.* Paris, 1889, III, 298.

loppée plus tard dans *Érostrate,* mais expliquée dans une forme plus serrée et en même temps plus variée » (1).

Cette préférence ne l'empêche pas de reconnaître de grandes beautés dans le poème de 1840, qu'il apprécie ainsi :

« Érostrate, sa dernière œuvre, publiée en 1839 (*sic*), donne la mesure de son ambition plutôt que la mesure de son talent ; non pas qu'il ne se trouve dans ce poème mûrement conçu et largement développé (il a plus de trois cents pages) de grandes beautés poétiques. Il y règne un sérieux, une solennité de tragédie ou d'épopée. La fable est profondément méditée et conduite avec l'art des grands poètes. Dans Érostrate, le poète a personnifié tous les désespoirs, tous les désenchantements, cette lutte de l'ambition et du dégoût qu'on a longtemps appelée, vers 1820, *le mal du siècle*. Aussi, le peu de succès que ce poème a obtenu lors de son apparition doit-il s'expliquer surtout, suivant moi, par un anachronisme. Venu dix ans plus tôt, il eût trouvé à qui parler ; il eût été à l'unisson des âmes et des esprits. »

Tels sont les trois volumes qui composent les œuvres complètes du comte Labensky, avec quelques petites pièces, comme *Ixion* et *Trente ans*, qu'on pourrait encore glaner dans quelques recueils poétiques de l'époque. Si nous jetons un coup d'œil d'ensemble sur cette œuvre, l'auteur nous apparaît sous le double caractère d'un élégiaque très empreint de l'esprit moderne, de la passion d'un désespéré plutôt que d'un don Juan anglais ou castillan comme Byron ou Musset ; et d'un poète philosophique, moins profond sans doute que Vigny, et moins pur dans la forme, mais ayant le mérite d'être entré l'un des premiers, peut-être

---

(1) *Mélanges tirés d'une petite Biblioth. romant.*, p. 89. — Dans les recueils de 1827 et de 1829, Asselineau signale surtout : *L'Exil d'Apollon*, le monologue d'*Empédocle*, la *Folle*, les *Cygnes*, *Stances à un ami*, la *Jeune veuve*, *Au bord de l'eau*, *A la Perfection*.

même le premier dans cette voie. Le jugeant sur ses élégies plus que sur ses autres poèmes, Sainte-Beuve, dans une page, où il n'y a assurément aucune complaisance, et peut-être de la sévérité, l'a finalement jugé ainsi :

« La langue poétique intermédiaire dans laquelle Jean Polonius se produisit, a cela d'avantageux qu'elle est noble, saine, pure, dégagée des pompons de la vieille mythologie, et encore exempte de l'attirail d'images qui a succédé : ses inconvénients, quand le génie de l'inventeur ne la relève pas fréquemment, sont une certaine monotonie et langueur, une lumière peu variée, quelque chose d'assez pareil à ces blancs soleils du Nord, sitôt que l'été rapide a disparu ».

En somme, sa conclusion, qui nous semble un peu étroite, est celle-ci :

« M. Labensky restera pour nous Jean Polonius, l'auteur des élégies, élégies douces, senties, passagères, qui, avec quelques-unes d'Ulric Guttinguer, ont droit d'être comptées dans le cortége d'Elvire. Empédocle fut un premier pas vers le poème philosophique... Lamartine, le plus lyrique de tous, a suivi cette marche... Elle est surtout très sensible chez M. Labensky.
« *Le Luth abandonné* exprime avec mélodie cette disposition touchante » (1).

A partir de 1840, le silence se fit sur Jean Polonius et le comte Labensky. Peut-être ce nouveau nom dérouta-t-il le public, auquel le nom de Jean Polonius, avec son mystère et sa pointe d'originalité, était devenu familier. Sa renommée fut comme celle d'un écrivain mort jeune, dont la mémoire reste chère à quelque amis, tout en s'affaiblissant graduellement dans l'ombre des années. Le comte Labensky, qui devait survivre encore quinze ans à *Érostrate,* ne fit rien d'ailleurs pour se rappeler au

(1) *Portraits contemporains.* Paris, 1889, III.

public de France, qui n'apprit que vaguement sa mort, sans la rattacher avec certitude au romantique Jean Polonius. Dans ses vers, il accuse quelquefois le sort ; et, dans sa carrière littéraire du moins, il eut bien un peu à s'en plaindre : de moindres poètes que lui, tels qu'Antony Deschamps, par exemple, acquirent un plus grand renom. Ami de la France, il mourut presque au lendemain d'une guerre cruelle qui avait armé l'une contre l'autre sa patrie d'adoption et sa patrie d'origine, et avant que les deux peuples ne fussent revenus à leurs sympathies naturelles. Ce ne fut pas une de ses moindres tristesses (1).

(1) Ce qui ne l'empêchait pas de défendre la Russie contre les écrivains qui la montraient sous un jour peu favorable, comme il avait fait, au mois de septembre 1843, en répondant au livre de M. de Custine, paru au mois de mai précédent, dans l'opuscule suivant :

Un mot | sur l'ouvrage | de M. de Custine, | intitulé : | *La Russie en 1839,* | *par un Russe.* | *Paris,* | *typographie de Firmin Didot frères,* | *imprimeurs de l'Institut de France, rue Jacob, n° 56.* | 1843. In-8° de 98 pp. y compris le faux-titre et le titre. (Bibl. Nat., Inventaire, M. 34629.)

Signalons encore une pièce de Polonius dans les *Annales romantiques*, de 1834 ; et, dans la *Revue française*, de septembre 1829 (t. XI, p. 280), un compte rendu d'*Empédocle*, où on lit : « Le style est correct, les expressions en sont justes ; mais il n'a pas toujours assez de souplesse ni d'élégance, et n'indique pas un sentiment assez délicat de l'harmonie. Les autres pièces, généralement coupées en stances régulières, sont de véritables *Méditations* ». — On trouvera aussi dans l'*Intermédiaire* une lettre de Mérimée à Labensky, que M. Tourneux y a publiée.

L'INDÉPENDANCE DE LA GRÈCE

ET

LES POÈTES DE LA RESTAURATION

A

LA MÉMOIRE

DE

M. LÉON FEUGÈRE

L'INDÉPENDANCE DE LA GRÈCE

ET

LES POÈTES DE LA RESTAURATION

L'ÉPOQUE de la Restauration, si agitée par les partis aussi bien dans les lettres — classiques, romantiques — que dans la politique — royalistes, libéraux, bonapartistes, — a offert cependant sur un point le rare spectacle de l'union la plus édifiante : ce fut quand il s'agit de l'Indépendance Hellénique, de l'insurrection de la Grèce contre la domination oppressive, cruelle des Turcs. De 1820 à 1829, on peut dire que, sur cette question, il n'y eut qu'une opinion en France, et que royalistes, modérés ou ultras, libéraux et bonapartistes, dévots et libre-penseurs, se montrèrent toujours d'accord à cet égard, ou à peu près, car il y eut bien quelques petites nuances dans cet hellénisme français. Là, la distinction des écoles littéraires ne se fait plus sentir, du moins dans la faveur du public, et c'est pourquoi, en parlant de ce grand courant d'inspiration poétique, que d'ailleurs on ne saurait négliger dans une étude des lettres françaises à cette époque, nous devons confondre les unes et les autres dans le bel enthousiasme qui les animait toutes.

Les origines de l'insurrection hellène remontent à 1814, année qui, sous l'impulsion des deux Ypsilanti et de Capo d'Istria, vit se fonder l'Hétairie, cette sorte de franc-maçonnerie qui avait pour objet de délivrer le peuple grec du joug ottoman : on pourrait même remonter plus haut encore. Mais ce mouvement, d'abord obscur, quoique déjà surveillé avec défiance par la Sainte-Alliance, par l'Autriche et l'Angleterre en particulier, puis manifesté en 1819 par le soulèvement des Iles Ioniennes travaillées par Alexandre Ypsilanti, alors chef de l'Hétairie, ne commença vraiment à attirer l'attention de l'opinion publique européenne qu'en 1821, quand la Grèce prit les armes, que les citadelles de Navarin, de Menembasie, de Tripoliza, tombèrent aux mains des insurgés, et qu'arrivèrent les nouvelles des audacieuses courses des marins d'Hydra, de Psara, de Spitzia, en même temps, hélas ! que celles du supplice du grand patriarche grec de Constantinople, et des massacres accomplis dans cette capitale.

C'est aussi le moment où se font entendre les premiers chants de la Muse française en faveur des Hellènes.

Deux poètes se sont disputé l'honneur d'avoir devancé tous les autres dans une voie où les émules se pressèrent bientôt : Alexandre Guiraud, le futur auteur des *Machabées* (1822), de l'élégie du *Petit Savoyard* (1823), et le comte Gaspard de Pons, qui resta toujours assez ignoré, bien qu'il ne méritât pas de l'être.

Dans le premier recueil de poésies qu'il donna en 1824, Guiraud a daté de 1820 cette pièce, une ode, qui a pour titre, *Aux Grecs*, et qu'il a dédiée à son « ami France.... » C'est de la poésie dans le goût des *Messéniennes*, où il y a de l'élan, parfois de beaux vers, mais beaucoup de banal procédé.

Rentrez dans vos marais, esclaves de Scythie :
Votre servile aspect profane ces tombeaux.
Sous vos lois trop longtemps la Grèce assujettie
Vient de sa gloire enfin ressaisir les lambeaux.
La voyez-vous descendre, au premier cri d'alarmes,
Des rochers de Minerve, où méditait Platon ?
Tremblez, ses pas ardents font voler sur ses armes
    La poussière de Marathon...

Eh ! que fait donc l'Europe, et qu'attendent ses rois ?
Ne veulent-ils sauver que des villes en cendre ?
Et lorsque tant de sang a confirmé vos droits,
Ils laissent accuser ceux qu'ils devraient défendre !

Le comte Gaspard de Pons, d'un an plus âgé que Vigny, comme lui officier dans la garde royale, bientôt collaborateur de la *Muse française*, avait déjà publié une ode sur le *Congrès d'Aix-la-Chapelle*, en 1818; *Constante et Discrète*, poème, en 1819, et *Louis XVII au berceau d'Henri V*, en 1820.

C'est sur une pièce, l'*Insurrection des Grecs*, dédiée à Victor Hugo, datée de 1821, et, dit-il, imprimée la même année, qu'il se fonde pour contester à Guiraud la priorité de date dans la croisade poétique qui allait commencer en faveur des Grecs (1). La pièce a reparu plus tard, dans ses *Inspirations poétiques*, Paris, Urbain Canel, rue Saint-Germain-des-Prés, n° 9, 1825, in-18.

Nous en citerons ces vers d'un beau mouvement, et d'une forme qui rappelle André Chénier :

J'irois, je volerois sur ces murs de Byzance,
Où fut planté jadis l'étendard de la France.
. . . . Que la mort
Me frappe au même instant, je bénirai mon sort :
Car si j'entends Sophie en son temple invoquée,
Et l'hymen des chrétiens tonnant dans la mosquée :

---

(1) Gaspard de Pons, *Œuvres complètes*. Paris, Librairie nouvelle, 1860, in-12, t. I, p. 118.

> Si les vierges de Thrace, à la clarté des soirs,
> Dénouant leur ceinture et leurs beaux cheveux noirs,
> Pleurent sur mon tombeau ma gloire et ma jeunesse ;
> Si confiés peut-être aux pasteurs de la Grèce,
> Mon nom mélodieux frémit sur les roseaux,
> Qu'aurois-je à regretter mourant sous leurs drapeaux ?

L'année précédente, il s'était inspiré de l'histoire de l'ancienne Grèce dans un poème, *Othryadas,* dont le héros est ce Lacédémonien, qui échappé seul au carnage des Thermopyles, revint à Sparte, où il fut traité comme un lâche, et se couvrit ensuite de gloire à la bataille de Platée. Voici les vers où l'auteur nous le montre se retrouvant en face de sa mère :

> Sa mère, l'œil humide et les bras étendus,
> S'élance vers ce fils qu'elle n'attendoit plus ;
> Mais tout Lycurgue parle à son âme attendrie ;
> Et, repoussant son fils au nom de sa patrie,
> Étouffant la nature aux accents du devoir :
> « C'est sur ce bouclier qu'il falloit te revoir ».
> Elle expire, courbant un front mâle et terrible.

En 1826, parut du même poète, dans *le Mercure du XIXᵉ siècle,* une autre pièce, *Missolonghi,* où il déplore la chute de cette cité que Byron était venu défendre.

Toutefois, comme ces pièces de vers d'Alexandre Guiraud et de Gaspard de Pons n'ont de dates authentiques que celles que leur ont données, en 1824 et en 1825, les recueils poétiques dans lesquels elles ont trouvé place, nous pensons qu'en réalité, parmi les poètes dont le nom est devenu illustre, c'est à Alfred de Vigny qu'appartient cette priorité d'enthousiasme en faveur de la cause des Hellènes, du droit de son *Héléna,* datée de 1816, et comprise dans les *Poèmes,* dont la publication est du mois de mars 1822.

Dans *Héléna* se trouvent ces vers, que Guiraud prit lui-même pour épigraphe de son ode *Aux Grecs,* ce qui prouve encore que le poème de Vigny est antérieur à celle-ci.

> La Victoire la rendra belle :
> Nations, tendez-lui vos secours belliqueux.
> Les Dieux combattaient avec elle,
> Êtes-vous donc plus grands qu'eux ?
> Du moins, contre la Grèce, oh ! n'ayez point de haine !
> Encouragez-la dans l'arène,
> Par des cris fraternels secondez ses efforts ;
> Et comme autrefois Rome, en leur sanglante lutte,
> De ses gladiateurs jugeait de loin la chute,
> Que vos oisives mains applaudissent nos morts.

Laissant de côté la question de priorité, nous n'oublierons pas *Parga,* poème très étendu de Viennet sur l'exil volontaire auquel les habitants de cette ville se condamnèrent plutôt que de vivre sous la domination des Turcs, à qui l'Angleterre venait de les céder :

> O mer, disait ce peuple, ô mer, sois-nous propice,
> Sujette des Anglais, ne soit pas leur complice ;
> Protège nos destins errants ;
> Et s'il faut qu'aujourd'hui ton onde nous dévore,
> Ne roule point nos corps flottants
> Aux lieux où l'Anglais règne encore :
> Il les vendrait à nos tyrans (1).

Viennet, comme beaucoup de classiques, était très conservateur en littérature et fort peu en politique : on le rencontrait à la fois parmi les plus fougueux ennemis des romantiques et parmi les plus avancés des libéraux. Il chanta en 1827 le siège de Missolonghi.

En cette même année 1822, quelques mois plus tard, en décembre, Casimir Delavigne, déjà en possession de la renommée par ses premières *Messéniennes* (1818) et par deux tragédies, les *Vêpres Siciliennes* et le *Paria* (1819-1821), vint au secours de la cause hellénique dans *Trois*

---

(1) *Parga ; poème, au bénéfice des Parganiotes,* Paris, Delaunay, 1820, in-8

Nouvelles Messéniennes, où se trouvent à côté de la pièce très connue, le *Jeune Diacre,* celles *Aux Ruines de la Grèce,* et *Tyrtée aux Grecs.*

Tout le monde alors était touché de cette prière du jeune Diacre, dont le chant est interrompu par une belle turque :

> O Dieu, la Grèce libre en ses jours glorieux
> N'adorait pas encore ta parole éternelle ;
> Chrétienne, elle est aux fers, elle invoque les cieux.
> Dieu vivant, seul vrai Dieu, feras-tu moins pour elle
> Que Jupiter et ses faux dieux ?

Mieux inspiré que plus tard dans sa *Parisienne,* il composait en quelque sorte une Marseillaise des Hellènes dans cette strophe de sa pièce, *Aux Ruines de la Grèce payenne :*

> Guerre aux tyrans ! Soldats, le voilà ce clairon
> Qui des Perses jadis a glacé le courage !
> Sortez par ce portique, il est d'heureux présage :
> Pour revenir vainqueur, par là sortit Cimon.
> C'est là que de son père on suspendit l'image !
> Partez, marchez, courez, vous courez au carnage,
> C'est le chemin de Marathon !

Après ces noms et ces citations, il convient, pour être complet, de donner la liste des poésies dont la Grèce fut le sujet dans les deux années 1821 et 1822. Nous l'avons formée d'après le *Journal de la librairie,* avec les dates et les numéros d'ordre :

Année 1821.

9 février, n° 533 : *Les Exilés de Parga,* poème. Par M. le Baron d'Ordre, 2ᵉ éd. Paris, L. Janet, in-8.

27 juillet, n° 2976 : *Au Sultan,* par Soubira. Cahors, in-4.

24 août, n° 3372 : *Messénienne sur la liberté de la Grèce.* Paris, Cellot, in-8.

15 sept., n° 3697 : *Aux Grecs, un officier français.* Dithyrambe, par A. Carel. Paris, Dupont, in-8.

15 sept., n° 3719 : *Ode sur la délivrance de la Grèce,* par Bert. Paris, Tardieu, in-8.

21 — n° 3818 : *La Grèce libre,* ode par A. Bignan. Paris, Chamerot, in-8.

21 oct., n° 4325 : *Les Grecs. Ode dédiée à leurs amis,* par G.-J. Calmels. Paris, Cosson, in-8.

— n° 4338 : *Epître aux Grecs,* suivie de Notes sur la situation, les ressources de la Grèce moderne, par X. Boniface de Saintine. Paris, Niogret, in-8.

8 déc., n° 5025 : *Ode sur l'état de la Grèce,* par E. Remcey. Paris, Delaunay, in-8.

15 — n° 5151 : *Epître au Grand Turc,* par P. Mar..., de Nancy. Paris, Delaunay, in-8.

Année 1822.

12 janv., n°s 174 et 1637 : *Ode aux princes chrétiens,* sur la prise de Tripolitza par les Grecs, par Alph. Dupré, le 15 oct. 1821. Paris, Boucher, in-4.

26 — n° 360 : *La Grèce,* ode traduite de lord Byron, par A. Cunyngham. Paris, Didot, in-8.

2 fév., n° 558 : *Le Réveil des Grecs, ode,* par Ch. Huart. Paris, Delaunay, in-8.

23 — n° 906 : *Vers sur la guerre des Grecs avec les Turcs.* Toulouse, Testet, in-8.

2 mars, n° 7096 : *Ypsilanti, ode.* Marseille, Terrasson, in-8.

6 avril, n° 1637 : *Ode en l'honneur des Grecs,* par Alph. Dupré. Paris, Boucher, in-4.

20 — n° 1827 : *Dithyrambe sur les Grecs,* par G. de Félice, étudiant en théologie. Strasbourg, Heitz, in-8.

27 — n° 1921 : *Le Réveil des Grecs. Epître sur leur indépendance.* Lyon, Mistral, in-8.

29 juin, n° 3045 : *Ode sur la Grèce,* par M. Lepeintre. Paris, Delaunay, in-8.

6 juillet, n° 3150 : *Stances sur la guerre entre les Grecs et les Turcs,* par F. M. Dumersan. Paris, Huet, in-12.

— n° 3151 : *Discours pour les Grecs.* Bordeaux, Laguillotière, in-8.

21 sept., n° 4266 : *Ode sur la Grèce,* par J. B. Mesnard. Paris, Setier, in-4.

5 oct., n° 4412 : *Ode sur la Grèce,* par J. V. Hennon-Dubois. Paris, Constant-Chapin, in-8.

12 — n° 4541 : *Aux Grecs. Chant poétique sur les massacres de Scio,* par P. Ch*** Paris, Delaunay, in-8.

2 nov., n° 4834 : *Nouvelles Messéniennes,* par C. Delavigne. Paris, Ladvocat, in-8.

— n° 4836 : *Chios, la Grèce et l'Europe,* poème lyrique, par A. P. F. Guerrier de Dumast. Paris, Schesinger, in-8.

2 nov., n° 4837 : *Ode sur les évènements de la Grèce,* par J. B. Courselles Dumont. Paris, Lebègue, in-12.

21 déc., n° 5678 : *Une Corinthienne,* dédiée à Cas. Delavigne. Paris, Masson, in-8.

II

Ce mouvement de poétique enthousiasme pour la Grèce est trop étroitement lié avec les évènements qui se passaient en Orient, pour que nous n'en rappellions pas ici les principaux. Ils sont comme le commentaire de toutes ces poésies.

En 1821 et 1822, malgré la reprise de Chio par les Turcs et les massacres qui suivirent (avril 1822; le célèbre tableau de Delacroix parut au Salon de 1824), les Grecs semblaient avoir plutôt l'avantage dans cette lutte : ils avaient réussi à chasser deux armées de la Morée. La Russie, où dominait auprès d'Alexandre Ier l'influence de Pozzo di Borgo, de Capo d'Istria, de Strogonoff, ardents philhellènes, avait répondu à une note hautaine du sultan Mahmoud et au hatti-chérif qui excitait les passions religieuses des Musulmans, par l'envoi d'abord d'un ultimatum à Constantinople, puis par le rappel de Strogonoff, son ambassadeur (8 août 1821). Mais l'Autriche et l'Angleterre voyaient avec défiance cette attitude du Czar, et une entrevue eut lieu à Hanovre entre Metternich et Castlereagh pour lui susciter des obstacles. Se tournant alors vers la France, Alexandre avait négocié une alliance avec elle, et offert de laisser à sa politique le champ libre entre le détroit de Gibraltar et les Dardanelles : mais une absurde coalition des ultras et des libéraux avait renversé le cabinet Richelieu, qui fut remplacé par celui de Villèle, moins favorable à la Grèce. Alexandre avait été obligé de s'arrêter (22 fév. 1822). Peu après, Dramali reprenait l'offensive, dévastait la Grèce continentale et pénétrait de nouveau en Morée, dont cependant les Grecs parvinrent à le chasser avant la fin de l'année. La junte insurrectionnelle avait été obligée de se réfugier sur sa flotte. Au congrès de Vérone qui s'ouvrait alors, le représentant des Grecs ne fut pas admis, et cette assemblée se sépara sur une réprobation lancée contre la Grèce révolutionnaire.

L'année 1823 commença sous des auspices plus favorables pour la Grèce. Canning, successeur de Castlereagh, n'avait pas contre elle les mêmes défiances. En France, de nombreux comités philhellènes se formèrent, ultra-royalistes et libéraux n'eurent qu'un même sentiment pour la Grèce : c'est l'époque où la duchesse de Duras l'appelait « la Vendée de la chrétienté ».

De même qu'en 1823, Alfred de Vigny vendait son *Trappiste* au profit des Trappistes espagnols expulsés, Alexandre Guiraud, au mois d'octobre 1824, publiait ses *Chants Hellènes* au profit des Grecs. Dans une des deux pièces de ce recueil, il s'adressait ainsi aux cœurs généreux de tous les partis :

> Non, race de nos preux, levez-vous tout entière !
> Dieu le veut : déployez l'invincible bannière ;
> Vous surtout dont le Nil vit les succès hardis,
> Vétérans de Moscou retrouvés à Cadix ;
> Preux récens, poursuivez ces esclaves timides
> Que vous avez chassés du pied des Pyramides ;
> Faites-vous reconnaître à vos terribles coups ;
> Le fer des Lusignan sera léger pour vous.
> Un long gémissement à l'Orient s'élève ;
> De Madrid à Corinthe apportez votre glaive ;
> Frappez ; rendez à tous leurs légitimes droits....

Les volontaires étaient nombreux ; Roche, Fabvier mettaient en avant la candidature du duc de Nemours au trône de Grèce. Byron était autorisé, par le gouverneur de Corfou, à y préparer son expédition, et le colonel Stanhope était même envoyé à Missolonghi, où

Byron débarquait au mois de janvier 1824. Aussi en cette année, les succès des Grecs furent-ils plus marqués. Si Ibrahim, qu'un accord du sultan avec Mehemet-Ali avait mis à la tête des troupes turques, parvint à reconquérir Candie, les Grecs le tinrent en échec en Morée et reprirent brillamment l'offensive sur mer. Mais, le 24 avril, Byron, dont les vers et l'exemple avaient si profondément ému l'Europe en faveur des Hellènes, mourut à Missolonghi. Cette mort fut pour les poètes de France le grand évènement de l'année : leurs vers ne sont qu'un long cri de douleur. Casimir Delavigne, Ulric Guttinguer, Alexandre Guiraud, Saintine, de Beauchêne, se distinguent dans cette foule. Le plus illustre de la jeune école, Lamartine, lui consacra un poème tout entier. Au mois de mai 1825, annoncé le 14 par la *Bibliographie de la France* sous le n° 2741, parut le DERNIER CHANT *du pèlerinage d'Harold*. Paris, Dondey-Dupré fils, Ponthieu ; in-8, de 12 ff.

Sans doute, de très bonne heure, Lamartine avait été attiré par le grand nom de Byron, et la IIe des *Méditations,* parues en 1820, avait été dédiée à l'auteur du *Pélerinage de Child Harold;* nul doute cependant que ce *Dernier Chant* ne lui ait été surtout inspiré par les évènements de Grèce auxquels la mort de Byron se trouvait si glorieusement mêlée. Le poème s'ouvre par cette apostrophe à la Liberté :

                    Au rivage d'Argos
N'entends-tu pas ce cri qui monte sur les flots ?
C'est ton nom ! il franchit les écueils des Dactyles ;
Il éveille en sursaut l'écho des Thermopyles ;
Du Pinde et de l'Ithôme il s'élance à la fois ;
La voix d'un peuple entier n'est qu'une seule voix.
Elle gronde, elle court, elle roule, elle tonne ;
Le sol sacré tressaille à ce bruit qui l'étonne,
Et rouvrant ses tombeaux, enfante des soldats
Des os de Miltiade et de Léonidas !

Beauchêne, lui, n'hésitait pas à égaler Byron à Napoléon :

> Deux héros, de leur temps, la lumière et la flamme,
> Sont venus, ont chanté, vaincu, régné, langui !
> Loin du pays natal ils ont porté leur âme.
>   Sainte-Hélène !... Missolonghi. (1)

Escomptant de futurs succès, Delavigne appelle ainsi la Victoire pour venger la mort du chantre d'Harold :

> Les Grecs le vengeront, ils l'ont juré : la gloire
>   Prépare les funèbres jeux
>   Qu'ils vont offrir à sa mémoire.
> Qu'ils marchent, que son cœur repose au milieu d'eux,
>   Enseveli par la Victoire.

L'érudition venait en aide à la poésie, en faveur de la Grèce. Fauriel, le 5 juin 1824, avait publié les *Chants populaires de la Grèce moderne,* dont cinq mois plus tard (30 nov.) Népomucène Lemercier, un précurseur des Romantiques, donna une traduction en vers sous ce titre : *Chants héroïques des Montagnards et Matelots Grecs,* Paris, Urbain Canel, 2 vol. in-8, 180 pp. et 140 pp.

« Les âmes généreuses de toutes les contrées de l'Europe, disait-il dans sa préface, s'émeuvent au bruit de la lutte engagée entre les Turcs et les Grecs. Aucune discidence d'opinion vraiment notable ne divise les esprits justes à l'égard de la cause qui mit les armes à la main des Hellènes. Ceux-ci, en réagissant contre l'esclavage abrutissant de l'Asie qui les opprime et les écrase, ne combattent point pour des théories de gouvernement, mais par nécessité absolue et pour leur existence même : la liberté pour eux n'est pas un vain principe, c'est la vie même. Leur religion, par l'enthousiasme qu'elle prête à leur zèle, protège également leur indépendance et leurs têtes. C'est là ce que chacun sait et ce qui réunit tous les vœux pour leurs succès ».

La poésie était conviée aux quêtes, très nombreuses et très fructueuses, en faveur des Hellènes, et Mlle Delphine

---

(1) *Souvenirs Poétiques,* Paris, Delangle, 1830 ; in-12 de 105 pp.

Gay, celle qu'on appelait alors la dixième muse, et qui dans cette circonstance se faisait la muse quêteuse, récitait ces vers, le 25 août 1825, dans une nombreuse et brillante assemblée, sur l'invitation de M. Villemain :

> Français, dont les beaux jours s'écoulent dans les fêtes,
> O vous qui dans le port oubliez les tempêtes,
> Aux nobles fils des Grecs, faites la charité :
> Donnez-leur un peu d'or pour acheter des armes,
> Et secourez enfin dans leurs longues alarmes
> Ces martyrs de la Croix et de la Liberté.

Cet enthousiasme pour la cause grecque aida beaucoup au succès du *Léonidas* de Pichald, dont la première représentation eut lieu le 26 novembre 1825 au Théâtre Français. Le critique théâtral des *Annales de la Littérature* (1) l'atteste ainsi :

« Je commence par vous répéter ce que toutes les feuilles quotidiennes vous ont appris déjà, c'est que la première représentation de *Léonidas* a obtenu un véritable succès d'enthousiasme. L'intérêt du moment a merveilleusement secondé le talent de l'auteur. Quelle circonstance plus favorable, en effet, pour retracer à l'admiration publique les efforts généreux qu'inspirait aux anciens Grecs l'amour de la patrie, que celles où les Grecs modernes font revivre, par leur constance et leur intrépidité, tous les souvenirs de Marathon, des Thermopyles, de Salamine et de Platée ».

La pièce, qui parut chez Ponthieu, Palais-Royal, Galerie de Bois, 1825, in-8, de 75 pp., portait cette dédicace :

HOMMAGE
Aux Hellènes.

La pièce eut pour interprètes : Talma, *Léonidas;* Desmoussaux, *Xerxès;* Lafon, *Démarate;* David et Firmin, *Alcée et Agis,* fils de *Démarate;* Mlle Duchesnois, *Archidamie,* femme de *Démarate.*

(1) Année 1825, t. XI, p. 388.

On peut dire que le sentiment public était au diapason de la pièce. La présence, dans la loge du duc d'Orléans, des jeunes fils de Canaris et de Miaulis, les deux héros de l'Indépendance, ajouta encore à l'enthousiasme des spectateurs. Pichald, ou plutôt Pichat — car tel était le nom véritable de l'auteur, non romantisé par ses amis de la nouvelle école poétique — le reconnaît ainsi dans sa Préface :

« Je ne m'aveugle pas, d'ailleurs, sur le succès beaucoup trop flatteur de mon ouvrage, et sur la vogue qui s'y est attachée. En parlant des Grecs, je parle à tous les Français. Chacun vient chercher l'écho de sa pensée dans les paroles de mes personnages. La Grèce est véritablement pour nous comme une autre patrie. Nous sommes élevés, pour ainsi dire, sous son beau ciel et parmi ses héros ; nous nous associons tout naturellement à ses destins mauvais ou prospères, et, comme par un secret instinct, nous nous croyons citoyens de cette contrée de la liberté et des grands dévouements. Sans doute, ma tragédie a dû, à ce sentiment presque unanime, une grande partie de la faveur du public. On applaudissait, dans l'antique Léonidas, le Léonidas nouveau, ce Marcos Botzaris, dont la mort si héroïquement méditée a ressuscité l'héroïsme des Thermopyles... On applaudissait les fils des braves de nos jours, ces enfants de Miaulis et de Canaris, jeune espérance d'une patrie renaissante, qui dans la loge d'un de nos princes français, semblaient comme les députés des héros vivants à la représentation des glorieuses funérailles des héros morts ».

De tous les héros de l'Indépendance hellénique, le hardi marin dont les brûlots portaient la dévastation et la terreur parmi les flottes turques, Canaris, était le plus populaire en France. La présence de son fils, envoyé à Paris pour y faire son éducation, et peut-être aussi pour exalter le sentiment populaire, ne pouvait manquer d'inspirer les poètes. Ainsi en fut-il de M*me* Tastu, qui, cette même année, publia sa belle pièce, l'*Enfant de Canaris*. Aujourd'hui, tout en rendant hommage au vif amour pour la liberté qui y respire, on trouve que son auteur était par trop injuste pour le gouvernement de la France, qui bientôt allait envoyer sa flotte à Navarin, et contribuer si puissamment à assurer l'indépendance de la Grèce. Mais on l'accusait volontiers de tergiversations et de tiédeur. Mme Tastu appartenait au parti libéral, plus étroitement encore au parti bonapartiste, et ses vers s'en ressentent. Le fils de Canaris est surtout pour elle un prétexte à gourmander le gouvernement, et ses vers sont encore plus satiriques qu'enthousiastes :

> O malheureuse Grèce !
> Tu souffres, mais tu vis. Ici tout dort
> De ce sommeil pesant précurseur de la mort.
> On dirait que la France en sa morne apathie
> Avec ta jeune ardeur n'a plus de sympathie :
> Elle applaudit de loin aux droits que tu défends,
> Comme une antique aïeule aux jeux de ses enfants :
> Impassible témoin de ta brûlante audace,
> Des nobles passions elle a perdu la trace ;
> Elle en parle aujourd'hui, mais elle n'y croit plus.

Il reste la jeunesse : c'est à son cœur que parlera le jeune hôte de la France, c'est là qu'il suscitera à la Grèce des défenseurs :

> Dis-lui les Grecs trahis, tes proches massacrés,
> Le Pacha dans tes murs, Psara livrée aux flammes,
> Les prêtres, les vieillards, les enfants et les femmes,
> Jonchant le sol fumant de leurs sanglants débris,
> Sous le fer des vainqueurs....
> Espère, jeune Hellène ! à ton pays unie
> Tu verras quelque jour la France rajeunie
> Se lever tout entière à ta voix, et nos fils
> Suivre au-delà des mers le fils de Canaris.

III

Quand Mme Tastu donnait en vers cette leçon à la France et aux cabinets européens, la situation de la Grèce était devenue très critique. L'année 1824 vit, après la reprise de Candie par les Turcs, une répétition des massacres de Chio dans la prise de Psara ou Ipsara, cette patrie de Canaris qui, depuis, ne s'est pas relevée de ses ruines (juillet 1824). On évalue à dix-sept mille le nombre des morts ou de ceux qui furent vendus.

En Europe, il y eut comme un long cri de douleur, dont on retrouve l'écho dans les vers que cet événement inspira, parmi beaucoup d'autres poètes, à Alexandre Guiraud, à Saintine, à Pauthier qui n'était pas encore le sinologue que le monde savant a connu. En 1825, la Morée avait été une troisième fois envahie. Dans son *Chant sur le désastre d'Ipsara,* Saintine prêtait ces imprécations à une jeune Grecque captive, que son maître contraint à chanter la mort de son propre père :

> O terre à jamais immortelle,
> Bois le sang de tes fils, malheureuse Ipsara,
> Sous ce sublime engrais, plus brillante et plus belle,
> Ta palme encor reverdira.
>
> Ton destructeur dans son délire
> Jouit insolemment d'un succès passager.
> Seule des tiens, je vis, et c'est pour le maudire !
> D'autres viendront pour te venger.

Mais les malheurs héroïquement supportés de la Grèce, la crainte aussi que la Russie ne s'abstînt pas plus longtemps de venir au secours de ses coréligionnaires, avaient modifié enfin l'attitude, jusque-là très circonspecte, de l'Angleterre. Canning, qui avait d'abord décliné l'intervention diplomatique que sollicitait Maurocordato, en offrant à l'Angleterre le protectorat de la Grèce, finit par céder, et, de concert avec la Russie, s'engagea, dans le protocole du 4 avril, à procurer aux Hellènes une demi-indépendance. Presque en même temps, en juillet 1825, M. de Chateaubriant publiait sa fameuse *Note sur la Grèce,* dans laquelle il posait ainsi la question :

« Notre siècle verra-t-il des hordes de sauvages étouffer la civilisation renaissante dans le tombeau d'un peuple qui a civilisé la terre ? La chrétienté laissera-t-elle tranquillement des Turcs égorger des chrétiens? Et la légitimité européenne souffrira-t-elle sans en être indignée, que l'on donne son nom sacré à une tyrannie qui aurait fait rougir Tibère ? » (1)

Dès lors, les destins se précipitent : le 8 octobre 1825, Alexandre Ier meurt à Taganrog, au moment où, dit-on, il allait se mettre à la tête de son armée. Mais cette mort, loin d'arrêter la dissolution de la Sainte-Alliance, la hâte. Ces événements se reflètent dans la liste suivante des poésies inspirées par la Grèce, de 1823 à 1825 ; elle complète les citations que nous avons déjà faites. On y remarquera les noms d'Émile de Bonnechose, de Damas-Hinard, de Jules Barbey, le futur Barbey d'Aurevilly, dont ce fut là probablement le début; de Pradel, de René Taillandier, père du Saint-René Taillandier, le professeur de Sorbonne, poète aussi, mais que ses articles de la *Revue des Deux-Mondes* devaient illustrer plus que ses poésies, y compris son long poème de *Béatrix*.

Année 1823.

22 mars, n⁰ 1245. — *Les Grecs et les Turcs,* ode, par L. Laborde. Strasbourg, in-8.

5 avril, n⁰ 1458. — *Seconde Corinthienne. Le Pacha.* Paris, Masson, in-8.

5 avril, no 1459. — *Le dernier cri des Grecs,* par Alex. B... Paris, Ponthieu, in-8.

4 octobre, n⁰ 4137. — *Corinthe vengée,* dithyrambe, par F.-E. de Bonnechose. Paris, Ladvocat, in-8.

Année 1824.

31 janvier, n⁰ 565. — *Trois Messéniennes nouvelles,* par C. Delavigne, Paris, Ladvocat, in-8.

28 février, n⁰ 1040. — *La Famille grecque,* par Servan de Sugny. Paris, E. Cabin, in-18.

(1) Paris, Lenormant, in-8, de 3 feuilles, prix 3 fr.

29 mai, n° 2891. — *Stances sur la mort de lord Byron*, traduit de Moore. Paris, Tilliard, in-8.

5 juin, n° 2980. — *Deux Odes sur la Grèce*, par Ch. Masson. Paris, Ponthieu, in-8.

5 juin, n° 2981. — *Poème dithyrambique sur la mort de lord Byron*, par Roch. Paris, Goullet, in-8.

5 juin, n° 3068. — *Aux Grecs ! Sur la mort de lord Byron*, par Henry Simon. Paris, Janet, in-18.

7 juin, n° 3108. — *Dithyrambe sur la mort de lord Byron*, par Armand. Paris, in-8.

7 juin, n° 3109. — *Aux mânes de lord Byron*, par P. Chanin. Paris, Ladvocat, in-4.

26 juin, n° 3309. — *Chant funèbre, au tombeau de lord Byron*, par Mme L.-Evelines D... Paris, Delaunay, in-8.

3 juillet, n° 3461. — *Dithyrambe sur la mort de lord Byron*, par Ulric Guttinguer. Paris, Ladvocat, in-8.

7 août, n° 4175. — *Adieux de lord Byron à la Grèce*, par Charles Brugnot. Paris, Didot, in-8.

21 août, n° 4343. — *Messénienne sur lord Byron*, par Cas. Delavigne. Paris, Ladvocat, in-8.

28 août, n° 4497. — *Sur la mort de lord Byron*, par F. Bareseau. Paris, Dondey-Dupré, in-8.

11 septembre, n° 4665. — *Psara, élégie épique*. Paris, Delaunay, in-8.

18 septembre, n° 4827. — *Chant français sur les désastres d'Ipsara*, par Saintine. Paris, Ladvocat, in-8.

2 octobre, n° 4928. — *Ipsara, chant dithyrambique*, par Cas. Boutereau. Paris, Tournachai, in-8.

2 octobre, n° 4928. — *Ipsara, chant élégiaque*, par J.-E. Gautier. Paris, Le Normand, in-8.

2 octobre, n° 4930. — *Chants hellènes : Byron, Ipsara*, par Alex. Guiraud. Paris, Ladvocat, in-8.

23 octobre, n° 5310. — *Les Grecs*, poème, par J. Pevrieu-Lassalle. Lyon, Boursy, in-8.

23 octobre, n° 5376. — *La Lyre patriotique de la Grèce*, odes traduites de Zalvos, par Saint-Julien. Paris, Peytieux, in-18.

6 novembre, n° 5553. — *Chants héroïques des montagnards et matelots grecs*, traduits par N. P. Lemercier. Paris, Urbain Canel, in-8.

27 novembre, n° 6041. — *Chants sur lord Byron*, par Damas-Hinard. Paris, Delaunay, in-8.

11 décembre, n° 6609. — *Le Réveil de la Grèce*, par F. D.... Paris, Udron, in-8.

25 décembre, n° 6828. — *Épître aux Grecs, sur la protection dont on les menace*. Paris, Didot, in-8.

25 décembre, n° 6953. — *Les Lacédémoniennes*, dédiées aux élèves de l'École polytechnique, par A. Bonjour. Paris, Ponthieu, in-8.

25 décembre, n° 6954. — *Le Réveil de la Grèce, 1re Hellénide*, par Pillot. Paris, Delaunay, in-8.

Année 1825.

22 janvier, n° 478. — *Aux Héros des Thermopyles*, par Jules Barbey. Paris, Sanson, in-8, 1 f.

5 mars, n° 1315.— *Ode sur les événements de Psara*, par Angélique Paly. Paris, Didot, in-8.

11 juin, n° 3219. — *Helléniennes*, par G. Paultier. Paris, Maurice, in-18.

16 juillet, n° 4074. — *Chant Hellénien*, par M*** aîné. Paris, Castel, in-8.

6 août, n° 4428. — *Les Grecs*, dithyrambe. Paris, Didot, in-8.

6 août, n° 5138. — *La Mort de lord Byron*, par E. de Pradel. Paris, Sanson, in-8.

17 septembre, n° 5243. — *Triomphes du Génie dans la Grèce*. Paris, Delaunay, in-8.

8 octobre, n° 5681. — *Missolonghi*. Paris, in-8.

15 octobre, n° 5838. — *Epître au prince Ypsilanti*, par René Taillandier. Paris, Migneret, in-8.

3 décembre, n° 6765. — *Chant du Philhellène de la montagne*. La Rochelle, Bouyer, in-8.

17 décembre, n° 7146. — *Chant d'un jeune Grec*, par Alex. R***. Paris, Ponthieu, in-8.

28 décembre, n° 7381. — *L'Hirondelle athénienne*, par Mlle d'Horvilly. Paris, Didot, in-8.

18 décembre, n° 7582. — *Trois Eoliennes*. Paris, in-8.

On ne nous pardonnerait pas de ne point citer au moins quelques vers du poème de Barbey d'Aurevilly, dont les exemplaires sont presque introuvables (1). Il est dédié, le croira-t-on ? à Casimir Delavigne, « comme tribut d'admiration » (12 octobre 1824), et la préface contient ces lignes intéressantes sur l'auteur :

« C'est l'état présent de la patrie des Beaux-Arts, qui a inspiré ces essais à une muse de quinze ans et demi. Aimant passionnément la poésie, la cultivant dès l'âge le plus tendre, c'est pour les fils des héros de Marathon que j'ai fait résonner une lyre qui paraîtra peut-être discordante à ces oreilles accoutumées aux beaux vers de Monsieur Delavigne... »

(1) Bibl. Nat. — Invent. Réserve, Ye 3522. M. Georges Vicaire a décrit cette édition dans son savant *Manuel de l'Amateur de Livres du XIXe siècle.*

Les vers sont sans beaucoup d'éclat ; en voici qui ont un accent personnel. Ils indiqueraient des instincts militaires qui n'étonnent pas chez « le Connétable », mais qui ne dépassèrent jamais la sphère littéraire :

> Si je ne devais pas mon bras à ma patrie,
> A Charles, aux Bourbons, à mes rois,
> Grèce, j'irais aussi sur ta terre chérie,
> Essayer mon épée, et défendre tes droits !
> Alors, si j'expirais dans ces jours de victoire,
>   Qui nous rappellent Marathon,
> Que je mourrais heureux ! puisqu'à jamais la gloire
>   De l'oubli sauverait mon nom.

Mais mon sang tout entier coulera pour la France !...

IV

Cependant, l'Angleterre et la Russie n'étaient pas encore parvenues à s'entendre sur les conséquences d'une intervention qu'elles acceptaient en principe, et pour achever ses malheurs, la Grèce était travaillée par des dissensions intestines. L'Assemblée nationale de Messène se sépara en deux partis, les dissidents allant siéger à Hermione. C'est le moment où, après quinze mois d'une défense admirable, Missolonghi est emporté d'assaut par les Turcs, qui en massacrent la population ou la réduisent en servitude (23 avril 1826). Quelques mois plus tard, ce sera le tour de l'Acropole d'Athènes, emportée d'assaut par l'ennemi, malgré les efforts du colonel Fabvier.

Cette prise de Missolonghi produisit une émotion immense, en France particulièrement. Les comités de secours redoublèrent d'ardeur ; l'Art, sous toutes ses formes, vint au secours de la Grèce : les poètes par leurs vers, les peintres par le pinceau, les musiciens par leurs chants. Au mois de septembre, il s'ouvre rue du Gros-Chenet, n° 4, une *Exposition de Tableaux au profit des Grecs.* L'entrée y est de 1 franc : entre autres œuvres, on y remarquait la *Prise de Missolonghi,* par Scheffer, le *Massacre des Grecs,* par Colin.

Jusque-là, le grand poète romantique, Victor Hugo avait gardé le silence sur la Grèce : il était tout à ses inspirations royalistes : *Louis XVII, les Funérailles de Louis XVIII, le Sacre,* etc., etc. Ce fut la prise de Missolonghi qui le tira de ce silence : dans les *Orientales,* qui devaient paraître seulement trois ans plus tard (24 janvier 1829), quatre pièces sont consacrées à la Grèce, parmi lesquelles, *Les têtes du Sérail,* dont Missolonghi est le sujet, et qui est datée de juin 1826, c'est-à-dire deux mois après l'événement, avec cette épigraphe empruntée à l'*Hamlet* de Shakespeare : *O horrible ! ô horrible ! mort horrible !* — Usant déjà du procédé qu'il a souvent employé depuis, il suppose un dialogue entre des morts illustres, Botzaris, Canaris, dont le bruit de la mort avait couru, et le patriarche Joseph, qui apostrophe ainsi l'Europe trop tardive :

Et toi, chrétienne Europe, entends nos voix plaintives.
Jadis, pour nous sauver, saint Louis vers nos rives
Eut de ses chevaliers guidé l'arrière-ban.
Choisis enfin, avant que ton Dieu ne se lève,
De Jésus et d'Omar, de la croix et du glaive,
    De l'auréole et du turban.

Du reste, en s'inspirant de l'Orient, Hugo obéissait bien plus aux préoccupations de trouver des formes et des couleurs nouvelles, qu'à des inspirations politiques ou religieuses ; comme Gœthe, du reste, avait fait dans son *Divan oriental et occidental* (1812). « Il me semble, disait-il dans sa préface, que jusqu'ici on a beaucoup trop vu l'épopée moderne dans le siècle de Louis XIV, et l'antiquité dans Rome et dans la Grèce ; ne verrait-on pas plus haut et plus loin, en étudiant l'ère moderne dans le Moyen-Age et l'antiquité dans l'Orient ? » — Aussi, dans les *Orientales,* à part quelques pièces, Victor Hugo est-il aussi Turc qu'il est Grec, peut-être plus.

En cette même année, un écrivain, qui n'était encore connu que par quelques vers sur le *Dévouement de M. de Malesherbes,* et sur la *Mort du général Foy,* mais qui bientôt allait se faire au théâtre et dans le roman une éclatante réputation, Alexandre Dumas, publia sur un héros de l'Indépendance, que Victor Hugo célébra aussi, mais en 1828, le poème suivant, dont les exemplaires sont aujourd'hui très rares :

Canaris | Dithyrambe ; | par | Alex. Dumas. | Au profit des Grecs. | Paris, | Sanson, libraire | de S. A. R. Mgr le duc de Montpensier, | Palais-Royal, galerie de Bois, n° 250. | 1826. In-12. Imprimerie de Setier, cour des Fontaines, n° 7, à Paris (1).

10 pp. avec un portrait lithographié de Canaris, par L. Jolly ; et sur le titre une vignette lithographiée du même L. Jolly (Engelmann), représentant un navire en flammes.
Couverture jaune imprimée, encadrée, au revers une lyre.

En voici le début, qui ne manque pas de grandeur :

Scio n'existait plus... Comme un souffle d'orage,
Le courroux du vainqueur sur elle avait passé ;
Un peuple tout entier, dans un jour de carnage,
Du livre des vivants se trouvait effacé...

Et poussé vers Psara par l'onde vengeresse,
Les cadavres fumants des vierges, des soldats,
Députés de la mort, avaient sommé la Grèce
De rassembler ses fils pour venger leur trépas.

(1) Bibl. Nat. Ye 42546.

> Tranquille cependant, et bravant la tempête,
> Au sein du port, témoin de ses sanglants exploits,
> Dans les airs balancé, l'étendard du prophète
> Semblait insulter à la croix.

En 1827, l'Académie Française fit aussi une manifestation en l'honneur de la Grèce, en décernant, dans sa séance du 25 août, le prix de poésie au poème l'*Affranchissement des Grecs*, de M. Auguste Lemaire, professeur au lycée Saint-Louis, frère du célèbre latiniste, éditeur de la *Bibliothèque Latine*. Le poème se terminait ainsi :

> O Grèce! poursuis donc tes nobles destinées ;
> Recommence le cours de tes grandes années.
> Ainsi ton Dieu l'ordonne; et ses desseins secrets,
> Au rapide avenir confiant ses décrets,
> Comme au temps où Sion soupirait dans les chaînes,
> Préparent des tyrans les disgrâces prochaines...
> Non : tes maux ont ému les peuples et les rois ;
> Tu les verras bientôt, défenseurs de tes droits,
> Déployant sur les mers leur volonté puissante,
> Porter vers le Bosphore une paix menaçante.
> Ah! puissent leurs vaisseaux apparaître à tes yeux,
> Tels qu'au sein de l'azur un astre radieux! (1)

La liste des poésies qui nous occupe est particulièrement riche en ces années 1826-1827 :

Année 1826.

28 janvier, n° 436. — *Le Tombeau de lord Byron*, par Max. Gressier. Paris, Béchet, in-8.

25 fév., n° 1185. — *Les Grecs*, par la C^{sse} de Redern. Paris, in-8.

26 avril, n° 2417. — *Les Grecs*, par Barthélemy. Paris, Beraud, in-8.

17 mai, n° 3096. — *Les Étrangers en Grèce*, par Hosemann. Strasbourg, in-8.

7 juin, n° 3686. — *Canaris*, dithyrambe par Alex. Dumas. Paris, Sanson, in-12 d'une demi-feuille, frontispice gravé et planche.

---

(1) *Annales de la Littérature et des Arts*, 1827, p. 405.

10 juin, n° 3746. — *Épître au roi en faveur des Grecs*, par Camille Bondu. Paris, Ponthieu, in-8.

17 juin, n° 4054. — *Chant sacré appliqué aux malheurs des Grecs*, par Le Provost d'Iray. Paris, Gosselin, in-8.

21 juin, n° 4018. — *Chant d'une mère grecque*, par Mme Daring. Paris, in-8.

1er juillet, n° 4284. — *Ode à la Nation russe*. Nancy, Bachot, in-8.

12 juillet, n° 4551. — *La Grèce moderne*, par Massas. Lyon, Faverio, in-8.

26 juillet, n° 4846. — *L'Athénien ou le Palikare*. Montpellier, in-8.

29 juillet, n° 4904. — *Fabvier*. Paris, Touquet, in-32.

5 août, n° 5121. — *Ode aux Grecs*, par C. Boisbaron. Paris, Rusand, in-8.

9 août, n° 5138. — *Les Grecs, Épître à Lamartine*, par C. L. Grandperret. Lyon, Perrin, in-8.

26 août, n° 5440. — *Épître à l'Europe en faveur des Grecs*, par X. Progin. Paris, Ponthieu, in-8.

6 septembre, n° 5668. — *Le Philhellène*, par Séb. Pruche. Paris, Didot, in-8.

6 septembre, n° 5669. — *Méditations poétiques sur les ruines de la Grèce*, par Hubert L***. Paris, Touquet, in-8.

14 octobre, n° 6429. — *Les Ottomans et les Grecs*, par Dorion. Paris, Didot, in-8.

21 octobre, n° 6507. — *Aux Grecs et à lord Cochrane*, par Th. Villenave. Paris, Ponthieu, in-8.

1er novembre, n° 6770. — *La Grèce sauvée*, par Adolphe D***. Paris, Béraud, in-8.

29 novembre, n° 7344. — *Appel aux Chrétiens en faveur des Grecs*, par Victorien L***. Paris, Mongie, in-8.

30 décembre, n° 8182. — *Cantate sur les Grecs*, par le comte de Franclieu. Paris, Delaunay, in-8.

Sur Missolonghi.

26 avril, n° 2418. — *Siège de Missolonghi*, par M. Fleury C***. Paris, Gaultier, Laguionie, in-8.

13 mai, n° 3027. — *Hellénide sur le siège de Missolonghi*, par Ch. D. L***. Paris, Fournier, in-8.

17 mai, n° 3095. — *Missolonghi*, poème, par Claudius B***. Paris, Ponthieu, in-8.

3 juin, n° 3558. — *Missolonghi*, par Alphonse L. F***. Paris, Mongie, in-8.

3 juin, n° 3559. — *Les Ruines de Missolonghi*, par Arnal Lafon. Paris, Ponthieu, in-8.

10 juin, n° 3747. — *Chute de Missolonghi*, par Albert Montémont. Paris, Chaumerot, in-32.

21 juin, n° 4097. — *Le Spectre de Missolonghi,* par Ulysse Tencé. Paris, Delaunay, in-8.

22 juillet, n° 4778. — *Siège de Missolonghi.* Paris, Hubert, in-8.

29 juillet, n° 4905. — *Le Siège de Missolonghi,* par M. A. P***. Paris, Ponthieu, in-8.

29 juillet, n° 4931. — *Le Voyageur aux ruines de Missolonghi.* Montpellier, Jullien, in-8.

14 octobre, n° 6428. — *Le Magnanime dévouement de Missolonghi,* par Philarmos. Paris, in-8.

25 octobre, n° 6571. — *Missolonghi,* par Henri Cros. Paris, Delaunay, in-8.

Année 1827.

27 janvier, n° 574. — *La Grèce et l'Europe à M. de Lacretelle,* par Alph. Flayol. Paris, Desauges, in-8.

27 janvier, n° 587. — *Léonidas aux Thermopyles,* par Charles Gouverne. Bordeaux, Tronche, in-16.

17 mars, n° 1930. — *Missolonghi,* par T****. Brioude, Doucet, in-8.

17 mars, n° 1968. — *Vœux pour les Grecs,* par T****. Brioude, Doucet, in-8.

11 avril, n° 2637. — *Byroniennes,* par Eug. Gromier. Paris, Delangle, in-8.

5 mai, n° 3120. — *La Corse, la Grèce, l'île d'Elbe et Sainte-Hélène,* par Th. Féburier, off. au service des Grecs. Paris, Laguionie, in-8.

2 juin, n° 3666. — *L'Appel aux Grecs,* par Félix Carpentier. Paris, Tastu, in-8.

14 juillet, n° 4605. — *Athéniennes,* par Ev. Boulay-Paty. Paris, Chaumerot, in-8.

10 août, n° 5063. — *Stances sur la ruine de Missolonghi,* par J. B. Levée. Paris, Selligue, in-8.

29 août, n° 5470. — *L'Affranchissement des Grecs,* par F.-A. Lemaire. Paris, Didot, in-4.

29 août, n° 5485. — *Discours historique sur les Malheurs de la Grèce,* par le Vte de Calvimont. Paris, Ponthieu, in-8.

29 août, n° 5498. — *La Guerre sacrée,* par Le Prévost d'Iray. Paris, Gosselin, in-8.

8 septembre, n° 5751. — *L'Ombre de Georges Canning,* par J. C. Lusurier. Paris, Guiraudet, in-8.

15 septembre, n° 5871. — *Athènes assiégée,* par Sylvain Phalantée. Paris, Didot, in-4.

3 octobre, n° 6219. — *Hymnes patriotiques des Hellènes.* Paris, Desauges, in-18.

24 octobre, n° 6509. — *Canning,* par G. H. Greve. Beauvais, in-8.

24 octobre, n° 6678. — *Les Peuples au tombeau de Canning,* par Joigny. Paris, Dondey-Dupré, in-8.

24 novembre, n° 7394. — *Ode sur la victoire de Navarin*, par J. M. Chopin. Paris, Dondey-Dupré, in-8.

1ᵉʳ décembre, n° 7496. — *L'Affranchissement de la Grèce*, par Em. Mazens. Paris, Ladvocat, in-8.

26 décembre, n° 8045. — *Le Combat de Navarin*, par E. Michelet. Perpignan, Tastu, in-8.

Lorsque l'Académie Française couronnait les vers de M. Lemaire que nous avons cités, un grand pas venait d'être fait vers l'affranchissement de la Grèce ; le 6 juillet un traité d'alliance avait été signé entre la France, l'Angleterre et la Russie, et un délai de trois mois donné au Sultan pour accorder à la Grèce son indépendance. Le sultan refusa, et le 20 octobre eut lieu la bataille de Navarin, dans laquelle la flotte ottomane fut anéantie.

L'absence des vaisseaux de l'Autriche et de l'Espagne dans la flotte alliée inspira ces vers à Alfred de Wailly :

> Qui pourra réclamer l'honneur de la victoire ?
> Trois grands peuples rivaux en partagent la gloire :
> A l'envi l'un de l'autre ils ont versé leur sang ;
> Pourtant, le Saint-Empire et la pieuse Espagne
> N'avaient pas, cette fois, voulu mettre en campagne
> Pour un autre Lepante un autre Don Juan.

> O fils de Charles-Quint ! S'il est vrai que la tombe
> Conserve après la mort au héros qui succombe,
> De ce monde d'exil un vivant souvenir,
> De quelle mâle ardeur dût tressaillir ta cendre,
> Quand des canons chrétiens la voix s'est fait entendre,
> Annonçant à la Grèce un nouvel avenir (1).

Il nous serait impossible de citer même seulement quelques vers de toutes les pièces qui parurent sur la bataille de Navarin; rappelons seulement, après les noms d'Eugène de Pradel, de Boulay-Paty, ces vers de la pièce de Victor Hugo, *Navarin*, datée de novembre 1827 :

---

(1) *La Bataille de Navarin*, Annales de la Littérature et des Arts, 1827, t. XXIX, p. 257.

> Ah ! c'est une victoire ! — Oui, l'Afrique défaite,
> Le vrai Dieu sous ses pieds foulant le faux prophète,
> Les tyrans, les bourreaux criant grâce à leur tour,
> Ceux qui meurent enfin sauvés par ceux qui règnent,
> Hellé lavant ses flancs qui saignent,
> Et six ans vengés dans un jour.

Désormais les destins de la Grèce étaient fixés : son indépendance était assurée. Aussi, en cette même année 1827, Mlle Élisa Mercœur, dans *le Songe, ou les Thermopyles*, pouvait-elle prêter à l'ombre de Léonidas, apparue en rêve, ces paroles prophétiques :

> Je vais donc retrouver mon antique patrie :
> Je la vois s'élançant, intrépide, aux combats ;
> Loin d'elle un lâche effroi, lorsqu'elle se confie
> Aux accents de Léonidas
>
> L'esclavage n'est plus : sa gloire qui s'achève
> Embellit de lauriers son front victorieux ;
> Au temple de la Paix elle suspend le glaive.
> Et ses vœux, son encens, vont monter vers les cieux.

V

Après la bataille de Navarin, la Grèce ne devait plus connaître que les joies du triomphe et de la sécurité. Il nous suffira d'enregistrer quelques dates, pour clore le résumé des évènements qui devaient aboutir à la constitution du royaume de Grèce : en 1828, l'entrée en campagne des Russes, qui, le 7 mai, passent le Pruth, et le 17 août, le départ de la flotte française portant les troupes de l'expédition de Morée ; en 1829, le passage des Balkans par le général Diebitsch, et le traité d'Andrinople entre la Porte et la Russie (14 septembre) ; le 3 février 1830 enfin le traité qui fondait l'indépendance de la Grèce. Mais, si les malheurs de la Grèce ont pris fin, l'enthousiasme poétique qu'ils avaient inspiré a décru peu à peu, et à part les noms de Pierre Lebrun et de son *Voyage en Grèce,* de Boulay-Paty, de Barthélemy, nous n'avons plus qu'à insérer sur nos listes des poètes aujourd'hui presque inconnus :

Année 1828.

12 janvier, n° 135. — *Les Amours grecques.* Paris, Setier, in-8.

12 janvier, n° 141. — *La Bataille de Navarin,* par J. C. Amy. Paris, Boucher, in-8.

12 janvier, n° 289. — *Le Voyage en Grèce,* par Pierre Lebrun, Paris, Didot, in-8.

19 janvier, n° 361. — *La Bataille de Navarin,* par M***. Colmar, Decker, in-8.

19 janvier, n° 367. — *Chants helléniens,* traduits de l'Allemand de Wilhem Muller. Paris, Dupont, in-32.

23 février, n° 1115. — *La Bataille de Navarin,* par E. de Pradel. Rochefort, Faye, in-8.

23 février, n° 1171. — *Navarin,* satire turque, par M. A.... Perpignan, Tastu, in-8.

8 mars, n° 1439. — *Ode aux Grecs,* par L. G. Boisbaron. Paris, Rusand, in-8.

8 mars, n° 1463. — *Roche à Napoli de Romanie,* par Alp. Viollet. Paris, Ponthieu, in-8.

22 mars, n° 1746. — *Le Grec,* par Mlle Denise Pacault. Paris, Dupont, in-8.

23 avril, n° 2463. — *La Grèce délivrée,* par Hubert de Bercy. Nantes, Mellinet-Malassis, in-8.

3 mai, n° 2635. — *Ode d'un jeune Grec.* Paris, Emler, in-18.

7 juin, n° 3418. — *Épisode de la Grèce moderne,* par F. Hocquart. Nantes, Malassis, in-8.

21 juin, n° 3845. — *Poésies lyriques sur la Grèce,* par Ch. M***. Bordeaux, Lawalle, in-8.

28 juin, n° 3925. — *La Bataille de Navarin,* par Ev. Boulay-Paty. Paris, Ladvocat, in-8.

5 juillet, n° 4098. — *L'Ombre de Léonidas à Fabvier,* par A. Debay. Paris, Decourchant, in-8.

12 juillet, n° 4269. — *Ode, l'héroïsme des femmes grecques, ou Missolonghi,* par J. Pernier. Paris, Sautelet, in-12.

30 août, n° 5275. — *Le Destin de la Grèce,* par Coudret. Paris, Farcy, in-8.

30 août, n° 5916. — *Ode aux Grecs,* par J. Sarazin. Paris, Dentu, in-8.

6 septembre, n° 5401. — *Stances à l'occasion du départ de l'expédition de Morée,* par F. Chatelain. Paris, Sautelet, in-8.

13 septembre, n° 5464. — *L'Expédition de Morée,* par J. de la Montagne. Paris, Everat, in-8.

15 novembre, n° 6687. — *Missolonghi*, par Paul Jouau. Paris, Chassignon, in-8.

29 novembre, n° 6934. — *Helléniade ou les Français en Morée*, poème en 3 chants, par R. T. Saint-René. Paris, Ladvocat, in-18.

15 décembre, n° 7302. — *Le Réveil religieux de la Grèce triomphante*, imprim. de Georges, à Uzès. Paris, Servier, in-8.

Année 1829.

3 janvier, n° 96. — *Ode sur la guerre d'Orient*, par J. Bijeon. Paris, Setier, in-8.

17 janvier, n° 336. — *La Grèce, chant de départ*, par Pierre Billot. Marseille, Achard, in-4.

14 février, n° 905. — *Missolonghi*, Châteauroux, Migné, in-8.

21 février, n° 1058. — *La Grèce*, par Blondel. Montbrisson, Cheminal, in-12.

28 février, n° 1256. — *L'Expédition de Morée*. Bordeaux, Lawalle, in-8.

14 mars, n° 1563. — *L'Expédition de Morée*. Paris, in-8.

4 avril, n° 2032. — *Dithyrambe sur la Grèce*, par A. Bressonnet. Poitiers, Saurin, in-8.

9 mai, n° 2884. — *La Vierge de Missolonghi*, par J. Fontemoing, Paris, Ladvocat, in-8.

5 septembre, n° 5339. — *Les Grecs*, par Barthélemy. Paris, Denain, in-8.

12 septembre, n° 5373. — *La Bataille de Navarin*, par Melchior Potier. Paris, Lachevardière, in-8.

Année 1830.

10 juillet, n° 3842. — *Le jeune Philhellène*, par Lucien Petiet. Besançon, Montarsolo, in-8.

13 novembre, n° 6019. — *La Grèce à la France*, par Mme D. P. Paris, Delaunay, in-8.

Si grand que soit le nombre de ces poésies, de ces poèmes, que nous venons de passer en revue, beaucoup d'autres encore se retrouvent dans des recueils poétiques, où ils sont confondus avec des pièces toutes différentes : nous avons cité ou signalé les plus importants. Nous y ajouterons une très belle pièce de Gaulmier, *Missolonghi*, dans ses *Œuvres posthumes*, Paris, Delaunay, 1830, in-12 ; et encore cinq pièces remarquables : *A l'Europe, ode, la Jeune Grecque du Harem, la Liberté*, datée de 1819, *le Tombeau du Philhellène*, et *l'Offrande aux Grecs*, où *la Mort du Vieux Soldat*, dans les *Poésies politiques et morales*, de Louis Brault, Paris, Moutardier, 1826, in-12, de 300 pp. Né en 1782, mort le 4 mai 1829, Louis Brault, tour-à-tour sous-préfet et journaliste, a écrit, sans souci de classicisme ou de romantisme, des vers fermes, où il y a de hautes et généreuses pensées.

Mais le poète qui, par l'inspiration directe et l'ampleur de ses compositions sur la Grèce, doit peut-être occuper après Casimir Delavigne, Lamartine, Victor Hugo, Alexandre Guiraud, le rang le plus élevé dans cette foule de poètes, c'est Pierre Lebrun, dont le *Voyage en Grèce*, paru sous ce titre en 1828, figure dans ses *Œuvres complètes* sous celui de *Poème de la Grèce*, avec son complément, les *Poésies sur la Grèce*. Parti en 1820 pour visiter la Grèce comme voyageur, Pierre Lebrun assista aux premières agitations helléniques, et en rapporta à la fois pour les hommes et pour les paysages de la Grèce un enthousiasme dont ses vers se ressentent très heureusement.

Si Victor Hugo n'avait pas été le premier à chanter les malheurs et l'héroïsme de la Grèce, il fut le dernier qui l'ait célébrée en de magnifiques vers. Après les *Têtes du Sérail* (1826), *Navarin* (1827), il avait encore écrit, en novembre 1828, *Canaris*, consacré aux exploits du hardi et glorieux capitaine de brulots ; et, au mois de juin précédent, l'*Enfant*, qui est certainement la plus belle de toutes ses pièces inspirées par la Grèce, et peut-être de toutes celles qui furent publiées alors. C'est par elle que nous clorons nos citations. En voici la dernière strophe :

> Veux-tu, pour me sourire, un bel oiseau des bois,
> Qui chanté avec un chant plus doux que le hautbois,
>   Plus éclatant que les cymbales ?
> Que veux-tu : fleur, beau fruit ou l'oiseau merveilleux ?
> — Ami, dit l'enfant grec, dit l'enfant aux yeux bleus,
>   Je veux de la poudre et des balles.

Cet enfant, que rien ne consolera, tant que sa patrie, la Grèce, ne sera pas libre, libre tout entière, qui, à l'ami qui essuie ses larmes, demande seulement de la poudre et des balles, n'est-il pas la personnification même de la Grèce, de la Grèce de 1828, comme de celle que nous voyons encore aujourd'hui, mais en face d'une Europe bien changée ?

Le grand nom d'Alfred de Vigny, la priorité de date qui lui est à peu près acquise parmi les chantres de l'Indépendance hellénique par son *Héléna*, écrite dès 1816 et publiée au mois de mars 1822, nous engagent à ajouter ici quelques citations de ce poème qui, depuis, n'a pas été réimprimé et que, par suite, bien peu de personnes connaissent aujourd'hui.

Le poème débute par cette poétique opposition entre la Grèce antique, payenne, et la Grèce chrétienne :

> Le téorbe et le luth, fils de l'antique lyre,
> Ne font plus palpiter l'Archipel en délire ;
> Son flot triste et rêveur, lui seul émeut les airs,
> Et la blanche Cyclade a fini ses concerts.
> On n'entend plus le soir les vierges de Morée,
> Sur le frêle caïque à la poupe dorée,
> Unir en double chœur des sons mélodieux.
> Elles savaient chanter, non les profanes dieux,
> Apollon, ou Latone à Dèlos enfermée,
> Minerve aux yeux d'azur, Flore, ou Vénus armée,
> Alliés de la Grèce et de la liberté ;
> Mais la Vierge et son fils entre ses bras porté,
> Qui calment la tempête, et donnent du courage
> A ceux que les méchants tiennent en esclavage :
> Ainsi l'hymne nocturne à l'étoile des mers
> Couronnait de repos le soir des jours amers.

Au second chant, *le Navire*, on remarque surtout l'arrivée d'Héléna, échappée aux massacres d'Athènes, sur le vaisseau de Mora, son fiancé, qui va combattre les Turcs.

> « On se bat dans Athènes. Une femme est ici
> Qui vous demande asile, et pleure. La voici. »
> On voit deux matelots, puis une jeune fille ;
> Ils montent sur le bord, une lumière y brille,
> Un cri part : « Héléna ! » Mais les vœux d'un amant
> Pouvaient seuls le savoir ; pâle d'étonnement
> Lui-même a reculé, croyant voir lui sourire
> Le fantôme égaré d'une jeune martyre.
> Il semblait que la mort eût déjà disposé
> De ce teint de seize ans par des pleurs arrosé.
> Sa bouche était bleuâtre, entr'ouverte et tremblante,
> Son sein, sous une robe en désordre et sanglante,
> Se gonflait de soupirs et battait agité
> Comme un flot blanc des mers par les vents tourmenté,
> Un voile déchiré tombant des tresses blondes
> Qu'entraînait à ses pieds l'humide poids des ondes,
> Ne savait pas cacher dans ses mobiles plis
> Le sang qui rougissait ses épaules de lis.
> Serrant un crucifix dans ses mains réunies,
> Comme un dernier trésor pour les vierges bannies,
> Sur ses traits n'était pas la crainte ou l'amitié ;
> Elle n'implorait pas une indigne pitié,
> Mais fière, elle semblait chercher dans sa pensée
> Ce qui vengerait mieux une femme offensée,
> Et demander au Dieu d'amour et de douleur
> Des forces pour lutter contre elle et le malheur.

Terminons par cette invocation d'Héléna à la Grèce, dans le chœur où sa voix alterne avec celle des insurgés Hellènes :

> Regardez, c'est la Grèce ; ô regardez ! c'est elle !
> Salut, reine des Arts ! salut, Grèce immortelle !
> Le monde est amoureux de ta pourpre en lambeaux,
> Et l'or des nations s'arrache tes tombeaux.

> O fille du soleil ! la Force et le Génie
> Ont couronné ton front de gloire et d'harmonie.
> Les générations avec ton souvenir
> Grandissent ; ton passé régle leur avenir.
>
> O terre de Pallas ! contrée au doux langage !
> Ton front ouvert sept fois, sept fois fit naître un sage.
> Leur génie en grands mots dans les temps s'est inscrit,
> Et Socrate mourant, devina Jésus-Christ.

A côté de cet enthousiasme pour la Grèce des poètes de la Restauration, combien paraît froide l'attitude de ceux de l'année 1897. C'est à peine si nous avons pu recueillir les quelques noms que voici, parmi lesquels d'un seul se distingue, celui d'E. Rostand :

J. d'Arc. *La Crète.* Paris, Dupont, in-16. — A. Caumel Decazis. *Les Voix éplorées de l'Arménie.* Paris, Schmidt, in-8. — Florentin Loriot. *Trois poésies Arméniennes.* Alençon, Renaut-de-Broise, in-8. —, E. Rostand. *Pour la Grèce.* Paris, Fasquelle, in-18.

JULES DE RESSÉGUIER

A

LA MÉMOIRE

DU

BARON MALOUET

JULES DE RESSÉGUIER

LE ROMANTISME eut comme son bataillon sacré dans les poètes qui, dès la première heure, se groupèrent pour fonder le *Conservateur littéraire* (décembre 1819), puis la *Muse Française*, les *Annales romantiques*, ou y collaborer : ce furent Soumet, Guiraud, Saint-Valry, Emile et Antony Deschamps, Jules Lefèvre, aussi Rességuier, dont nous allons parler.

I

Bernard-Marie-Jules, comte de Rességuier, naquit à Toulouse, le 28 janvier 1788, de Louise-Elisabeth-Emmanuel de Rességuier, marquis de Miremont, et d'Anne-Angélique Louise de Chastenet de Puységur. Originaires du Rouergue (1), province comprise dans l'ancienne Gu-

---

(1) Les Rességuier portaient : d'or à un pin de sinople, terrassé du même ; au chef d'azur chargé de trois quintefeuilles d'argent.

yenne, de vieille et noble race, à la fois de robe et d'épée, les Rességuier donnèrent au Parlement de Toulouse un président et son dernier procureur général, à l'ordre de Malte, ce bailli de Rességuier qui, non moins brave la plume que l'épée à la main, fut emprisonné à Pierre-Encise pour des vers contre M*m*e de Pompadour :

> Fille d'une sangsue et sangsue elle-même,
> Poisson dans son palais, sans remords, sans effroi,
> Etale aux yeux de tous son insolence extrême,
> La dépouille du peuple et la honte du roi.

La famille aimait d'ailleurs les lettres et les cultivait. Le président de Rességuier, grand-père de notre poète, mort en 1735, à cinquante-deux ans, avait eu pour maître le P. Vanière — qui a célébré en vers latins le château de Secourieu, où il passait les vacances avec son élève —, fondé l'Académie des Sciences de Toulouse, composé quelques poésies, et laissé en manuscrit une Histoire du Parlement de Toulouse. Par sa mère, née le 30 octobre 1746, il descendait, au troisième degré, du maréchal de Puységur, le célèbre écrivain militaire, mort en 1743 (1).

---

(1) M. A. Falloux (Biographie Michaud), le qualifie de petit neveu du maréchal, mais nous croyons que c'est une erreur. Il en descendait directement. Anne-Angélique-Louise de Chastenet-Puységur était, en effet, fille de Jacques-François-Maxime, marquis de Puységur, comte de Chessy (né le 22 septembre 1716, mort le 2 février 1782), fils du maréchal et de Jeanne-Antoinette-Augustine de Fourci, lieutenant général, et qui avait épousé, le 16 juin 1742, Marie-Marguerite Masson, fille d'un président aux Enquêtes. Cette demoiselle de Puységur était sœur du marquis de Puységur (1751-1825), également lieutenant général, connu par ses écrits sur le magnétisme, et du comte de Chastenet, le marin, (1752-1809). Les Chastenet étaient originaires de l'Armagnac.

Le marquis de Miremont avait vingt-quatre ans lorsque, en 1779, il prit possession des grandes fonctions d'avocat général au Parlement de Toulouse ; il les remplit avec zèle et talent, et y avait acquis assez de réputation pour qu'en 1788, l'année même où il venait de les quitter pour celles de procureur général, il fut appelé à cette Assemblée des Notables qui prépara et réclama la convocation des Etats-Généraux. M. de Miremont était loin cependant d'être un révolutionnaire. Il le montra bien, lorsque le 27 septembre 1790, à Toulouse, il s'opposa, comme procureur général, à la transcription sur les registres de la Cour du décret du 6 septembre qui réorganisait l'ordre judiciaire, c'est-à-dire qui supprimait les Parlements. On était alors à l'époque des vacances, et c'est devant la chambre des vacations que M. Miremont prit la parole ; décrété aussitôt d'accusation, malgré Cazalès qui, à l'Assemblée Nationale, éleva la voix pour le défendre, il n'échappa à la captivité et à la mort que par la fuite. Beaucoup de ses collègues furent moins heureux. A trois reprises différentes, la guillotine, à Paris, se dressa pour eux. L'arrêt avait été rendu dans le sens de ses conclusions. Les signataires, c'est-à-dire les membres de la Chambre des vacations, étaient : les présidents Daspe et de Maniban, les conseillers lais de Bardy, Durigue, Cuesac, Montégut, Firmy, Lafont-Rouïs, de Ségla, d'Escalonne, de Rigaud ; les conseillers clercs de Cambon et de Rey ; et le procureur général Rességuier.

Le 1er floréal an II (20 avril 1794) six magistrats de Toulouse, les conseillers de Segla, de Montégut père, de Balsa de Firmy, de Cuesac, Lafont-Rouïs, et de Rigaud périrent sur l'échafaud, à Paris, le même jour que le président de Rosambo, et treize de ses collègues du Parlement de Paris. Le 14 juin 1794, furent encore exécutés à Paris 26 magistrats toulousains : le premier président Sajot du Pujet, les présidents d'Aigueville et Marquier de Fajac; les conseillers de Senaux, Combette-Caumont, Gaillard, de Reibonnet, Lacaze, Poulhariès père et fils, de Marsac, Cassaigne, de Cazes, de Labroue, de Larroquau, de Blanc, Dubourg, d'Aguin, Molineri de Murols, Miegeville, Savy de Gardeil, Rochefort, Buisson d'Aussonne, Bonhomme-Dupin, d'Héliot de Montégut fils, âgé de 26 ans seulement. Enfin, le 6 juillet suivant, fut complétée l'hécatombe révolutionnaire des magistrats de Toulouse, par l'exécution (toujours à Paris), de vingt et une victimes : le président Daspe et les conseillers de Rey, Bardy, Lespinasse, Blanquet de Rouville, Combette-Labourely, Jugonous, de Poutcharramet, Guiringaud, de Carbon, Lespinasse fils, Dusagnel de Lasbordes, de Valhausy, de Belloc, Lassus-Nestier, de Lamothe, Guillermain, de Mourlous, Tournier-Vailhac, rès, et le substitut Perrey (1).

Bien qu'il fut alors âgé de six ans à peine, Jules de Rességuier connut, non pas comme son père les douleurs de l'exil, mais les horreurs de la captivité. Emprisonné à Toulouse avec sa grand'mère, la présidente de Rességuier, qui sait s'il n'aurait pas eu à répondre du titre de chevalier de Malte de minorité, qu'il portait alors, si la révolution du 9 thermidor ne fut venue mettre fin au régime de la Terreur? Son père, après s'être réfugié d'abord à Vittoria, en Espagne, était rentré secrètement en France, et c'est à Paris qu'il avait vécu caché, pendant que ses anciens collègues montaient sur l'échafaud. Il ne put obtenir sa radiation

---

(1) Voir Wallon, *Hist. du Tribunal révolutionnaire*, t. III et IV, et Poitevin-Peidavi, *Hist. de l'Académie des Jeux-Floraux*, t. II.

fut nommé ministre sans portefeuille, il ne songeait pas encore à entrer au Conseil d'Etat, mais bien plutôt à quelque voyage poétique en Italie, dont tous les conseils, renouvelés du bon La Fontaine, du sage Soumet, ne purent le détourner, comme le prouvent les vers que nous verrons bientôt l'Italie lui inspirer.

Parmi les nombreuses lettres, que de 1818 à 1823 lui écrivit Victor Hugo, et que M. Edmond Biré a eues entre les mains, la première est datée de 1821 ; d'autres lui furent sans doute adressées antérieurement, mais rien n'en a encore été publié. Le 21 mars il lui écrivait, à l'occasion de son ode sur *Quiberon*, qu'il avait adressée à l'Académie des Jeux-Floraux, comme un hommage, puisque le titre de *maître ès-art*, qu'il venait de recevoir d'elle, lui fermait désormais les concours :

« Je serai éternellement reconnaissant à l'Académie de son indulgence. J'ai tâché de lui prouver, en lui faisant, pour l'une de ses séances publiques, une ode sur *Quiberon* que j'aurai incessamment l'honneur d'envoyer à cet excellent M. Pinaud (1), qui aura aussi toujours une bien grande place dans mon affection. »

L'intimité était devenue entre eux assez grande pour que Victor-Hugo ne se fît pas faute de solliciter le patronage de Rességuier en faveur de ses jeunes amis qui ambitionnaient les honneurs de l'Académie Toulousaine : Alfred de Vigny en tête, Saint-Valry, Gaspard de Pons, dont les noms apparaîtront si souvent dans la *Muse Française* et les *Annales Romantiques*; Joseph Rocher à qui Lamartine, son ami, a dédié sa belle ode l'*Enthousiasme*, et que la magistrature disputa trop tôt à la poésie; F. Durangel, ce Protée qui, sous les

---

(1) Secrétaire perpétuel de l'Académie des Jeux-Floraux, conseiller à la Cour de Toulouse. Voir Biré, *Victor Hugo avant 1830*, p. 131.

multiples pseudonymes où il s'est plu à dérouter la renommmée, — *Durand, Durand de Vrandaulmon, Holmondurand, Madurange,* — est devenu comme insaisissable, etc. Relevons dans cette correspondance les passages qui les concernent, comme un témoignage de ces amitiés d'alors, auxquelles Rességuier, qui les avait adoptées, resta plus fidèle que Victor Hugo :

1821, 21 mars. — « Vous êtes sans doute en ce moment occupé du concours; permettez à un vieux combattant réformé de vous recommander des athlètes en présence desquels il n'aurait sans doute pas vaincu. J'appellerai votre attention sur l'élégie de *Symétha*, d'un jeune poète dont Soumet vous a sans doute parlé, de notre ami Alfred de Vigny; sur celle du *Convoi de l'émigré*, par M. Saint-Valry, sur l'ode relative aux *Troubles actuels de l'Europe*, par Rocher, sur le poëme de la *Naissance de Henri IV*, et sur le discours relatif aux genres *romantique* et *classique* de M. Gaspard de Pons. Je ne veux ni ne dois vous donner mon avis sur chacun de ces ouvrages en particulier; je me contenterai de vous dire que leurs différents auteurs ont, selon moi, des talents fort inégaux.

1821, 17 avril. — « Une douloureuse nouvelle en forçant M. Rocher de quitter la capitale et de retourner dans le sein de sa famille, m'a empêché de vous écrire plus tôt, pour vous marquer sa réponse et vous remercier de votre charmante lettre, mais beaucoup trop flatteuse, J'ai été, s'il faut l'avouer, surpris de la sévérité de l'Académie qui m'avait donné tant de preuves d'indulgence. Je croyais que M. Rocher obtiendrait un prix. Pour lui, avec toute la modestie du talent, il s'est montré satisfait de la décision.» (1)

1822, 17 janvier. — « J'enverrai peut-être cette année à l'Académie une ode sur le *Dévouement dans la Peste*. Au moins ne renfermera-t-elle aucun sentiment politique... Me permettez-vous de vous adresser quelques poètes qui désirent

---

(1) La pièce de J. J. Rocher, insérée dans le Recueil de l'Académie, était l'*Immortalité de l'âme*.

concourir aux Jeux-Floraux et n'ont pas de correspondant ? Un bien jeune homme, M. F. Durand, auteur du *Jeune poète mourant,* et envers qui l'Académie a au moins beaucoup de sévérité à réparer, m'a fait parvenir une ode pleine de talent, le *Détachement de la terre,* qui, après quelques corrections, sera, selon moi, très digne d'une couronne. »

1822, 25 février. — « Mon cher et bien aimable ami, je m'empresse de répondre à vos lettres, parce que je ne dois pas recevoir de vous d'aussi grand plaisir sans qu'un peu de de la reconnaissance que j'en éprouve ne vienne jusqu'à vous. Et puis, du moment où vous voulez bien attacher quelque attention à mon estime pour le talent plein d'espérance de Durand, je ne dois pas oublier que le concours est ouvert et qu'une voix amie peut quelquefois contribuer un peu, du milieu de la foule, au triomphe d'un athlète... L'Institut, livré aux médiocrités, laisse entière à l'Académie des Jeux-Floraux, la noble tâche d'encourager les jeunes talents comme le sien... (1) Permettez-moi de vous reparler maintenant du plaisir que m'ont fait vos lettres, à la lecture desquelles je reviendrai souvent je vous assure, toutes les fois que je sentirai le besoin d'entendre une voix de consolation et d'amitié. J'ai peine à croire, comme vous, que nous ne nous soyons jamais vus ; deux amis se parlent de loin. D'ailleurs, on peut aimer un ami comme on aime les choses du ciel qu'on adore et que nos yeux ne connaissent pas... Je suis confus de vos éloges que je ne mérite pas et bien heureux de votre amitié que je mérite, si l'amitié paye l'amitié... Je vous enverrai une ode quand vous voudrez ; mais de grâce, accablez-nous de vers, de prose, de commissions. Je vous aime comme j'aime Soumet, comme Soumet vous aime. »

1822, 3 avril. — Maintenant elle vous appartient (l'ode du *Dévouement*) ; donnez-lui le titre qu'il vous plaira. Je l'ai intitulée *Barcelone* afin de la rattacher aux événements récents, quoique le sujet soit réellement le type moral, et par conséquent lyrique, *le Dévouement dans la Peste...* J'apprends avec une joie extrême que Durand est couronné. Il me tarde de voir son ode telle qu'il l'a corrigée. Je lui en veux un peu de

---

(1) La pièce de F. Durangel fut couronnée.

ne m'en avoir pas reparlé ; mais je lui pardonne tout, puisqu'il triomphe. Un autre ouvrage de M. Saint-Valry a été également couronné. Le poète est de ma connaissance, et son succès m'a fait grand plaisir. »

1822, 19 avril. — Je suis heureux de l'indulgence avec laquelle vous avez jugé mes odes ; elle vient de votre amitié ; mais je suis confus de l'embarras que vous donne le *Dévouement dans la Peste*. Vous êtes bien aimable, bien bon, mais aussi bien sincèrement et bien tendrement aimé, de moi du moins, parmi bien d'autres. Je suis enchanté que vous ayez bien voulu être le parrain de cette ode. Je l'aime mieux depuis que vous lui avez donné un titre de votre choix. Pourquoi, mon ami, n'avez-vous touché qu'au titre ? »

Le concours de l'Académie des Jeux-Floraux de 1821, a trouvé un historien et un critique dans un écrivain auquel on ne s'attendrait pas. Ce fut Victor Hugo lui-même, qui en rendit compte dans les *Annales de la Littérature et des Arts*, où son article est signé Victor M. Hugo. Il y parle d'abord des pièces de vers : le *Poète*, du chevalier de Fourcy, ode « qui prouve beaucoup de talent dans son auteur » ; *le Jeune poète mourant*, de M. F. Holmon-Durand *(Durangel)*, dont il dit : « ces strophes si vraies, si touchantes, viennent de l'âme ; il suffit de ce peu de vers pour donner une très haute idée du talent de M. Durand »; l'*Epitre aux Muses*, de M. Châtillon, qui remporta le prix, et « prouve à la fois un talent flexible et des sentiments français » ; l'*Epitre à un poète*, de Charles de de Saint-Maurice ; l'*Immortalité de l'âme*, de Joseph Rocher, « qui, nous jette dans l'embarras des citations », et, ajoute-t-il, « nous regrettons, pour le lecteur, pour l'auteur et pour notre propre satisfaction, de ne pouvoir extraire que peu de fragments d'un ouvrage où chaque vers porte l'empreinte d'un talent élevé et religieux ; poëme, enfin, qui, brillant d'images et d'harmonie, promet aux lettres un homme religieux, et à la religion un poète. » Il aborde ensuite les pièces dues aux académiciens eux-mêmes, MM. Carré, d'Aguilar, Mgr de Clermont-Tonnerre, archevêque de Toulouse, Lamothe-Langon, et de Rességuier ; de son ode, *Quiberon*, parue dans le même recueil, il se tait naturellement, sauf pour relever une faute typographique : » *Amis*, on va vous rendre enfin une patrie », au lieu de *Bannis*. Quant à Jules de Rességuier qui y figurait pour son éloge de M. Poitevin-Peidavi, l'ancien secrétaire perpétuel de l'Académie, et pour deux poëmes, *Glorvina*, dont nous aurons bientôt à parler, et la *Mort d'une Fille de village*, voici ce que l'auteur des *Odes et Ballades* en dit :

« Son discours, écrit avec une élégance soutenue et une pureté rare, est toujours intéressant et souvent éloquent. Le passage où il raconte la mort de M. Poitevin est d'une grande beauté... La *Mort d'une Fille de village* est également remplie de charme et d'harmonie... Les vers où le poète peint le désespoir du jeune fiancé, touchent vivement. L'élégie charmante de M. de Rességuier, que les *Annales* ont dernièrement publiée, suffisait pour donner aux lecteurs une idée de ses jolis vers. Nous avons voulu leur faire connaître son excellente prose ; car M. le comte de Rességuier n'est pas comme beaucoup de poètes de ce temps, dont on connaît la prose quand on a lu les vers. » (1)

Jules de Rességuier admirait très sincèrement Victor Hugo. En même temps qu'il se chargeait de présenter à l'Académie des Jeux-Floréaux ses deux odes *Quiberon* et le *Dévouement*, et qu'il simplifiait heureusement le titre de cette dernière en lui donnant celui qu'elle a gardé définitivement dans les *Œuvres complètes* du poète, il le célébrait aussi en vers dans une de ces séances du *Capitole* dont on parlait plus qu'aujourd'hui. En effet, dans l'*Ode à Clémence Isaure*, qu'il récita publiquement,

---

(1) *Annales de la Littérature et des Arts*, 1821, t. III, p. 379.

le 23 mai 1822, devant l'Académie des Jeux-Floraux, se trouve cette strophe :

> Il vient ce jeune Hugo s'essayer à combattre
> Sous ton poétique drapeau.
> Il couvre d'un laurier la tombe d'Henri Quatre
> Non loin de son royal berceau.

Victor Hugo l'en remercia ainsi :

1822, 26 mai. — « J'étais à la campagne, mon cher Jules, quand votre aimable lettre et votre ode charmante sont arrivées chez moi. J'ai lu avec un vif sentiment de plaisir et de reconnaissance cette petite pièce remplie de grâce et de douceur, dans laquelle je n'ai trouvé qu'une stance, ou pour mieux dire qu'un mot de trop. Cette stance cependant m'est bien précieuse, parce qu'elle m'a prouvé que mon souvenir était quelquefois près de vous, même au sein de l'inspiration poétique. »

Dans le ton de cette lettre on a remarqué quelque chose de plus tendre : c'est que la douleur, qui rapproche si souvent les cœurs et resserre les amitiés, venait d'éprouver cruellement le poète des *Odes et Ballades* : le 27 juin 1821, il avait perdu sa mère, et, il sentait déjà Jules de Rességuier assez ami, pour lui écrire, en juillet, ces lignes touchantes :

» Les journaux vous ont peut-être appris mon affreux malheur. J'ai perdu ma mère. Depuis longtemps j'aurais à me reprocher de n'avoir pas répondu à toutes vos honorables marques d'amitié, sans la maladie, sans la mort qui l'ont enlevée. Vous n'avez pas connu, monsieur le Comte, cette noble mère, dont je ne vous parle pas parce que je n'en saurais parler assez dignement, mais je ne doute pas que vous ne partagiez ma douleur, et vous me plaindrez beaucoup si vous me plaignez comme je vous aime (1).

---

(1) Victor Hugo *Correspondance*. Paris, Calmann Lévy, 1896, t. I, p. 16. — Mme Hugo, quand elle mourut, habitait avec son fils, rue Mézières, n° 10.

La part, qu'en cette année même Jules de Rességuier prit à la rédaction du *Conservateur littéraire*, revue fondée en décembre 1819, par Victor Hugo et son frère Abel, avait dû d'ailleurs contribuer aussi à rendre leurs rapports plus intimes. Dans les premiers mois de 1821, ce Recueil avait publié de Rességuier une élégie dans le genre ossianesque, encore en vogue, intitulée *Glorvina*, (tome III, pp. 289-290). Elle était accompagnée de cette note de la rédaction :

Ces vers dont nos lecteurs apprécieront la grâce et l'élégante facilité, nous sont envoyés de Toulouse, la seule ville de France, peut-être, où la poésie partage encore l'attention publique avec la politique. Il est juste d'ajouter que M. le comte de Rességuier, membre de l'Académie des Jeux-Floraux, est un des poètes qui y cultivent les lettres avec le plus de talent et de distinction (1).

Jules de Rességuier s'y était révélé avec éclat : et, quand la revue eut cessé de paraître, Victor Hugo, voulant sans doute rendre plus durable le souvenir de cette collaboration, lui en adressa à Toulouse la collection complète, c'est-à-dire les trois volumes. La lettre où il lui annonce cet envoi, est toute pénétrée encore des sentiments douloureux dont témoignait la précédente :

7 novembre 1821. — « ... Pourquoi faut-il qu'après les grandes souffrances de l'âme viennent encore une foule de petits chagrins insipides, de mesquines contrariétés qui ne permettent même pas de se reposer dans le désespoir ? J'ai

(1) *Le Conservateur littéraire* cessa peu après de paraître, à la fin de mars 1821.

eu bien des dégoûts de ce genre, mon cher et excellent ami (permettez-moi de réclamer ce titre que vous m'avez donné et qui m'est bien précieux) ; j'ai passé par tous les degrés de cette grande échelle de malheur, et cependant jamais, dans les peines les plus vives comme dans les soucis les plus monotones, je n'ai songé sans une véritable douceur aux consolations de votre amitié... Je profite d'une occasion que m'offre notre cher A. Soumet pour vous faire passer avec cette lettre les trois volumes du *Conservateur littéraire* ; c'est un de mes exemplaires dont je vous prie d'excuser l'extérieur inculte... Vous avez sans doute fait de bien jolis vers, que je ne connais pas ; si vous étiez assez bon pour m'en envoyer, j'en serais reconnaissant comme d'une faveur, et touché comme d'une preuve d'amitié. » (1)

L'année 1822 fut une année décisive pour Jules de Rességuier et ses amis ; c'est celle où il publie son *Ode à Clémence Isaure* dans les *Annales de la Littérature et des Arts*, et la *Consolation d'une mère* dans l'*Almanach des Dames* ; où Victor Hugo donne la première édition de ses *Odes* ; où Soumet a presque le même jour son double succès de *Clytemnestre* et de *Saül* (7 et 9 novembre) ; où Guiraud fait applaudir ses *Macchabées* (14 juin). Tout cela, sans parler des Jeux-Floraux qu'on n'oublie ni ne néglige, se retrouve avec une vivacité singulière dans les lettres que, de plus en plus souvent, Rességuier reçoit de Victor Hugo, et où nous relevons les passages suivants :

1822. 17 janvier. — « Alexande [Soumet], qui est toujours malade ou paresseux, a cependant terminé son *Saül*, que je préfère à sa *Clytemnestre*, que je préfère à tout ce qui a paru sur notre scène depuis un demi-siècle... Je désirerais vivement que *Saül* fut joué le premier ; cet ouvrage entièrement original, sévère comme une pièce grecque et intéressant comme un drame germanique, révèlerait du premier coup

(1) Victor Hugo, *Correspondance*, t. I, p. 22.

toute la hauteur de Soumet... Et vous, que faites-vous au pays des troubadours ? Soumet m'a montré des vers charmants que vous lui avez envoyés dernièrement. En ouvrant l'*Almanach des Dames*, j'ai été agréablement surpris d'y rencontrer votre élégie, si touchante et si gracieuse, la *Consolation d'une mère*. » (1)

C'est au mois de juin 1822 que parut le premier volume de vers de Victor Hugo, les *Odes et Poésies diverses*, Paris Pélicier. Dans la distribution d'exemplaires qu'il fit à ses amis, l'auteur n'oublia pas Jules de Rességuier ; au mois de juillet il lui écrit, après lui avoir adressé celui qui lui était destiné :

« Vous devez bien m'en vouloir, cher ami, de n'avoir reçu que mon recueil, quand je vous promettais les vers ravissants de Michol (2), mais vous savez un peu comme est notre Alexandre Soumet ; il fait d'admirables poésies et ne se doute pas que ses amis peuvent en être avides. Maintenant il est à Passy et moi à Gentilly, il court sans cesse à cause des répétitions de sa *Clytemnestre*, la Muse seule sait où le trouver... Votre ode charmante a vu le jour dans les *Annales* (3) et j'ai été aussi confus de votre amitié que fier de votre talent. Les journalistes n'ont pas encore honoré d'un article mon pauvre recueil ; ils attendent, m'a-t-on dit, des sollicitations, des louanges. Je ne puis croire qu'ils fassent cet affront à moi et à eux-mêmes. » (4)

A peu près vers la même époque, Jules de Rességuier entrait avec ardeur, ainsi que d'autres poètes, amis de Victor Hugo, qu'on peut appeler les premiers chevaliers ou les premiers tenants du romantisme, dans une entre-

---

(1) Victor Hugo, *Corresp.*, t. I, p. 25.
(2) Personnage de la tragédie de *Saül*.
(3) Les *Annales de la Littérature et des Arts*, où avait paru l'*Ode à Clémence Isaure*.
(4) Victor Hugo, *Corresp.*, t, I, p. 29.

prise qui donnait un successeur au *Conservateur littéraire*, disparu au commencement de l'année précédente : ce fut la *Muse Française*. A côté des noms des trois frères Hugo et de Rességuier, s'y rencontrent ceux de Saint-Valry, du comte Gaspard de Pons, d'Ulric Guttinguer, de Jules Lefèvre, etc., etc. Dans le premier volume de 1823, Jules de Rességuier y donna, une remarquable pièce de vers, aux brillantes couleurs, l'*Odalisque*, un des premiers essais où la poésie romantique se soit inspirée des images de l'Orient (tome I, p. 85-87). Un peu après, il apparaissait comme prosateur, dans *Un Samedi au Louvre* (tome I, p. 273-281). Dans cet article, il ne s'agissait ni de tableaux, ni d'art, mais d'industrie. Il avait été écrit à l'occasion de l'Exposition de l'Industrie qui avait eu lieu cette année. Le Louvre avait prêté ses salles aux exposants, bien peu nombreux, si on les compare à ceux de l'avenir. Jules de Rességuier s'y montrait l'homme d'infiniment d'esprit, le causeur merveilleux, qu'il était dans le monde.

Mais quand il écrivait cette fine causerie, il n'habitait plus Toulouse ni Sauveterre : vers la fin de 1822, il s'était établi à Paris, où l'appelaient les fonctions de maître des requêtes au Conseil d'Etat, auxquelles il venait d'être nommé. Cette nouvelle avait été accueillie avec la plus grande joie par ses amis du romantisme, et Victor Hugo avait ainsi salué sa venue :

1822, 6 septembre. — « Qu'est-ce que Durand m'écrit donc, mon ami ? Faut-il croire à ce bonheur ? Vous allez venir à Paris et je n'en sais rien par vous... Heureusement, j'ai à Marseille un ami pour m'informer de ce que fait un autre ami bien cher à Toulouse... Ecrivez-moi du moins, Jules, pour me confirmer cette bonne nouvelle. Je l'ai donnée à Soumet comme certaine. J'ai la crédulité pour ce qui me fait plaisir. Cependant je ne crois pas à toute votre aimable lettre;

j'ai vu avec joie qu'elle était pleine de louanges, parce que toute cette louange est de l'amitié. Il y a dans cette lettre un épanchement qui m'a bien touché. Vous m'y parlez d'un ange que notre Alexandre m'avait déjà fait connaître, d'un ange qui vous aime et que j'aime de vous aimer. J'ai envoyé votre lettre à Guiraud, qui était déjà reparti pour Limoux quand je l'ai reçue... Soumet va être joué presque à la fois aux deux théâtres, c'est-à-dire qu'il va obtenir deux triomphes. Il a fait à son chef d'œuvre, *Saül*, de très beaux changements... Soumet a été charmé de votre mot. » (1)

Quel est l' « ange » dont il est parlé dans cette lettre ? Madame la comtesse de Rességuier, sans nul doute, qui le resta toujours pour le mari dont elle fit le bonheur, et pour les enfants adorés qui grandissaient sous ses tendres et anxieux regards.

III

Etabli à Paris vers la fin de 1822, Jules de Rességuier ne devait le quitter qu'en 1840 ou 1842. Ces quelque vingt années vécues en plein mouvement littéraire, furent celles aussi où il publia le plus, sans dépasser cependant la mesure qui convenait à son talent rebelle aux productions hâtives. Et d'abord, à la *Muse Française* sa collaboration devint plus active. Dans le second volume de cette revue (1824), on trouve de lui trois pièces de vers de tons très variés, mais toutes très remarquables :

Le Punch, ode., p. 40,41, en strophes de 8 vers de 7 pieds.
L'Étoile, p. 216 :

Déjà de feux brillants tout le ciel étincelle.

---

(1) Cette lettre a été publiée d'abord par Ed. Biré, dans *Victor Hugo avant 1830*, p. 339, puis dans la *Correspondance* de Victor Hugo, p. 35, où elle est datée de 1823, à tort, puisqu'il y est question de la première représentation de *Saül* qui est de 1822. Tout le passage relatif à F. Durand ou Durangel y est supprimé.

Élégie, p. 269-2670 :

<blockquote>Jeune vierge, vers vous quel intérêt m'attire?</blockquote>

En prose, il y inséra un intéressant article de critique littéraire, sur les « *Poèmes et Chants*, par M. Alexandre Guiraud, 1 vol. in-12, chez Boulland, rue du Battoir, n° 12, et chez Ladvocat, Palais-Royal ».

La *Muse Française* ayant cessé de paraître cette année même, ce fut aux *Annales romantiques* qu'il passa comme la plupart des amis de Victor Hugo. Nous trouvons son nom dans le volume de 1825.

L'année suivante (1826), parut chez Tastu le *Convoi d'Isabeau de Bavière*, in-8, de 8 pages, le plus long poème qu'il eût encore composé.

Deux ans plus tard, il publia son premier recueil poétique, annoncé dans la *Bibliographie de la France*, du 5 janvier, n° 105 :

Tableaux poétiques, | par | le Cte Jules de Rességuier, | Paris, | Urbain Canel, | rue Saint-Germain-des-Prés, n° 9, | 1828, in-8° (1).

Imprimerie de Balzac. Prix : 6 francs.

<blockquote>2 ff. n. ch. pour le titre et le faux titre, dont le verso porte : Imprimerie de H. Balzac, rue des Marais S. G., n° 17. Plus 255 pp. ch. y compris la table. Avec deux gravures en taille douce, hors texte : *La Bayadère, Ondine*, placées, la première, en face le titre, la seconde en face la p. 15; l'une et l'autre signées : *Le Vte de Senonnes, del^t; Ad. Godefroy, sculp^t*. Le titre est orné d'un fleuron (une couronne de laurier). — L'impression en est fort belle, les caractères très nets. Chaque pièce est précédée d'un faux titre, dont le verso porte une épigraphe ; et en général terminée par un cul-de-lampe représentant une rose ou une tête d'ange.</blockquote>

---

(1) Bibl. Nat., Invent,, Ye. 3241. Reliure aux armes du duc d'Orléans. L. P. couronné sur le dos. La même année (n° 1477), parut une 2ᵉ édition, mais qui n'était que le reste des exemplaires de la 1ʳᵉ avec de nouveaux titre et faux-titre.

La même année avaient paru : le *Voyage en Grèce*, de Pierre Lebrun ; les *Études françaises et étrangères*, d'Émile Deschamps ; le *Napoléon en Égypte*, de Barthelémy et Méry ; le *Dernier jour de Pompéï*, de Delphine Gay.

Ce recueil comprend quarante pièces, disposées dans l'ordre suivant :

A Alex. Soumet, vers de 12 pieds. Épigraphe :

> C'est pour la vérité que Dieu fit le génie.
> A. DE LAMARTINE.

Ondine, vers de 12, de 10 et de 8 pieds. Épigr. :

> Pour achever de vivre elle attendait l'amour.

Le Voile, vers de 12 et de 6 pieds. Épigr. :

> O qui que vous soyez, ou mortelle ou déesse,
> Si l'Olympe vous compte au rang des immortels,
> Voyez un suppliant embrasser vos autels !
> Prêtez à mon malheur votre divin auspice ;
> O qui que vous soyez, devenez-moi propice.
> PICHALD.

Le Convoi d'Isabeau de Bavière, vers de 12 pieds. Épigr. :

> Ah ! de tous les malheurs, le crime est le plus grand ;
> Le crime dont l'aspect t'irrite et t'importune,
> A besoin de pitié plus qu'une autre infortune !
> ALEX. SOUMET.

Paru d'abord séparément, Paris, Tastu, 1826.

L'Étoile, vers de 12 pieds. Épigr. :

> J'ai toujours trouvé que le ciel avait une véritable physionomie tantôt paternelle, tantôt irritée, et ce soir il condamnait notre amour.
> Mme DE STAEL.

Paru d'abord dans la *Muse française*, t. II (1824), p. 216.

Le Charme, vers de 12 pieds. Épigr. :

> Il est des jours de paix, d'ivresse et de mystère,
> Où tout le cœur savoure un charme involontaire.
> Victor Hugo.

La Jeunesse, vers de 12 pieds. Épigr. :

Je fus ingrate envers la Providence en n'étant pas heureuse.
Mme la D^{esse} de Duras.

Le Bal, vers de 12 pieds. Épigr. :

Et ne vous faites pas illusion, Monsieur : si l'on vous voit venir avec plaisir au bal, c'est que vous faites partie du bal, et que vous êtes par conséquent une fraction de sa nouvelle conquête.
Le Cte Xavier de Maistre.

Delphine. A Mlle Delphine Gay, vers de 12 pieds. Épigr. :

> Une grâce enivrante à sa beauté se mêle,
> Et ses chants inspirés sont gracieux comme elle.
> Déjà d'une couronne ornant ses blonds cheveux,
> Son jeune et beau génie a fait plus que nos vœux.
> Belmontet.

Delphine à la coupole de Sainte-Geneviève. Vers de 12 et de 8 pieds. Épigr. :

> Un céleste pouvoir secondait mes efforts ;
> Le Seigneur m'inspirait ; sa divine lumière
> Embrasait de ses feux mon âme toute entière.
> Mlle Delphine Gay.

Avec cette note :

Mlle Delphine Gay a récité les beaux vers de son hymne à Sainte Geneviève, sous le dôme même où les chefs-d'œuvre de M. Gros retracent les principales époques de la Monarchie.

La Source des Montagnes. Vers de 12 pieds. Épigr. :

> Des chênes ébranlés mutilant les racines,
> Puissent les noires torrens, dont le cours inégal
> Dans un lit de gravier gronde au pied des collines,
> Ne jamais obscurcir ton paisible cristal.
> Casimir Delavigne.

Le Pèlerin, imité de Walter Scott. Vers de 12 et de 10 pieds. Épigr. :

> Tel est des livres saints l'enseignement suprême;
> Qu'un ange suit le pauvre et veille sur ses pas.
> Qu'un refus est là-haut puni comme un blasphème;
> Qu'un cri de faim maudit tous ceux qu'il n'émeut pas.
>
> ALEX. GUIRAUD.

Paru d'abord dans les *Annales de la Littérature et des Arts*, 1822, t. III, p. 11-12.

Le Passé. Strophes de 8 vers de 10 pieds. Épigr. :

> Je regarde à présent la vie
> Comme un lieu que j'aurais quitté.
>
> Mme DESBORDES VALMORE.

L'Infidèle. Strophes de 4 vers, de 12 pieds. Épigr. :

> Et ne le vois-tu pas, dans son ennui mortel,
> Accablé de succès, de faveurs méprisées,
> Changeant sans cesse et d'idole et d'autel,
> Succomber sous le poids de ses chaînes brisées.
>
> Mme SOPHIE GAY.

La Bayadère. A Émile Deschamps. Vers de 12 pieds. Épigr. :

> Le mérite en repos s'endort dans la paresse.
>
> BOILEAU.

La Fête. Vers de 12 pieds. Épigr. :

> Voudrait-on chanter vos louanges ?
> Autant vouloir flatter des anges :
> La lyre humaine n'y peut rien.
> Sur la terre, mal célébrée,
> Contentez-vous d'être adorée,
> Et, pour cela, vous l'êtes bien.
>
> EMILE DESCHAMPS.

Les Troubles. Vers de 12 pieds. Épigr. :

> Un songe, un rien, tout lui fait peur.
>
> LA FONTAINE.

L'Odalisque. Strophes irrégulières de 12 et de 8 pieds. Épigr. :

> Déïphère, trop émue pour goûter les douceurs du sommeil, était

assise près d'une fenêtre à grillage d'or ; et s'accompagnait avec le psaltérion, elle chantait cette Casside sur le mode Nava, dont on se sert en Asie pour pleurer l'absence des amans.

MARCHANGY.

Paru d'abord dans la *Muse Française* (1ᵉʳ août 1823, t. I, p. 85-87), puis dans les *Annales Romantiques* de 1825, p. 257, avec cette note : « Cette élégie est tirée de la *Gaule Poétique* ».

Le Schall. Vers de 12 pieds. Épigr. :

Le schall qui est en même temps si antique et si propre à être dessiné de tant de manières, drape, voile, cache tour à tour la beauté et se prête aux plus séduisantes expressions.

Mᵐᵉ DE KRUDNER.

L'Amour. Vers de 12 pieds. Épigr. :

. . . . Et, faibles que nous sommes,
C'est toujours cet amour qui tourmente les hommes.

ANDRÉ CHÉNIER.

Le Souvenir. Vers de 12 pieds. Épigr. :

Je n'aime entre les jours que ceux qui sont passés.

A.-S. SAINT-VALRY.

Sa Fuite. Vers de 12 pieds. Épigr. :

Et j'ai vu fuir la paix de mon âme charmée,
Et les plaisirs si purs, et leur coupe embaumée.

Mᵐᵉ A... D....

Clémence Isaure.. Strophes de 4 vers, de 12 pieds. Épigr. :

Son suffrage est la gloire ! Et même l'on prétend
Que du gai troubadour secondant le délire,
Parfois sa jeune main a fait vibrer la lyre.

ANCELOT.

Paru dans les *Annales* de 1822, t. VII, p. 406-407.

Le Secret. Strophes de vers de 12 et de 8 pieds. Epigr. :

. . . . Quel bonheur peut valoir
Le charme d'ignorer ce qu'on cherche à savoir.

JULES LEFÈVRE.

La Crainte. Strophes de 5 vers, de 8 pieds. Epigr. :

> Son cœur n'ose sentir, ni son âme penser.
> BRIFAUT.

L'Empressement. Strophes de 8 vers, de 8 et de 4 pieds. Epigr. :

> Heureux de ses regards, heureux d'être auprès d'elle !...
> DUCIS.

La Promenade du soir. Vers de 12 pieds. Épigr. :

> Mais la lune se lève, et de son char d'opale
> Sur ses charmes trahis verse un jour doux et pâle.
> F.-A. PARSEVAL.

Invocation. Strophes irrégulières, vers de 12 pieds. Épigr. :

> Un jour pour le bonheur j'ai cru que j'étais né.
> G. DE PONS.

La Villageoise. Strophes de 8 vers, de 8 pieds. Épigr. :

> Oui, cette pauvreté, si vile aux yeux du monde,
> Est si chère à mon cœur, que je ne voudrais pas
> L'échanger pour le sceptre et l'or des potentats.
> BAOUR-LORMIAN.

Le Pêcheur. Strophes de 8 vers, de 8 et de 12 pieds. Epigr. :

> Ah ! qu'importe le sort, si ta main caressante
> S'appuie au gouvernail de ma nef inconstante.
> M{me} TASTU.

La Mort d'une Fille de Village. Strophes irrégulières, de 12 et de 8 pieds. Épigr. :

> Elle tomba; le prêtre, au sein d'un noir asile,
> Emporte, belle encore, la dépouille immobile.
> H. DE LATOUCHE.

La Consolation d'une Mère. Vers de 12 pieds. Épigr. :

> Oh ! comme avec orgueil ton regard enchanté
> Voit sa beauté naissante éclipser ta beauté.
> MILLEVOYE.

Ce fut d'abord dans les *Annales*, t. III, p. 268, et dans l'*Almanach des Dames* de 1822, que parût « cette élégie, si touchante et si gracieuse », comme écrivait Victor Hugo à l'auteur.

L'Adolescence. Strophes de 8 vers, de 8 pieds. Épigr. :

> Elle était à cet âge, où le cœur sans alarmes
> Au doux besoin d'aimer s'abandonne aisément ;
> A cet âge où l'amour est un enchantement.
> Ed. Mennechet.

La Fille de la Légion d'honneur. Vers de 12 pieds. Épigr. :

De tous les monuments élevés pour immortaliser la gloire du règne de Louis XIV, les deux édifices pieux et augustes où la valeur d'un côté, et la noblesse du sexe de l'autre, trouvèrent jusqu'à la fin des ressources sûres et publiques, sont les titres qui lui répondent le plus des éloges et des actions de grâce de la postérité.
Massillon

La Croix d'or. Strophes de 8 vers, de 8 pieds. Epigr. :

> Belle sans ornement. . . . .
> Racine.

Le Punch. Strophes irrégulières, de 12, de 8, et de 6 pieds. Épigr. :

... La journée du lendemain ramenait les mêmes choses, et nous la regardions encore comme un bienfait.
Le Cte de Forbin.

Paru d'abord dans la *Muse Française*, t. II (1824), p. 40-41.

L'Abeille et les Mouches. Vers de 12 et de 8 pieds. Épigr. :

Si l'homme qui n'a pas d'éducation n'est pas laborieux, s'il mène une vie oisive, il est bien difficile qu'il soit vertueux.
Mme la C^{esse} de Genlis.

En note :

Cette pièce fait partie du Recueil de fables russes publié par le comte Orloff.

La Dernière Espérance. Vers de 12 et de 8 pieds. Épigr. :

> Dites-moi, dites-moi surtout, si son âme est dépouillée, dans sa nouvelle vie, de tous les souvenirs de sa vie passée, si elle pense toujours à moi, et si quand je prononce son nom, ma plainte va jusqu'à son cœur.
>
> Ch. Nodier.

La Harpe de Glorvina. Strophes irrégulières, de 12, de 10 et de 8 pieds. Épigr. :

> C'est la religion qui fait gémir, au milieu de la nuit, la vestale sous ses dômes tranquilles, c'est la religion qui chante si doucement au bord du lit de l'infortuné.
>
> Chateaubriand.

Paru d'abord dans le *Conservateur littéraire*, t. III, 28ᵉ livr. (1821), avec la note citée plus haut :

A***. Vers de 12 pieds. Épigr. :

> C'est une femme, un ange à la forme charmante ;
> Car ce peuple d'Esprits, cette famille aimante,
> Qui pour nous, près de nous, prie et veille toujours,
> Unit sa pure essence en de saintes amours.
>
> Alfred de Vigny.

Beaucoup de pièces de ce premier recueil sont des élégies, et leur ensemble forme comme un roman d'amour : telles, la *Fête*, les *Troubles*, le *Schall*, l'*Amour*, le *Souvenir*, *Sa Fuite*, le *Secret*, l'*Empressement*, la *Promenade du soir*, *Invocation*, l'*Adolescence*. Ainsi, pendant une absence, à l'anniversaire de la fête de celle qu'il aime, voici les vœux qu'il forme :

> Je ne sais pas vouloir qu'on t'aime davantage...
> Mais je voudrais, le soir, quand tes pas adorés
> Volent sur les parquets de nos salons dorés,
> Quand la foule est ravie, autour de toi pressée,
> Je voudrais être, alors, présent à ta pensée ;
> Quand tes beaux yeux sont clos sous un sommeil léger,
> A tes songes heureux n'être pas étranger.

> Quand le soleil couchant dans les flots étincelle,
> Je voudrais, sur mon lac, conduire ta nacelle ;
> Que ton voile essuyât les pleurs des saules verts,
> Et que ta voix se plût à répéter mes vers.

Ces vœux furent exaucés, car dans une autre pièce, c'est en rappelant le passé et ses doux souvenirs que le poète trace le tableau du lac où il promenait ses amours « en tresses blondes ». La partie décorative de ces vers a beaucoup vieilli ; l'écharpe, les tresses, et tout ce costume des élégantes de la Restauration, nous les gâtent un peu ; mais ils ont de l'harmonie, et on y sent au fond un sentiment vrai.

> C'est là qu'avec ses chants, ses magiques paroles
> Un ange descendit sur nos blanches gondoles ;
> Et depuis, ô mon lac, couché sur vos roseaux,
> J'écoute avec amour le doux bruit de vos eaux ;
> Car sous les pleurs du saule, au miroir de vos ondes,
> J'ai vu légèrement jouer ses tresses blondes ;
> De nos cœurs, de vos flots nous suivions les penchants,
> Et votre écho fidèle a répété ses chants.
> Son écharpe d'azur flottant avec ma voile ; ....
> Mais ses cheveux flottans, son écharpe légère,
> Elle a tout emporté sur la rive étrangère :
> Elle a tout emporté ! Non, non ; et sur ces bords
> Les vents ont retenu ses magiques accords.
> Le doux parfum des fleurs à nos sens la rappelle,
> Et l'air que l'on respire a quelque chose d'elle (1).

Ces amours nous paraissent avoir eu pour théâtre, les vallées des Pyrénées, avec leurs hauts sommets à l'horizon, aux environs de Bagnères-de-Bigorre.

Cette gracieuse figure « aux blondes tresses » s'enveloppait d'un châle dont le tissu léger semblait plutôt un

---

(1) *Le Souvenir.*

nuage laissant entrevoir la déesse, qu'un vulgaire vêtement. Le châle jouait un grand rôle alors dans l'élégance féminine :

> De ton corps élégant pour marquer les contours,
> Les bergères, le soir, en chantant leurs amours
> Forment légèrement ces tissus que Barèges
> Colore dans ses fleurs et blanchit dans ses neiges...
> Lorsque tu pars voilée et prends ton jeune essor,
> Tes grâces sous ton schall te trahissent encor...
> De peur que trop d'éclat n'éblouisse mes yeux,
> J'aime qu'un doux nuage obscurcisse les cieux ;
> J'aime que le lin pur et les gazes modestes
> Amortissent le feu de tes regards célestes ;
> Que les mobiles plis des légers vêtements
> Dessinent tous tes pas et tous tes mouvements ;
> Et que tes traits divins, se cachant à la terre,
> Soient, ainsi que ton cœur, un étonnant mystère (1).

Ces sentiments, à la fois très passionnés et très éthérés, ces écharpes, ces gazes, ces ceintures, ce décor de lacs, de saules pleureurs, d'aube emperlée, de clair de lune : tout cela constituait l'amour romantique, tel que nous le voyons exprimé par les poètes, représenté par les peintres et les dessinateurs de l'époque, les Devéria, les Wattier, les Johannot, les Célestin Nanteuil. Et les écrivains, qui s'en formaient ainsi l'idéal, s'efforçaient de le réaliser dans leur vie. La dédicace en vers qu'Alexandre Dumas mit, après coup, à son fameux drame romantique *Antony*, est l'une des plus brûlantes expressions de la passion ainsi conçue et ainsi pratiquée. Le type féminin de cet idéal était, à ce moment même, de 1823 à 1828, la belle, la blonde, la céleste Delphine Gay. Et l'on ne peut s'empêcher de penser à elle,

---

(1) *Le Schall.*

en lisant les vers élégiaques, amoureux de Jules de Rességuier. Pour dire toute notre pensée, nous avons quelques raisons de croire que Delphine Gay fut, à cette époque, la muse inspiratrice de notre poète, que plus d'une de ses pièces, sinon toutes, lui sont tacitement dédiées. N'oublions pas qu'une de ses premières œuvres avait été consacrée à célébrer ce grand jour (21 avril 1825) où, sous la coupole du monument de Soufflot, au milieu du monde officiel et des représentants les plus illustres des Lettres et des Arts, Mlle Delphine Gay avait récité son *Hymne à Sainte Geneviève;* et qu'avant cela même, il avait chanté la femme, autant en amoureux qu'en poète :

> Et l'on peindrait plutôt les doux rayons des cieux
> Que les rayons plus doux qui tombent de ses yeux...
> Son âme est un secret d'amour et d'harmonie ;
> Son esprit vif et prompt a l'élan du génie ;
> Elle comprend la gloire, elle aime son danger...
> De la terre et des cieux c'est un divin mélange ;
> Tantôt comme la femme, et tantôt comme l'ange,
> Elle peut soutenir le vif éclat des cieux;
> Et nos faibles regards lui font baisser les yeux.
> Voyageuse ici-bas, céleste passagère,
> Elle n'a de nos maux qu'une atteinte légère ;
> Comme une douce pluie aux beaux jours du printemps,
> Les pleurs dans ses beaux yeux ne restent pas longtemps.
> Elle chante... (1).

En 1823, Mme Desbordes-Valmore avait fait un séjour dans le Midi, à Bordeaux en particulier, poussé peut-être jusqu'au pied des Pyrénées. Jules de Rességuier dut se rencontrer avec elle, et l'entretenir de Mme Sophie Gay et de sa fille Delphine, dont on parlait beaucoup alors, et

---

(1) *Delphine.*

avec lesquelles elle était en correspondance. Jules de Rességuier les fréquenta certainement à Paris, quand il écrivait les vers qu'on vient de lire, et assistait à la fête de Sainte Geneviève (1825). Plus tard, en 1826 et 1827, Delphine et sa mère visitèrent la Suisse, l'Italie, séjournèrent à Florence, à Rome, à Naples. Sans rien affirmer, ne peut-on pas penser que cette absence a inspiré les vers que nous avons cités plus haut.

> Elle a tout emporté sur la rive étrangère
> . . . .

Et cette image du golfe de Naples qui termine cette pièce :

> Ainsi quand Parthénope, aux heures du repos,
> Voit briller et courir, sur la mer azurée,
> La barque du pêcheur, sa nacelle dorée,
> Avec ses verts festons, ses mobiles drapeaux,
> L'œil suit le mât longtemps sur l'humide étendue ;
> Et lorsqu'à l'horizon la nacelle est perdue,
> On voit encor les fleurs qui retombent dans l'air,
> Et le rayon brillant qui sillonne la mer (1).

Cependant nous aurions scrupule d'insister plus longtemps sur ces impressions, et de donner pour une réalité ce qui pourrait bien n'être qu'une imagination née de simples rapprochements littéraires. Nous aimons mieux nous en tenir à cette image de l'amour dans le mariage, que nous offrent les plus belles et les plus nombreuses poésies de Jules de Rességuier, quitte à mettre sur le compte des licences poétiques permises les vers où il a célébré tour à tour la brune et la blonde :

> Allons, rassurez-vous, j'oublierai vos appas,
> Vos grâces, vos yeux noirs, vos longs cheveux d'ébène,
> Ou, sans les oublier, je n'en parlerai pas (2).

---

(1) *Le Souvenir.*
(2) *La Consolation d'une Mère.*

IV

L'époque de la publication des *Tableaux poétiques* fut le moment le plus brillant de la vie de Jules de Rességuier, celui où sa réputation fut à son zénith. N'ayant pas encore atteint la quarantaine, mêlé à la fois aux lettres et à la politique par ses fonctions au Conseil d'Etat, homme du monde et écrivain, il s'était créé dans la société parisienne une situation très en vue tout en restant très sympathique. La Révolution de 1830 la modifia beaucoup, sans l'amoindrir. L'homme politique, le fonctionnaire, disparut, car il n'avait pas voulu se rallier à la Monarchie de juillet contre laquelle ses convictions protestaient hautement; mais l'homme du monde, l'écrivain, resta; et l'empressement qu'on avait à le recevoir, comme à fréquenter son salon de la rue Taitbout, ne firent que montrer davantage l'estime dans laquelle on tenait en lui le poète et l'homme du monde.

Soit à Paris l'hiver, soit l'été à Sauveterre ou à Toulouse, son salon, sans avoir rien de solennel et de pompeux, était vraiment ce que peuvent rêver de plus délicieux l'amitié et l'intelligence. Aux noms de Lamartine, de Victor Hugo, auxquels il resta toujours fidèle, tout en ne partageant pas toutes leurs opinions, à ceux de Guiraud, de Soumet, destinés à disparaître trop tôt (1845-1847), de Saint-Valry, d'A. de Beauchesne, dont nous le verrons célébrer le castel gothique de Saint-James, il faut ajouter ceux de Théophile de Ferrière, plus connu sous le pseudonyme de *Samuel Bach*, l'auteur si original d'*Il vivere* (Paris, Renduel, 1835), des *Romans et le Mariage* (Paris, Fournier, 1837, 2 vol. in-8); de Blaze de Bury (1813-

1888), dont l'œuvre la plus originale, *Le Souper chez le Commandeur* (Paris, Félix Bournaire), avait paru en 1835 ; de Paul de Julvecourt, ami de Jules de Saint-Félix, qu'une mort prématurée, en 1845, empêcha de conquérir la place que pouvaient faire prévoir ses *Souvenirs de bonheur* (Paris, Delaunay, 1832, in-8), et son recueil de poésies, *Fleurs d'hier* (Paris, Souverain, 1842, in-8) ; d'un compatriote, enfin, Edouard Gout-Desmartres (1812-1862), que l'Académie des Jeux floraux couronna bien souvent, et dont Emile Deschamps fut aussi l'ami ; du comte de Falloux qui, par Albert de Rességuier, dont il était l'ami, avait trouvé le chemin du cœur de son père ; de Mme Menessier-Nodier, qu'il avait connue enfant aux réunions de l'Arsenal et dont il resta toujours l'ami comme il avait été celui de Charles Nodier ; de Jules Lefèvre, enfin, qui, sous son nouveau nom de Lefèvre-Deumier, n'obtenait pas tout ce que méritait son talent cependant mûri, épuré et fortifié.

Jules de Rességuier a fait lui-même un vivant et touchant tableau de ses *Samedis* :

> Après avoir porté le poids de la semaine
> Et travaillé six jours entiers, le temps ramène,
> Pour réveiller les cœurs par l'absence engourdis,
> Le soir harmonieux de nos chers samedis.
> Les amis, en prenant la route accoutumée,
> Arrivent ce soir-là dans la maison aimée.
> On est comme en famille, en petit comité,
> Très attendu toujours et jamais invité....
> On y voit, essayant leur sourire et leur mot,
> Des enfants qui seront hommes et grands bientôt,
> Et l'amour, ce premier besoin de tous les âges,
> Au fond de tous les cœurs et sur tous les visages...
> Un lecteur, imitant l'acteur inimitable,
> Y joue un drame entier, les coudes sur la table,
> Et nous fait sans bouger passer, à force d'art,
> Des théâtres royaux à ceux du boulevard.

> Un conteur plein d'esprit y raconte une histoire
> D'un ton qui fait sourire ou frémir l'auditoire,
> Et la voix d'un poète, au milieu des bravos,
> Y récite des vers très beaux et très nouveaux.
> Là, jamais de concerts réglés par des programmes ;
> Peu de bruit d'instruments, beaucoup de voix de femmes ;
> Jamais de bals bruyants, mais des élans joyeux,
> Et des rondes tournant en cercles gracieux... (1)

M. de Falloux, qui a dû beaucoup pour le développement de ses goûts littéraires au comte Jules de Rességuier et à son fils, Albert de Rességuier, a peint agréablement ce salon si aimable, si hospitalier des Rességuier vers 1836, avec ses habitués ordinaires. Nous y retrouvons bien des noms que nous avons déjà rencontrés :

Albert de Rességuier était de six ans plus jeune que moi et j'aurais dû lui servir de maître. Les rôles furent promptement intervertis, et, en peu de temps, je reçus de lui plus que je ne pouvais donner. Toute sa famille se mit aussi de la partie pour me pousser et m'encourager au travail. Son père, le comte Jules de Rességuier, était un poète charmant et plus élevé encore par la noblesse du caractère que par celle du talent... M. et Madame de Rességuier avaient un salon très littéraire, et ils n'étaient pas de simples maîtres de maison. On recherchait dans Madame de Rességuier un jugement très sûr, qui rendait discrètement ses arrêts sous une forme toujours ingénieuse. M. de Rességuier ne disait ses vers que quand on les lui demandait et il les disait très bien. Il excellait dans des miniatures sur émail... M. de Lamartine et M. Victor Hugo n'apparaissaient que de temps en temps dans ce salon où on leur offrait affection et admiration ; mais ils exigeaient déjà l'idolâtrie. J'ai vu là, dans l'intimité, quelques hommes distingués qui étaient de véritables amis:

---

(1) *Dernières Poésies*, Toulouse, 1864, p. 153. — Voir aussi, p. 51, *Adieux à une Maison de poète.*

Alexandre Guiraud, que les *Macchabées* ont porté à l'Académie et que le *Petit Savoyard* protègera peut-être mieux devant la postérité.

Alexandre Soumet, dont on aura peut-être oublié la *Jeanne d'Arc*, quand on se souviendra encore de la *Pauvre fille*... M. de Beauchêne, l'émouvant historien de Louis XVII, et surtout M. Emile Deschamps, que la renommée eut mieux traité, s'il s'en fut montré plus soucieux... Ma première et, je dois l'avouer, mon unique école littéraire, fut la maison de M. de Rességuier (2).

Si ce rôle de maître fut bien celui de M. Jules de Rességuier à l'égard de M. de Falloux, l'élève surpassa le maître, du moins aux yeux de l'Académie Française, puisqu'elle ouvrit à l'un ses portes qu'elle ferma à l'autre. Il est vrai que si ses membres sont immortels, ils ne sont pas infaillibles.

Dans cette heureuse demeure grandissaient trois fils, Paul, Albert et Charles de Rességuier, les deux premiers nés de 1812 à 1816, le troisième un peu plus tard, mais tous trois objet d'une tendresse égale, comme l'a dit leur père dans des vers touchants, placés au bas de son portrait donné à chacun d'eux :

> A toi, cher, ce portrait, qui me peint à demi,
> A toi que j'ai nommé du nom d'un des apôtres,
> A toi donc, Paul, mon fils, avant mes deux chers autres,
> Qui naquit mon enfant et grandit mon ami.

> Ces vieux traits, mon Albert, que ton amour révère,
> Te deviendront plus tard un souvenir bien doux ;
> Un morceau de papier protégé par un verre,
> Tout cela c'est encor moins fragile que nous.

> J'avais déjà bercé tes frères de caresses,
> Charles, mon cher petit, quand tu vins à ton tour ;
> Je croyais qu'ils avaient épuisé mes tendresses,
> Et pourtant tu trouvas la même part d'amour (2).

---

(2) *Mémoires d'un Royaliste*, Paris, Perrin, 1888, in-8, p. 160.
(2) *Dernières Poésies*, Toulouse, 1864, p. 195.

Albert, qui devait devenir le plus célèbre des trois, fut à la fois poète comme son père et, de plus que lui, homme politique. Après avoir fait son droit à Paris, il voyagea en Allemagne pour achever son instruction et publia une traduction de la brochure du Dr Joseph Goerres, qui avait fait grand bruit dans le monde catholique, *Affaire de Cologne, Athanase,* Paris, Debecourt, 1838, in-8. C'est lui qui, en 1848 et en 1870, fut élu par les Basses-Pyrénées aux Assemblées nationales de cette double époque, où il fit partie de la Droite catholique. Comme poète on a retenu de lui cette épitaphe en vers monosyllabiques :

<pre>
Fort
Belle
Elle
Dort.

Sort
Frêle !
Quelle
Mort.

Rose
Close,
La
Brise
L'a
Prise (1).
</pre>

Dans ce tableau poétique et presque patriarcal de Sauveterre et même de Paris, il ne faut pas oublier la vieille Sophie, une de ces servantes, comme alors il en existait encore dans beaucoup de maisons de la noblesse et de la

---

(1) *France littéraire,* 1835, III, 174. On trouve dans *Premières Pensées,* de Ducros, une pièce de vers à lui adressée. Né à Toulouse le 26 novembre 1816, il y mourut le 26 mars 1876.

bourgeoisie, partageant les joies et les douleurs de leurs maîtres, qui étaient pour elles comme une autre famille. Le poète lui a donné place dans ses vers :

> Au bruit de mon retour prochain, on me confie
> Que vous avez battu des mains, bonne Sophie ;
> Ah ! vous avez raison, ma bonne ! et c'est devoir
> Entre amis comme nous, d'applaudir le revoir.
> Vous mettrez mon couvert sur votre nappe blanche ;
> Quel jour ? Je ne sais pas, ce doit être un dimanche,
> Un jour où la forêt d'un plus beau vert se peint,
> Où l'on va tous ensemble à l'église, un jour saint !

Madame la comtesse de Rességuier, entourée de trois beaux enfants, d'un mari bon, aimable, attentif, était bien la reine de cet heureux et souriant intérieur. Bien des vers du poète ont été inspirés par elle, mais son nom y manque, et il serait téméraire de les indiquer d'une façon précise. Le sentiment seul qui y règne révèle celle qu'ils célèbrent en secret. Ainsi par exemple, dans les vers si délicats sur *Madame Agnès de Picardie* :

> La dame en tout la mieux douée
> La plus humble et la plus louée,
> La plus fière de ses aïeux
> Et la moins vaine de ses yeux ;
> Sur son coursier la plus allante,
> Dans son fauteuil la plus dolente,
> La plus fidèle à son devoir
> Et la plus dangereuse à voir,
> La mieux mise et la moins parée,
> La plus justement adorée,
> La plus séduisante toujours.

M. de Falloux a joliment raconté une aventure de Madame de Rességuier comme dame de charité :

« La comtesse de Rességuier avait une piété profonde et une inépuisable charité. C'est à elle qu'arriva une anecdote qui devrait toujours se présenter à la pensée au moment d'une dépense inutile. Dame de charité dans la paroisse de Saint-Roch, Mme de Rességuier monte avec sa compagne à un cinquième étage. Les deux quêteuses sont reçues par un petit vieillard qui vient lui-même ouvrir sa porte, les reçoit dans un appartement à peine meublé et leur remet son offrande soigneusement enveloppée. Grande fut leur surprise, en défaisant le paquet de trouver cinq louis bien comptés. « Ce bon monsieur s'est trompé, pensèrent à la fois les deux quêteuses ; il nous a donné sans s'en douter, la moitié de son revenu ! » Elles remontèrent donc l'escalier, sonnèrent de nouveau à la porte et firent part de leur scrupule. Le vieillard parcourut d'un regard son appartement, le fixa sur lui-même et répondit avec le plus simple sourire : « Je vous remercie de votre délicatesse, mesdames, mais ce n'est qu'en vivant comme je vis, que je puis me donner la jouissance de faire la charité » (1).

V

Quelle idée doit-on avoir, à cette date de 1834, du talent de Jules de Rességuier comme poète ? C'était un esprit très fin, enchassant dans un vers soigné, élégant, des pensées délicates, des sentiments généreux et purs. La force, l'imagination, n'étaient pas ses qualités dominantes. Il est de ces poètes, peut-être plus aimés que d'autres dont ils n'ont pas l'éclat, qui sans aspirer aux hauts sommets, préfèrent rester à mi-côte dans un joli site, bien choisi, où ils mettent tout leur cœur et leur talent. Ainsi fut Sainte-Beuve. Jules de Rességuier, modéré en tout, le fut aussi.

---

(1) De Falloux, *Mém. d'un Royaliste*, I, p. 161.

dans ses théories littéraires. Le nouveau, il le chercha sans doute, mais sans esprit d'école, de cénacle. Ce n'est ni exclusivement un classique, ni exclusivement un romantique : il tient des uns et des autres. Sa théorie poétique, il nous l'a ainsi donnée :

> Que dans la vérité le poète demeure ;
> Qu'il marche au même but par un nouveau chemin ;
> Qu'il soit bien de son temps, de son jour, de son heure,
> Et moins d'hier que de demain.
>
> Des deux écoles donc, quelle est la différence ?
> Ce sont d'aimables sœurs, leur âge n'y fait rien :
> L'une est le souvenir et l'autre l'espérance,
> Leur intérêt commun est de s'entendre bien.
>
> Qu'entre jeunes et vieux la guerre soit finie ;
> Tout système devient très bon par le talent ;
> Pour que le plus mauvais soit le plus excellent,
> Une chose suffit... c'est un peu de génie !
>
> La gloire est à Bouvine ainsi qu'à Marengo :
> Immortalisez-vous par une ode superbe.
> N'importe après cela qu'on se nomme Malherbe,
> Jean-Baptiste ou Victor Hugo.

Cependant tout le monde ne pensait pas ainsi sur lui, et pour les anciens amis du *Conservateur littéraire*, de la *Muse française* et des *Annales romantiques*, il resta toujours, grâce à quelques illusions d'optique, plus romantique qu'il ne l'était vraiment. Ainsi en fut-il pour Auguste de Saint-Valry (1), qui, tout en le mettant un peu à part des romantiques de cape et d'épée, a dit de lui en d'agréables vers :

---

(1) A. S. Saint-Valry, *A Jules de Rességuier* (La France Littéraire, t. XXIV, p. 374 (1836, t. II).

Toute autre est ta manière à toi, Rességuier !
La pourpre comme un roi t'enveloppe en entier.
Tu ne saurais paraître au tournoi poétique,
Sans un ajustement d'une grâce magique,
Ni sans que le blason de tes nobles aïeux
Ne brille, malgré toi, dans tes chants glorieux.
C'est toi qui fais rêver nos belles châtelaines
A leurs plaisirs passés, à leurs fêtes prochaines,
Le monde, les splendeurs de la grande cité,
Le charme des beaux-arts, l'amour et la beauté,
Voilà ce qui te rit, voilà ce qui t'inspire
Et la sphère où ta Muse a placé son empire !

. . . .

D'un siècle policé c'est la fille éclatante,
Son désert est Paris, un salon est sa tente,
Ses chants ce sont le bal, l'amour, Almaria,
Chants heureux où la verve à l'art se maria,
Et qui sont, dans leur grâce animée et coquette,
De notre esprit de France une image parfaite !
Et cependant ce monde, où tu règnes vainqueur,
Est loin, Jules, bien loin de posséder ton cœur !...
Que de fois un vers triste, un soupir de ton âme,
Montrent le but plus haut où tend sa noble flamme !...

VI

Sept ans s'étaient écoulés depuis le succès des *Tableaux poétiques,* sans que Jules de Rességuier se fut adressé de nouveau au public, sinon par quelques pièces de vers ou quelques articles dans des Revues, comme le *Boulevard,* dans les *Annales Romantiques* de 1831 (p. 18). Quand il rompit ce silence en 1835, ce fut pour publier un roman, dont l'annonce parut dans la *Bibliographie de la France* du 15 août, n° 4297.

Almaria | par | le Comte Jules de Rességuier. | Paris | Allardin, libraire-éditeur | 13, Place Saint-André-des-Arts. | 1835, | in-8. Prix : 7 fr. 50.

viii ff. pour le faux-titre (au verso : Imprimerie de Félix Locquin, 16, rue N.-D.-des-Victoires), le titre et la Préface ; plus 346 ff. ch., dont 24 pour les Notes, et 2 pour la Table des chapitres. — En tête et hors texte, gravure sur bois, signée H. Brown, représentant la présentation d'Almaria par le duc d'Hermandarez, son père, à sa famille (p. 9). (1) — Au verso du faux-titre sont annoncés : Du même auteur : | *Tableaux Poétiques*, | 4ᵉ édition. | — Pour paraître prochainement : Un nouveau volume | de Poésies. | — A la fin du volume se trouvent 8 pp. d'annonces de librairie : *Histoire des Francs*, par M. le Comte de Peyronnet, 2 vol. in-8. Prix : 16 fr. — *Histoire de Deux Sœurs*, par Jules Chabot de Bouin, auteur d'*Elie Tobias*, 2 vol. in-8. Prix : 15 fr. — *La Dixième Muse*, par Jules Sandeau, 1 vol. in-8. Prix : 7 fr. 50. — *Cinq mois en Italie, Scènes de terre et de mer*, par A. Jal, 2 vol. in-8. — *Le baron d'Holbach*, par Claudon, 2 vol. in-8. Prix 15 fr. — *Un Secret*, par Michel Raymond, 2ᵉ édit. 4 vol. in-12. Prix 10 fr. — *Mademoiselle de La Vallière*, par Mᵐᵉ Laure Bernard, 1 vol. in-8. Prix : 7 fr. 50.

L'auteur a divisé son récit en dix-sept chapitres, ayant pour titres : *La Famille, Scrupule, La Mer, Malheur, le Chevalier de Malte, le Prisonnier, l'ambassade, Mikaëla, le Chemin, le Récit, Retour, Tunis, Lettre d'Almaria, Impressions, Mohamed, Sacrifice, Conclusion*. Dans une courte préface, après avoir rappelé au lecteur que le nom d'Almaria, n'est pas autre chose que le nom chrétien de Marie, précédé de l'article arabe, il explique ainsi le but moral qu'il s'est proposé :

« Si les personnages de ce livre sont d'invention, leurs passions sont réelles : chaque jour les voit renaître, et le cœur de l'homme, qui ne change pas comme nos systèmes, en est secrètement et incessamment tourmenté. — A ceux

---

(1) Bibl. Nat. Inventaire Y² 62074. Quand nous l'avons consulté, la gravure s'y trouvait à l'état de feuille volante, et encore non timbrée. Aucune feuille du volume n'avait été coupée, ce qui n'indique pas un grand succès pour ce volume, entré à la Bibliothèque vraisemblablement dès sa publication, car il porte le timbre avec la couronne royale. — Exemplaire broché mais sans couverture imprimée : ce qui prouve que ce n'est pas d'aujourd'hui que certains éditeurs ont la mauvaise habitude de fournir au dépôt légal des exemplaires sans couverture, et que l'administration a la faiblesse de le souffrir, ce qui n'est légal d'aucun côté.

qui pleurent, nous voudrions qu'il fut donné de trouver, dans leur délaissement, les asiles que Fernand et Almaria ont trouvés. » (1).

Jules de Rességuier se flattait en croyant qu'*Almaria* était un livre de passion ; c'est précisément la passion qui lui manque le plus. Quant à la couleur locale, il y en a à peu près autant que dans la *Zaïde* de Mme de La Fayette, c'est-à-dire pas du tout. Le nom, pas plus que la chose, ne viendrait à la pensée, si l'auteur, à propos d'un passage où il représente son héros — vers 1645 — « s'égarant dans des pensées errantes et confuses, comme les légers nuages de fumée qui s'échappaient de son cigare, » n'avait écrit cette note :

« A l'époque dont nous parlons, le tabac avait été depuis longtemps importé en Europe. Nous aurions cru manquer à ce qu'on appelle la couleur locale, si nous n'avions montré un Espagnol avec un cigare... Cette petite vapeur brulante qu'on respire presqu'à son insu, jette l'âme dans une sorte d'extase qui dispose à l'inspiration et à la rêverie. »

Ce cigare, s'il n'ajoute guère à « la couleur locale », prouve du moins que Jules de Rességuier était un fumeur, qui ne dédaignait pas de chercher l'inspiration et la rêverie dans ce narcotique. Mais il ne les a guère trouvées dans la circonstance.

Almaria n'intéresse, en effet, ni par les évènements, ni par les passions. L'héroïne est une jeune et belle Espagnole qui, élevée au couvent des Carmélites d'Avila dès l'âge de six ans, est rappelée tout à coup par ses parents, le duc et la duchesse d'Hermandarez, après la mort de leurs deux fils, tombés le même jour sur le champ de bataille de Rocroi. Sans

---

(1) *Almaria. Explication du nom d'Almaria.*

héritier mâle désormais, son père et sa mère désirent la marier à un jeune parent éloigné, mais du même nom, Fernand d'Hermandarez, déjà célèbre par ses exploits, beau parmi les jeunes hommes, comme elle est belle entre les jeunes filles, et qui de plus est passionnément épris de sa cousine. Ce mariage semblerait devoir être un mariage autant d'inclination réciproque, que de convenance et d'intérêt de famille. Mais Almaria, dans un élan d'enthousiasme religieux, s'est promis, si elle ne l'a pas encore juré au pied des autels — car elle n'en avait pas encore l'âge — de n'être qu'à Dieu, et malgré son penchant pour le jeune époux qu'on lui offre, elle résiste au désir de sa famille. Elle n'est même qu'à demi persuadée par un vieil et saint ermite, qui l'a baptisée et conduite le premier dans les voies du Christ, et qui, la déliant du vœu prématuré qu'elle a fait, lui commande d'obéir à ses parents en acceptant l'époux de leur choix. Le roman finirait là, par la vieille phrase des contes d'autrefois : « Ils furent heureux et eurent beaucoup d'enfants », si Almaria, en revenant par mer de sa visite au saint homme, n'était prise par des pirates, à point nommé pour fournir de nouveaux chapitres au romancier. Conduite à Tunis par ses ravisseurs, elle est vendue au roi, vieillard généreux autant que passionné, qui, follement épris de sa nouvelle esclave, l'épouse et partage son trône avec elle. Pour une ex-carmélite d'Avila, c'était une dure aventure ; et Almaria ne s'y résigne que par la pensée du bien qu'elle fait, et aussi, neuf mois plus tard, pour l'enfant, un fils, qu'elle a mis au monde. Cependant, en Espagne on croit à sa mort dans un naufrage ; le duc et la duchesse d'Hermandarez tombent dans un désespoir profond, Fernand, la mort dans l'âme, voulant rester à jamais fidèle à la mémoire de celle qu'il a aimée, se fait chevalier de Malte. Il y a déjà quelques années qu'il combat glorieusement sur les galères de l'ordre contre les Infidèles, lorsqu'un prisonnier arabe qu'il a sauvé de la mort, lui apprend en voyant un portrait d'Alméria qu'il couvre de ses larmes, que la reine de Tunis est comme une vivante copie de ce portrait. Mis ainsi sur les traces d'Almaria, Fernand lui fait parvenir un billet, dans lequel il l'engage à une fuite pour laquelle il a tout préparé. Almaria qui déjà se reproche les pensées qu'involontairement elle a laissé trop souvent aller vers son ancien fiancé, refuse de quitter son époux, d'ailleurs presque mourant, mais elle envoie à sa place son fils, dont elle veut mettre la foi chrétienne à l'abri de tout danger. Le roi de Tunis meurt, Almaria, devenue reine et qui a abdiqué, retourne en Espagne ; mais ses scrupules religieux, le vœu téméraire qu'elle a autrefois formé, l'empêchent d'être la femme de Fernand, qui devrait d'ailleurs se faire relever de ses vœux. Ces deux martyrs du serment achèvent leur vie séparés l'un de l'autre, elle dans le cloître d'Avila, lui à Malte et sur les galères de son ordre.

Voici quelques extraits de ce roman ; ils donneront une idée du style de Rességuier, comme prosateur.

Il décrit ainsi dona Almaria, son héroïne.

« Cette enfant joignait à des traits nobles et purs, des grâces naïves et élégantes ; elle se montrait digne de soutenir par son éclat la réputation de sa famille ; et son caractère ferme ne démentait pas le sang qui roulait dans ses veines...

Et quand, retirée du couvent d'Avila, elle est présentée par son père à sa famille et à ses amis :

« Elle releva sa mantille, découvrit une taille pleine de majesté, et ses yeux laissèrent voir un regard angélique... Ses cheveux noirs étaient régulièrement partagés sur son front candide, et ses grands cils tombaient de ses paupières, comme si la nature avait voulu l'accoutumer au voile...

Et ailleurs encore :

» Un jour qu'elle passait seule dans une galerie où, à travers les stores baissés, le soleil animait les statues, colorait les arabesques, et se prolongeait dans l'éclat des glaces, elle s'arrêta devant un grand miroir de Venise, et vit toute sa personne, depuis son petit pied mince et bombé jusqu'à ses longs cheveux plus noirs et plus brillants que le jais de sa ceinture ; elle regarda sa taille haute et flexible, la pose harmonieuse de son cou, ces sourcils doux et prononcés, ce feu des physionomies arabes qui animait la régularité de ses traits moulés sur un type grec. Elle s'admira — Les voilà, dit-elle, ces charmes si doux aux yeux du monde. Eh bien! je serai fière de les lui cacher : ce n'est qu'aux yeux de Dieu que je veux être belle » (1)

La *France Littéraire*, dans un article de Théophile de Ferrière, sous le pseudonyme de Samuel Bach, apprécia ainsi ce roman :

« Ce qui caractérise le comte Jules de Rességuier, c'est une grande élégance de style; un style coquet, limé, lavé, parfumé, massé, comme la peau d'une sultane; dans les vers une rime riche; dans la prose une phrase ciselée; dans l'ensemble une merveilleuse, et peut-être minutieuse unité de composition.

Le comte de Rességuier était le seul poète qui, après avoir répandu les couleurs arabes et espagnoles, mulsumanes et chrétiennes sur son roman, pût se croire obligé à résumer cette double teinte par un nom à la fois occidental et oriental : Almaria.

Dans ce mot Almaria, nous avons tout le comte de Rességuier.

D'une part, élégance : est-il dans aucune langue un vocable plus mélodieux ?

---

(1) *Almaria*, pp. 5, 9, 11.

Et de l'autre, unité de composition, puisque ce nom sert d'enveloppe au drame, en même temps catholique et musulman, espagnol et mauresque.

Sous cette forme élégante et harmonieuse, le comte de Rességuier garde une pensée toujours chaste, une foi toujours pure à l'honneur, à l'amour, à la religion ! » (1)

VII

Almaria n'eut pas un succès assez grand pour engager plus avant Jules de Rességuier dans la voie du roman ; il revint aux vers, qui étaient vraiment sa langue, et à quelques collaborations dans des revues ou dans des publications collectives. Aux *Annales romantiques*, il donne, en 1836, l'*Amour d'une femme ;* des vers encore aux *Annales de la Littérature et des Arts ; Tours et Tourelles,* au *Livre de Cent et un* (1833, t. xv, p. 305) ; le *Marchand de Venise,* aux *Femmes de Shakspeare* ; de nombreux articles au *Journal des Jeunes Personnes ;* au *Livre des Conteurs* (Paris, Allardin, 1832); à *la Mode;* aux *Souvenirs du vieux Paris* (1835); aux *Français peints par eux-mêmes* (1840-1842).

Enfin, en 1838, parut son œuvre poétique la plus considérable avec les *Tableaux poétiques.* Elle fut annoncée dans la *Bibliographie de la France* du 10 février, n° 699.

Les | Prismes poétiques | par | le comte Jules de Rességuier. | Paris | Allardin, libraire, quai de l'Horloge, 57. | 1838, in-8°. Prix : 8 fr.

3 ff. n. ch. pour le faux-titre (au verso : *Paris, Imprimerie des fonderies de Jules Didot l'aîné, Boulevard d'Enfer, n° 4),* le titre

---

(1) *France littéraire,* 1835, t. xi, p. 442.

(encadré) et la préface. Plus 279 pp. ch., dont 3 pour la table. Couverture imprimée, vert pâle. Le faux-titre porte : *Les | Prismes poétiques | . Poésie II.* Ce volume, en effet, devait former le IIe volume des Poésies de l'auteur, dont son précédent recueil aurait été le tome Ier. L'annonce suivante imprimée au revers de la couverture, nous donne elle-même cette explication :

Ouvrages du même auteur. | ALMARIA. | Un volume in-octavo, troisième édition. |

Sous presse : | TABLEAUX POÉTIQUES, | POÉSIE. TOME I. | Un volume, cinquième édition. | (1)

En cette même année, parurent *Psyché,* par Théodore Carlier ; la *Comédie de la mort,* Paris, Desessart, par Théophile Gautier ; *Ludibria ventis,* par Joseph Autran ; *A travers champs* et les *Cinq cordes de la lyre,* par J. Soulary ; le *Myosotis,* par Hégésippe Moreau ; *Première Salazienne,* par H. Lacaussade ; la *Chute d'un ange,* par Lamartine ; les *Boréales,* par Elim Mestscherski ; les *Hymnes sacrées,* de Turquety.

L'espèce de préface — elle n'en porte pas le nom — placée à la tête de ce second recueil, indique la pensée, ou plutôt l'impression sous l'empire de laquelle il a, comme le premier, été écrit.

« J'ai nommé mon premier livre de poésies : *Tableaux poétiques ;* je nomme celui-ci : *Les Prismes poétiques.* Chacun de ces titres rappelle les effets de la couleur ou de la lumière ; et cette sorte de fraternité indique les rapports qui existent entre les deux ouvrages.

La poésie éclaire d'un jour nouveau les objets qui sont autour de nous, et les sentiments qui sont en nous-mêmes. Elle colore tout ce qu'elle voit ; son œil est un prisme. Qu'elle soit faible ou forte, ce privilège lui appartient ; et les prismes peuvent être des diamants ou des morceaux de verre ».

Les Prismes poétiques se composent de 72 pièces, chacune avec un titre de départ. Aucune n'est précédée

---

(1) Bibl. Nat. Inventaire Y: 32040.

d'épigraphe : en 1838, la mode commençait à s'en passer. Quelques-unes seulement sont datées. Les dédicaces, assez rares, portent les noms de Charles Nodier, Victor Hugo, Madame de Girardin, S. A. R. Mademoiselle, Cte de Peyronnet, de Lamartine, A. de Beauchesne, Emile Deschamps, Reboul, Prince Elim Mestscherski, du curé de Saint-Roch (M. Olivier).

Les pièces de ce recueil se suivent ainsi :

La Prière. A***. Vers de 12 pieds.

La pièce est dédiée à la comtesse de Rességuier, comme le prouvent ces derniers vers :

> Et lorsque s'élevant vers ton front qui se penche,
> Pour la seconde fois ta petite main blanche
> Aura fait sur ton sein le signe de la croix,
> Et qu'un de nos enfants, le plus jeune des trois,
> Accourra pour te dire, avec sa voix qui pleure :
> « Vous venez de parler au bon Dieu plus d'une heure ;
> « Oh ! pourquoi restez-vous si longtemps à genoux ? »
> Je lui dirai : « Mon fils, elle priait pour nous. »

Paris. Strophes de 8 vers, de 12 pieds.

Au Paris mondain et révolutionnaire, l'auteur oppose le Paris littéraire et religieux :

> Et si mon orgueil aime à vous voir sans rivale,
> C'est surtout par les arts et par la charité.

A ma petite Maison. Strophes de 5 vers, de 8 pieds :

Cette petite maison est le château de Sauveterre, près des Pyrénées, vieille demeure patrimoniale des Rességuier, d'où la pièce est datée (1836), et que le poète décrit ainsi :

> Adieu, ma petite maison,
> Etroite, longue et toute blanche,
> Où l'on dort bien mieux sur la planche
> Qu'ailleurs sur la molle toison.

Les Chevaux de poste. Vers de 12 pieds. Datée d'octobre 1832.

Le poète a trouvé le port dans le mariage. Il ne courra plus le monde. S'il manque jamais à ce serment, qu'il soit maudit :

> Que le sort soit toujours contraire à mon envie,
> Que l'eau manque à ma soif, et l'amour à ma vie !

Oh ! vrai ? Strophes de 4 vers, de 12 pieds.

On devine, dans ces vers, la fiancée qui deviendra l'épouse à laquelle la première pièce est dédiée.

> Oh ! vrai ? Vous aimeriez, vous aimeriez le chaume,
> Qui couvrirait l'asile où nous serions tous deux.

Attendez. Vers de 12 pieds.

Cette pièce paraît avoir été inspirée par Mlle Delphine Gay, comme plusieurs du recueil précédent. On y reconnaît celle qu'on appelait la dixième Muse, la Muse française, si blonde, si souriante, si triomphante, qui semblait défier le malheur :

> Jeunesse, espoir, amour, ces perles de la vie,
> Sur vous comme un collier se posent grain par grain,
> Pour goûter le bonheur, il vous manque un chagrin.

Une Leçon. Strophes de 4 vers, de 8 pieds.

Union. Strophes de 4 vers, de 8 pieds.

Joli tableau d'union conjugale.

> Il faut que vieux on se rassemble
> Pour se chauffer au même feu,
> Et toujours adorer ensemble,
> Un même autel, un même Dieu.

L'Absence. Vers de 12 pieds.

> Ecrit pendant un voyage, dont les enchantements,
>
>> Et pourtant sur mes pas que de beaux paysages !
>> Que de fraîches couleurs ! que de charmants visages !
>
> n'ont pu lui faire oublier celle qu'il a laissée au logis :
>
>> ... Que me fait tout cela ?
>> Mon cœur, triste, partout sent que tu n'es pas là ;
>> Et partout dans ma joie ou ma mélancolie
>> Je t'aime, et tu n'es pas de celles qu'on oublie !

Mes Montagnes. Strophes de 6 vers, de 8 pieds, le dernier de 4.

Un Livre. Vers de 12 pieds.

Les Désenchantements d'une Jeune Fille. Strophes de 8 vers, de 12 et de 8 pieds.

> Il m'a trompé, il ment : je sais tous ses mensonges.
> Je croyais à son cœur, et je doute du mien.
> Les chansons, les serments, les prodiges, les songes,
>> Hélas ! je ne crois plus à rien.

Paru d'abord dans *Keepsake Français*, Paris, Giraldon-Bovinet, 1831, petit in-4, p. 292, sous le titre : ***Crédulité d'une jeune fille.***

L'Age. Vers de 12 pieds.

C'est l'élégie de la quarantaine, avec circonstances atténuantes :

> Mais l'amour nous resta quand ce malheur nous vint,
> C'est que nous en avons seulement... deux fois vingt...
> C'est qu'au son de la voix, de la lyre et du cor,
> Nous avons tous les deux un cœur qui bat encor ;

C'est que la fièvre vient quand s'approche la muse;
Après un désespoir, c'est qu'un rien nous amuse,
Et qu'un enfant se plait à jouer avec nous,
Et que nous le berçons longtemps sur nos genoux...

Et ces vers, d'une belle jeunesse de cœur dans leurs vœux.

Que mon être tombant jour à jour, pièce à pièce,
Connaisse le grand âge et non pas la vieillesse;
Car pour l'homme être vieux n'est pas les bras tremblants,
Le corps voûté, la tête avec des cheveux blancs;
Mais l'âme à tout amour devenue insensible,
Et dans la veine un sang coulant froid et paisible;
Et comme un palmier mort au tronc matériel,
De ne plus s'agiter à tous les vents du ciel.

LES COINS DU FEU.

  I. *Une Nuit d'hiver*. Vers de 12 pieds.
  II. *L'Invitation*. Vers de 12 pieds.
  III. *La Soirée*. Vers de 12 pieds.
  IV. *L'Album*. Vers de 12 pieds.
  V. *Ma Chambre*. Vers de 12 pieds.
  VI. *Quelques Poètes à mon foyer*. Vers de 4 pieds.

Cortège de poètes amis, assez mélangé; ce sont les deux Deschamps, Beauchesne et Victor Hugo; Nodier et Lamartine; Sainte-Beuve « Muse à la fois naïve et neuve »; Peyronnet « esprit jetant au loin sa flamme »; Belmontet — « au ciel d'Isaure, on dit encore l'air qu'il chantait »; — de Latouche, « embellissant tout ce qu'il touche »; Saint-Valry, à « la voix poète »; Jules Lefèvre « qui, nuit et jour, a sur sa lèvre un chant d'amour »; Alfred Musset (sic) et Saint-Félix, « qui dans l'onyx boit l'ambroisie de poésie »; Gaspard de Pons et Mennechet « qu'aux Tuileries de lys fleuries, on recherchait » ; Roger « qui court comme il écrit » ; Brifaut « pur dans son style, pur dans sa foi » ; Berryer « lançant sa lave » ; d'Arlincourt « à la verve prompte » ; Nugent aux « chants de barde » ; Boulay-Paty, Gout-Desmartres, Meliot de Chartres, Turquety, Julvecourt, Blaze, Roger de Beauvoir, « jeunesse, extase et gai savoir » ; Eugène Sue — « j'aime sa chambre où l'on sent l'ambre et le goudron » ; — Charles et François de La Bouillerie, de Falloux, de Ferrière, « touchant le but à leur début dans la carrière » ; Barbier « sans frein » ; Brizeux « qui prie pour sa patrie et pour Marie » ; de Vigny — « poème, histoire, à toute gloire, répond Alfred » ; — Guiraud « que jamais rien ne peut distraire du beau, du bien » ; Soumet, « qui brille avec sa fille au premier rang. » — Comme on le voit trop, Rességuier était loin d'exceller dans ces fantaisies aux vers courts et sautillants, où Musset et Hugo ont si bien réussi. Mais cette liste d'amis est curieuse par son mélange, qui nous parait singulier, et qui l'était moins quand la postérité n'avait pas fait son classement et mis chacun à sa place.

Ces six morceaux que l'auteur a réunis sous ce titre général, *Les Coins du feu*, sont de jolies petites toiles d'intérieur, agréablement touchées, où il y a du sentiment, de la simplicité, et qui peuvent se ranger à côté de celles que la *Musa pedestris* inspira aussi à Sainte-Beuve. Ce genre, créé par *Joseph Delorme*, nous l'avons vu aboutir, avec un accent plus marqué, aux *Humbles* de François Coppée.

Quoique les six pièces suivantes ne soient pas rangées sous un titre général, elles se rattachent aux précédentes par une semblable inspiration, mais avec un accent plus mondain, qui rappelle bien l'époque de la Restauration et des dix premières années du Gouvernement de Juillet. Pour l'histoire des mœurs, c'est presque un document.

Je n'ai pas de ces renommées. — Strophes de 4 vers, de 8 pieds.

Dans de jolis vers, faciles et harmonieux, l'auteur s'adresse à une femme aimée, sans doute Mme de Rességuier, et y développe très ingénieusement ce thème, que l'on aime ce que l'on possède :

>   Je n'ai pas ces voix qui font taire
>   Le rossignol au fond des bois,
>   Je n'ai pas ces chants que la terre
>   Trouve aux cieux et dans votre voix,
>   Et pourtant c'est moi qu'à tout autre
>   Vous préférez, je le soutiens.
>   C'est qu'un autre n'est pas le vôtre
>   Et que moi je vous appartient !

La Duchesse de ***. Vers de 12 pieds.

Il nous fait, en des vers d'une touche mondaine très heureuse, le portrait d'une belle indifférente, rencontrée dans un de ces voyages qui lui ont inspiré l'*Absence*. Italienne sans doute, car il nous la montre au milieu des chefs-d'œuvre de l'art antique,

>   Et tous ces marbres-dieux, témoins de notre gloire,
>   Qu'un moment parmi nous a conduits la victoire.

Il semble qu'on entende un écho de Vigny (*Dolorida*) ou de Musset, dans ces vers :

>   Quand le jour vient rouvrir ses beaux yeux, ce qu'elle
>   [aime
>   C'est, devant son miroir de répandre elle-même
>   Dans le fond d'un émail transparent, les parfums
>   Dont elle va baigner ses cheveux longs et bruns ;

> C'est de respirer l'air enivrant que la rose
> Verse autour de la couche où sa beauté repose,
> Et d'attacher longtemps ses amoureux regards
> Sur le luxe enchanté des merveilles des arts.

Madame de***. Vers de 12 pieds.

Ici ce n'est plus seulement une indifférente élégante ; c'est une franche coquette, une Célimène en manche à gigots et en taille courte, à la mode de 1838 : comme une comtesse d'Agoult ou une Marquise de Boisgelin, une comtesse Lehon ou une Comtesse de Castries, par exemple :

Dans ces tableaux mondains, ces tableaux de la société française à cette époque, Jules de Rességuier est supérieur, et presque unique ; sans mélange d'accent andalous, italien, ou anglais, comme dans d'autres poètes de la même date. Il y a dans son élégance poétique assez de précision, pour qu'elle donne la sensation du réel, du vu, du vécu.

> Il n'est rien d'élégant que n'adopte son goût.
> Elle aime la campagne et la ville beaucoup,
> L'hiver et ses bijoux, le printemps et ses roses ;
> Mais pour aimer quelqu'un elle aime trop de choses...
> Il lui plait de vous voir rêveur, à ses genoux,
> Essayant de ces mots qui disent : « Aimons-nous » ;
> Le parfum des bouquets et des lettres ambrées...
> Il lui plait de vous voir accourir sur ses pas...
> Et tout cela dit bien qu'on vous aime ? — Non pas.
> Non, cette femme veut qu'on la trouve jolie.
> Elle veut seulement qu'on l'amuse.

La Femme à la mode. Vers de 12 pieds.

Cette femme à la mode fait surtout la critique des salons où la politique devient trop envahissante, au détriment de la conversation et des tendres aparté. Ici, les vers de Rességuier confinent à la satire, satire un peu pâle, et qui n'a rien de l'iambique Barbier, ni même du vigoureux Boileau :

> Il m'a fallu danser toute la nuit. — Pourquoi
> Ces jeunes gens toujours s'adressent-ils à moi ?...
> Et ce matin, il faut faire de la musique ;
> Chanter les vers nouveaux d'un auteur romantique ;
> Ces vers sont jeunes, frais, même assez éclatants ;
> Mais l'auteur romantique a bientôt quarante ans ;
> Son cœur bat en secret un peu pour la fortune ;
> Il est fort amoureux... mais c'est de la tribune ;
> Et la tribune, moi, je l'ai dans une horreur
> Qui passe toute idée...
> On parle de crédit, de commerce, de guerre,
> Et de nous, hors du bal, on ne s'occupe guère.
> Les femmes, aujourd'hui, dans un appartement,
> Ne sont qu'une parure et qu'un riche ornement...

La Désœuvrée. Vers de 6 pieds.

La Femme occupée. Strophes de 9 vers, de 8 pieds.

Après ces deux autres caractères de mondaines, on pourrait croire que Jules de Rességuier aspirait à la gloire d'un La Bruyère poétique. Voici comment ce nouveau et du reste anodin La Bruyère nous décrit la journée d'une désœuvrée, mettons d'une élégante vers 1840 :

> Vingt mots à répondre,
> Choisir des tissus
> En secret de Londres
> A l'instant reçus.
> Aller chez Daguerre (1)
> Voir le ciel et l'air
> Chez Vernet la guerre,

---

(1) Il s'agit du Diorama que Daguerre, qui n'avait pas encore inventé le daguerréotype, exploitait là où est aujourd'hui la Renaissance. On y voyait l'éboulement de Goldau et la messe de minuit à Saint-Pierre de Rome. Il fut détruit par un incendie en 1839, l'année même où Daguerre s'illustra par la découverte qui a reçu son nom.

> Chez Gudin la mer.
> Dans toutes les sphères
> Egarer ses pas...
> Oh ! qu'on a d'affaires,
> Quand on n'en a pas.

La femme occupée de 1840 n'avait rien de la femme positive qui a paru depuis : elle avait encore quelques loisirs pour le rêve et la poésie. Ainsi :

> Alors, quand toute chose est prête,
> Trouvant le temps toujours trop court,
> Elle brode une collerette,
> Met à sa robe une paillette,
> A son corsage un brandebourg ;
> Et sa voix au hasard répète
> Un chant des chefs-d'œuvre du jour,
> De *Moïse*, de la *Muette*,
> De *Stradella*, du *Giaour*...
> Et sa grande âme de poète,
> Fuyant ce terrestre séjour,
> S'en va de planète en planète
> Au fond des cieux, et se reflète
> Dans les soleils qu'elle parcourt.

Les six pièces qui vont suivre sont dans un genre qui nous reporte tantôt au pseudo Moyen âge en faveur sous la Restauration, tantôt aux *Contes d'Espagne et d'Italie* de Musset (1830) :

Peppa. Strophes de 7 vers, de 8 pieds :

C'est plus qu'une imitation, c'est un pastiche de l'*Andalouse* de Musset.

> J'aime Peppa, mon Espagnole,
> Mon Espagnole à l'œil plus clair
> Que le bronze de l'espingole,
> Oh ! ma Peppa, dont le pied vole
> Jetant des paillettes dans l'air...

> Mon amoureuse de Valence
> Cache son front sous un réseau ;
> Son col ploie avec indolence ;
> Au moindre accord elle s'élance,
> Chante, bondit...

La Châtelaine de la Vendée. Strophes de 8 vers, de 3, de 8 et de 12 pieds.

Un récit d'autrefois qui contient, il semble bien, une espérance :

> Châtelaine
> Vendéenne,
> Quand finira le temps de peine,
> Au milieu d'un cortège éclatant se verra ;
> Et, sur un cheval blanc, le vainqueur saluera
> De sa main jeune et souveraine
> Châtelaine
> Vendéenne.

La Châtelaine du Languedoc. Strophes de vers, de 12 pieds, entremêlées de strophes de 10 vers, de 8 pieds.

C'est un hommage à Clémence Isaure, fondatrice des Jeux floraux de Toulouse.

Madame Agnès de Picardie. Distiques de 8 pieds.

La mieux réussie de ces pièces moyenageuses ; une jolie figure que cette Madame Agnès :

> Depuis le *ré* jusques à l'*ut*,
> La plus habile sur le luth ;
> A la danse la plus folâtre,
> La plus rêveuse auprès de l'âtre ;
> La plus fidèle à son devoir
> Et la plus dangereuse à voir.

Les Brigands espagnols. Strophes de 4 vers, de 12 pieds, et de 7 vers de 6 pieds.

Tout à fait dans le genre romance, *Moine et Bandit*, par exemple :

> Nous détournons nos pas
> De la route battue ;
> Nous ne vieillissons pas...
> On nous tue.

Les Balancelles. Vers de 8 et de 12 pieds.

Les Inséparables. — A Mesdemoiselles A. de R. et C. de L. Datée du 31 janvier 1824. — Vers de 12 pieds.

Touchant tableau de deux amies que l'anniversaire de la mort de leur protectrice, Amicie,

> Celle dont les conseils avaient tant de douceur
> Qu'on eut dit que c'était ou leur mère ou leur sœur,

conduit prier sur un tombeau.

Les Jours de mai. Strophes de 8 vers, de 8 pieds.

Trois Rêves. Vers de 12 pieds, et strophes de 4 vers de 8 pieds.

Cette pièce nous ramène aux souvenirs de voyages de Rességuier, à l'Italie, à la Sicile, à la mort d'une jeune fille dans tout l'éclat de la beauté et de la jeunesse :

> Gaieté napolitaine, abandon de créole,
> Secret de poésie, amour, gloire, auréole,
> Charme toujours présent et toujours imprévu,
> Au devant de mes pas elle vient...
> J'ai vu la même femme...
> Deux bras la soutenaient, son corps était tremblant,
> Sur son sein tout à coup son front pâle retombe ;
> Déjà s'ouvre pour elle et le ciel et la tombe.

Le Galop. Strophes de 6 vers, de 8 pieds.

Cette pièce doit prendre place parmi les tableaux mondains que nous avons vus plus haut, avec quelque touche du Musset andalous :

> C'est ma valseuse rose et blanche,
> Elle s'élève, elle se penche,
> Redouble d'élan indompté ;
> Comme en faisant flotter sa rêne
> Un coursier blanc fuit dans l'arène,
> Au bruit du clairon emporté.

A rapprocher du *Bal*, de Vigny. L'élan, le mouvement est plus grand que dans la pièce du poète d'*Eloa*. Comme poète mondain, Rességuier le distance.

SONNETS.

I. *Silvio Pellico.*

> Ame faite aux tourments et pour le ciel choisie,
> Que deux ailes de feu, la foi, la poésie
> Emportent des cachots à l'immortalité.

II. *A Charles Nodier.*

Rességuier y loue la fraîcheur, la jeunesse des écrits du maître qui recevait les romantiques à l'Arsenal ; mais c'est bien plus en l'honneur de Mlle Nodier qu'est fait ce sonnet, qui prend place à côté des vers de Musset, de Fontaney, d'autres encore, adressés à la même Muse inspiratrice :

> Pourquoi cette harmonie et ces fraîches couleurs ?
>
> C'est qu'une jeune fille au doux nom de Marie,
> Qui chante comme toi, qui pour toi veille et prie,
> Fait tomber sur ton front ses baisers et ses fleurs.

III. *A M. Victor Hugo :*

Sonnet curieux par l'explication que l'auteur donne de la naissance du romantisme, après avoir proclamé son culte pour les classiques :

> Certes, grands et petits, nous le confessons tous,
> Mais ceux qui s'élançaient vers leur sphère divine
> Ne montaient qu'aux clameurs des critiques jaloux.

Hugo n'était sans doute pas du même avis ; mais il dut être content de la chûte du sonnet :

Et la Muse hardie accepta le cartel.

La haute question alors fut résolue.
Et depuis ce jour-là l'Europe te salue
Poète, enfant sublime et jeune homme immortel.

IV. *A Madame de Girardin* (Delphine Gay). En vers de 8 pieds.

Petite statuette, où Mme de Girardin est saisie dans l'attitude de la Muse, attitude qu'elle prenait volontiers :

Sa main de sa tête inspirée
Soutient l'ovale harmonieux.
De sa voix pure et mesurée
Tombe un chant mâle ou gracieux.

Alors de la nue azurée
L'éclat semble inonder ses yeux ;
On dirait la Muse entourée
D'éclairs et d'astres radieux.

V. *Un Second Enfant.* A M. A. Méliot.

A rapprocher de la pièce célèbre des *Contemplations*, le *Revenant*, dont il est comme une première ébauche. Peut être la pensée y est elle plus naturelle, quoique l'exécution soit bien inférieure.

Ta bouche est sa bouche vermeille,
Dans tes yeux de teinte pareille
Le même doux regard a lui.

Nous t'appelons aussi le nôtre
Tu n'es pas tout à fait un autre,
Et cependant tu n'es pas lui.

M. A. Méliot, est le même dont nous avons vu figurer le nom plus haut, dans *Quelques Poètes à mon foyer*.

VI. *A mes Enfants*.

Ce beau sonnet, nous apprend que les enfants de Jules de Rességuier, eux aussi, cultivaient la poésie.

> Je descends, vous montez : quand vous serez au faîte,
> D'en bas j'écouterai vos chants mélodieux.
> Je suis l'arbre d'hiver ployé par la tempête ;
> Vous, la fleur du soleil qui regarde les cieux.

Malgré quelques beaux vers, on ne peut pas dire que Rességuier ait réussi dans le sonnet. Il y faut une vigueur de pensée, une précision de forme qui ne sont pas ses qualités dominantes en poésie.

Les sept pièces qui suivent ne se rattachent à aucune idée générale, et sont très variées d'inspiration : légendes romantiques, comme la septième et la huitième ; scènes modernes, comme la première, la seconde, la troisième, la quatrième, *la Bouquetière*.

Une Pauvre femme. Vers de 12 pieds.

Elle aurait pu être intitulée, une *Chapelle dans les cintres de l'Opéra*. L'auteur visite sur ces *hauteurs*,

> Sous le toit, une femme infirme, pauvre, âgée,
> Et par un crucifix dans son lit protégée ;
> Tout l'Olympe païen que renferme ce lieu
> Est ainsi dominé par l'image de Dieu.

Napoléon et la Fille de la Légion d'honneur. Strophes de 4 vers, de 12 et de 8 pieds ; de 4 vers, de 8 pieds.

Ce titre promet plus qu'il ne tient ; ou du moins le tient autrement. C'est une série de compliments, fort gracieux et élégants, adressés à une femme du monde, ancienne élève de la Légion d'honneur. On ne peut s'empêcher de trouver quelque disproportion dans ce parallèle :

> Au rocher d'une île lointaine
> Le destin marqua son tombeau ;
> Mais pour vous point de Waterloo,
> Et pour vous point de Sainte-Hélène.

Fée ou Péri. Strophes de 6 vers, de 6 et de 4 pieds.

Inspirée par quelle enchanteresse de salon :

> Fée ou Péri, que sais-je?
> Dieu fit ton sein de neige,
> Ton cœur de feu.
> Ton œil ardent ressemble
> A l'étoile qui tremble
> Dans un ciel bleu

La Musique. Vers de 4 pieds.

Même inspiration mondaine, d'une époque, la Restauration, où la harpe était encore en honneur dans les salons — on y revient aujourd'hui. Eloge de la musique, à l'occasion de la musicienne :

> Que ta main tende
> La harpe d'or,
> Et que j'entende
> Du chant encor.

Vers écrits sur l'album de Madame de***. Vers de 12 pieds.

Cette madame de *** était grand'mère, mais si jeune encore, et si charmante, que

> Nous dirons à présent : « Il n'est plus de grand'mère »
> Comme on disait jadis : « Non, il n'est plus d'enfant! »

Si la Femme savait ! Vers de 12 pieds.

Conclusion : Femmes méfiez-vous de l'amour.

> Si la femme savait qu'en aimant elle est triste
> D'un mal qui la vieillit et doit la consumer,
> Qu'elle abandonne tout, ses jeux, ses chants d'artiste,
> Et sa beauté si chère... oserait-elle aimer ?

Ne s'agirait-il pas de Delphine Gay, devenue Mme de Girardin en 1831 ?

Légende de la Bretagne. Strophes de 4 vers, de 12 pieds.

C'est bien plus une élégie qu'une légende, suivant le mot de l'auteur dans une note où il nous apprend qu'il en a emprunté le sujet à Emile Souvestre. Il s'agit d'un fiancé qui vient de perdre sa fiancée, dont on lui laisse pressentir le destin par des sous-entendus pleins de délicatesse et de poésie.

> Mon fils, vous reverrez ces mêmes clairs de lune,
> Vous reverrez les fleurs aux maisons s'enlacer,
> Et nos filles encor sous nos arbres danser ;
> Mais déjà pour la ronde, hélas !.. il en manque une.

Raymond. Strophes de 4 vers, de 10 pieds.

Histoire d'un brigand qui s'éprend de la femme qu'il a sauvée. Ce Raymond est un frère très affaibli du Moor de Schiller.

> Ce qu'il avait ne se pouvait comprendre,
> Nul ne l'a su, du moins nul ne l'a dit ;
> Dans les forfaits c'était un rêve tendre,
> Un amour pur au fond d'un cœur maudit.

La Bouquetière. Strophes de 4 vers, de 5 pieds.

Genre romance, probablement écrit à cette intention. Rien des petites bouquetières du boulevards :

>Je vends anémone,
>Jacinthe, lilas.
>Mon cœur, je le donne
>Et ne le vends pas.

Pensée douce. Strophes de 12 pieds.

Se rattache aux poésies inspirées à Rességuier par les sentiments de famille qui ont laissé tant de traces dans ses vers. Il s'agit, pensons-nous, de son fils. Les trois strophes se terminent chacun par ce simple cri du cœur : Je crois bien.

>Pour ce fils, votre orgueil, lui pourtant si modeste,
>Pour ce fils, de vos pas l'élan et le soutien,
>Vous donneriez vos jours, le peu qu'il vous en reste,
>Pour ajouter aux siens, à l'instant ? — Je crois bien !

On dit, mon Ange. Strophes de 4 vers, de 4 pieds.

Madrigal sautillant, qui se termine par une belle pensée :

>L'amour qui change
>N'est pas l'amour.

Un Précepte. Strophes de 4 vers, de 8 pieds.

Il faut rendre le bien pour le mal : tel est le précepte, ancien, mais rajeuni par trois comparaisons poétiques qui mériteraient de prendre rang dans une anthologie :

>Le coquillage que la brise
>A fait rouler hors de son lit,
>D'un torrent de perles remplit
>La main qui l'ouvre et qui le brise.

>Le bloc d'agate rose et blanc,
>Aux nuances capricieuses,
>Orne de pierres précieuses
>Le poignet qui frappe son flanc.

> L'arbre d'automne qui reflète
> Au soleil ses fraîches couleurs
> En versant des fruits et des fleurs
> Répond aux pierres qu'on lui jette.

Seulement on ne comprend pas que cet arbre d'automne porte encore des fleurs, et que s'il porte des fleurs il donne des fruits.

Fragments. I. *La Duègne* — II. *Une Prière* — III. *L'Insomnie* — IV. *Conversation*. — Vers de 12 pieds.

Sauf le premier, qui doit être rangé parmi les scènes espagnoles de l'auteur, ces fragments semblent inspirés par des sentiments personnels et faire partie d'un poëme intime de famille. Ainsi, dans la *Prière*, ce portrait :

> C'est qu'aucune autre femme, aucune sur la terre,
> N'enferma dans son cœur un si divin mystère ;
> C'est qu'aucune jamais n'eut la bonté qu'elle a.
> Oh ! pour nous et pour vous, mon Dieu, protégez-la !
> Car son âme encor plus que son charmant visage,
> Son âme ardente et pure est faite à votre image...
> Pour son front qu'a touché le souffle du génie,
> Pour son regard d'amour, pour sa voix d'harmonie,
> Et son cœur d'espérance et son âme de feu,
> Mon Dieu ! protégez-la.

Chodkiewicz. 1621. Chant Polonais. Mélange de vers de 12 et de 8 pieds. Avec cette note :

« Ce chant fait partie de la *Vieille Pologne*, ouvrage publié par M. le Major Forster. »

A. S. A. R. Mademoiselle. Mélange de strophes de 4 vers, de 12 pieds ; et de strophes irrégulières, de vers de 12 et de 8 pieds. Daté, mars 1832.

Dans ces vers adressés à la fille du duc de Berry, sœur du duc de Bordeaux, plus tard duchesse de Parme, que la Révolution de 1830 venait de jeter avec leur aïeul, le roi Charles X, sur la terre d'exil, à Holyrood, Rességuier témoigne de sentiments royalistes, qui ne faiblirent jamais en lui, et dont la plupart des pièces suivantes sont aussi empreintes. Mademoiselle, née le 21 septembre 1819, avait alors treize ans et était pleine de vivacité, de grâce, d'élan. Rappelant le souvenir de Marie Stuart, le poète dit de la noble enfant exilée :

> Comme elle, l'on vous voit dans les jours orageux
> Sur la balustrade appuyée,
> Regarder vers la France, et reprendre vos jeux
> Après une larme essuyée.

Louise à M. le Baron de Sèze. Strophes de 4 vers, de 8 pieds.

A propos d'un joli mot de la même princesse, au sujet de « pauvres petites filles » qu'elle soutenait autrefois de ses dons.

Ce trait touchant de la vie de Mademoiselle a également inspiré un autre poète, ami de Rességuier, Adolphe de Saint-Valry, dans sa pièce : *Aux pauvres petites filles de Mademoiselle*. Voir *Fragments de Poésie*, Paris, Dentu, 1833, in-12, p. 91.

> Aujourd'hui même elle imite l'apôtre
> Qui donnait, à défaut de joyau et d'argent,
> Jusques à son manteau pour vêtir l'indigent.
> Du fond de son exil, Louise vous envoie
> Sa robe d'innocence et vous l'offre avec joie.

Dans une note qui accompagne ces vers, on lit :

« La robe de la jeune exilée fut tirée au sort à une brillante soirée chez Mme la C^{sse} de R..., (1) dont ces vers furent en quelque sorte le programme ».

Nous n'analyserons pas les pièces suivantes qui, sauf

---

(1) La comtesse de Rességuier, sans doute.

quelques-unes, sont des vers politiques ou de circonstances :

Les Princesses de Naples à la frontière d'Espagne. Novembre 1829. Strophes de 4 vers, de 12 et de 8 pieds.

Sur la rencontre, au pied des Pyrénées, de la Duchesse de Berry et de sa sœur la reine d'Espagne, se rendant d'Italie dans son nouveau royaume.

Au Comte de Peyronnet. 1827 et 1832. Vers de 12 pieds.

Sur son portrait, exposé au Louvre en 1827.

Les vers de 1832 sont adressés à M. de Peyronnet, alors enfermé à Ham.

A M. de Lamartine. 1830 et 1833. Vers de 12 pieds.

Déjà, en 1830, Rességuier pouvait dire de Lamartine, lors des journées de Juillet :

> Quand un peuple rugit dans l'ivresse du crime,
> Qu'il demande du sang en criant : Liberté !
> Vous avez le courage, avec un chant sublime,
> De vous montrer en face à ce peuple irrité.

C'est ce qu'on dira encore de lui en 1848.

Les Petites filles de l'Ecole des sœurs. A M. le curé de Saint-Roch. Strophes de 4 vers, de 8 pieds.

Un Breton. A M. A. de Beauchesne. Vers de 12 pieds.

A un Elève de l'Ecole militaire de Fontainebleau, qui m'a adressé des vers charmants sans signature. Strophes de 4 vers, de 12 et 8 pieds.

La Poésie. A M. Emile Deschamps. Vers de 12 pieds.

Emile Deschamps a répondu à ces vers dans sa pièce : *A Jules de Rességuier* (Œuvres, Paris, A. Lemerre, 1872, I, p. 239).

A M. Reboul, de Nimes. Vers de 12 pieds.

Au Prince Elim Mestscherski (1). Vers de 12 pieds.

> Un barde dont la voix chante avec assurance
> Des vers harmonieux dans la langue de France...
> Son œil jette un éclair des rayons du Midi,
> Et l'on voit sur son front la tristesse secrète
> Dont le Ciel a marqué chaque front de poète.

Après avoir entendu de beaux vers sur la translation des statues du pont Louis XV à Versailles. Vers de 12 pieds.

A Lamartine, après la lecture de « Jocelyn ». Vers de 12 pieds.

Prions. Strophes de 4 vers, de 8 pieds.

> Tout, jour à jour, nous abandonne,
> Ce que nous cherchons fuit nos pas ;
> Nous voulons que ce monde donne
> Un bonheur, hélas ! qu'il n'a pas.

VIII

Jules de Rességuier se tenait trop éloigné, sinon du monde des lettres, du moins des partis littéraires et de leurs ardents débats, trop enfermé dans son groupe d'amis intimes, pour que l'apparition d'un nouveau recueil poétique de lui, devint un événement littéraire : les *Prismes poétiques*, furent donc plus appréciés des délicats qu'acclamés par le grand public. On en aima certainement l'homme un peu plus, on fut ému de sentiments si purs, si généreux, si délicatement, si noblement exprimés, mais son nom ne prit pas place à côté de ceux qui occupaient bruyamment la renommée. Ni son bonheur, ni sa quiétude ne furent troublés par ce que d'autres auraient pu considérer comme un déni de justice. Jules de Rességuier avait placé

---

(1) Le prince Elim Mestscherski, chambellan de l'Empereur de Russie, né en 1808, auteur des *Boréales* (1838), des *Roses noires* (1845), des *Poètes russes* (1846), mourut à Paris en novembre 1844.

plus haut le but et l'ambition de sa vie : la religion lui faisait entrevoir d'autres palmes que celles de la gloire. Il y avait trois ou quatre ans que son dernier recueil avait paru, lorsqu'un grand changement se fit dans sa vie. Parti en 1842, pour passer, comme chaque année, quelques mois à Sauveterre et à Toulouse, ce séjour qui devait être passager, se prolongea indéfiniment : Jules de Rességuier ne revint plus à Paris. Il rompit alors si bien avec l'esprit de retour dans la capitale, qu'il n'y posséda même plus un pied à terre. Ses raisons pour renoncer à une société où il se plaisait et où il était si bien accueilli, à des amis qui lui étaient toujours chers, il n'en laisse rien percer dans ses écrits ultérieurs, et nous ignorons complètement la cause de cette soudaine et irrévocable résolution. Ce que nous savons, c'est que ni ses habitudes de vie élégante et studieuse, ni la sérénité de sa vie et de son langage ne s'en ressentirent. Le salon de Toulouse remplaça celui de Paris, Sauveterre fut plus souvent, plus continuement habité, ce fut tout. Nous ne sachons pas que ni les événements politiques de 1848, ni l'élection de son fils Albert à l'Assemblée Nationale, où il fut un des députés distingués de la droite, aient rappelé, si ce n'est peut-être très passagèrement, Jules de Rességuier à Paris. Sa vie à Sauveterre était devenue presque patriarcale : en 1861, il eut le bonheur de célébrer les noces d'or de son heureuse union. La poésie ne s'était pas retirée de lui, mais il ne publiait plus rien, sauf à ces fêtes des Jeux Floraux auxquelles son affection était restée fidèle; et c'était pour venger la Muse :

> On proscrit l'idéal, on soumet chaque chose.
>   A la mesure du compas;
> Tout est à l'industrie, au calcul, à la prose...;
>   — Grâce à Dieu ! je le crois pas !

> On n'aime plus les vers. — ô mensonge! hérésie!'
> Aveugle, on n'aime plus le jour ;
> Et sourd, on n'aime plus les chants, la poésie ;
> Et vieux, on n'aime plus l'amour !
>
> Mais si nous conservons la jeunesse en notre âme,
> A la gloire nos cœurs ouverts ;
> Nous sentirons toujours en nous l'ardente flamme
> Et de la musique et des vers.

La mort fut douce envers lui, comme elle devrait l'être à tous ceux qui n'ont connu d'autre passion que celle du beau, du bien et du juste, qui ont toujours vécu dans la sérénité de l'âme et la paix de la conscience. Entouré des siens qu'il ne cessait de consoler, elle vint, le 7 septembre 1862, l'affranchir des liens terrestres, après quelques jours seulement d'une maladie qui lui laissa toute sa lucidité d'esprit, tout son charme de parole. Il fut remplacé à l'Académie des Jeux Floraux par un pieux et éloquent religieux, le R. P. Caussette qui y prononça son éloge en 1864. Voici comment le R. P. Caussette, et M. Dugabé, chargé de le recevoir, ont apprécié dans leurs discours le Comte Jules de Rességuier, l'homme et l'écrivain :

« M. de Rességuier était le type du vrai gentilhomme ; il portait son titre et son nom, sans raideur et sans morgue, avec l'aisance et la simplicité d'un légime possesseur. Son urbanité était parfaite, sa politesse exquise. Il avait pour tous une bienveillance égale, qui répandait autour de lui, dans ses discours comme dans ses actions, un charme indicible ; au lieu d'être importune, sa supériorité le faisait aimer davantage, tant il mettait d'application à ne pas la faire sentir. Il avait de l'esprit pour tout le monde et il semblait emprunter l'esprit des autres. » (1)

---

(1) Dugabé, *Réponse* au R. P. Caussette, qui succéda à Jules de Rességuier comme mainteneur. *Recueil des Jeux Floraux,* 1864, p. 395

« En lui l'esprit n'était que la parure de la bonté. Tandis qu'un bon mot est souvent une parole méchante, et que le sel de la conversation en exclut la douceur, l'inoffensibilité de Jules de Rességuier était encore plus louée que son originalité piquante. Tolérant pour les partis comme s'il avait eu besoin de leur indulgence, optimiste envers les hommes comme s'il n'en avait trouvé que de bons, il mettait dans ses rapports une nuance de sympathie et de politesse, qui tend à disparaître avec les représentants de l'ancienne société. » (1)

« Il est vrai que l'auteur des *Prismes poétiques* et des *Tableaux poétiques* n'exerça point d'influence sociale, et ne poussa guère de ces notes sonores qui font vibrer l'âme d'un peuple. Il chanta moins pour la gloire que pour le plaisir de ses amis. Sa famille était pour lui un auditoire. Le sourire de sa femme et de ses enfants l'inspirait mieux que les applaudissements de la foule... Reconnaissons qu'il maria, dans un genre qui lui fut propre, le sentiment de Lamartine à la libre facture d'André Chénier » (2).

IX

Sur son lit de mort Jules de Rességuier avait semblé d'abord vouloir donner aux siens quelques instructions touchant les manuscrits qu'il laissait non publiés, mais il s'était brusquement arrêté, ajoutant : « Non, non, il vaut mieux qu'il en soit ainsi ». La modestie du poète et le détachement du chrétien lui avaient imposé silence. Les siens, cependant, — et ils ont eu raison — ont publié deux ans après sa mort, en 1864, un recueil posthume sous ce titre :

---

(1) Le R. P. Caussette. *Remerciement. Idem*, p. 370.
(2) Le R. P. Caussette, *Remerciement*, p. 371.

Dernières | Poésies | du | comte Jules de Rességuier. | Toulouse | Imprimerie de A. Chauvin | rue Mirepoix, 3. | 1864, in-8.

8 pp. pour le faux-titre, le titre et la préface, et 203 pp. chiff., dont 3 pour la table. Couverture imp., encadrement à double filet, papier glacé gris perle (1).

Voici une partie de la Préface que l'on peut supposer écrite par sa famille, bien qu'elle ne soit pas signée :

« Nous croyons les dernières poésies du comte Jules de Rességuier supérieures à celles dont la publication, déjà ancienne, a jeté sur son nom un éclat littéraire qui se rattache au grand mouvement intellectuel des trente premières années de ce siècle.

L'éloignement de Paris, la retraite au sein des jouissances et des devoirs du foyer domestique, l'âge lui-même, n'ont amoindri ni la sensibilité du poète, ni la délicatesse de l'artiste, ni le tact de l'homme du monde. Ces qualités originales et caractéristiques de son talent se sont, au contraire, développées et affermies, en s'imprégnant de plus en plus de la couleur religieuse et de l'élément chrétien, qui n'ont fait défaut à aucune des compositions de sa jeunesse.

Malgré quelques légères imperfections que l'auteur, plus exigeant en cela que qui que ce soit, avait le projet de faire disparaître, ce recueil posthume nous semble très digne de prendre place à côté des œuvres poétiques les plus achevées. Ce n'est pas cependant tout à fait au public que nous le destinons. Nous ne le faisons, quant à présent, imprimer qu'à un très petit nombre d'exemplaires, et seulement pour quelques amis qui ont bien voulu le réclamer.

... Nous ne voulons, en ce moment du moins, confier cette chère mémoire qu'à ceux qui s'associent au culte que nous lui rendons, et qui ont aimé et apprécié l'ami plus encore, qu'ils n'ont admiré le poète.
                                    Sauveterre, janvier 1864.

(1) Bibl. de l'Arsenal, Poésie, 2839. — A l'occasion de ce volume, le *Bulletin du Bibliophile* publia un article nécrologique et critique du prince Augustin Galitzin sur Jules de Rességuier, 1864, p. 1102.

Ce recueil se compose de 58 pièces de vers de formes et de mètres variés. Aucune ne porte d'épigraphe. Sous le titre général de *Médaillons : Physionomies et caractères de femmes*, (douze, pp. 53-87), il nous offre un modèle peut-être unique de poésie à la fois mondaine et religieuse. Une certaine quantité de pièces, comme le *Chien d'Orio,* le *Maréchal de Boucicaut, Charles-Quint au couvent de Saint-Just, Déclaration d'Henri V d'Angleterre à Catherine* (Shakspeare), *Un mot sur Shakspeare et une scène du « Marchand de Venise », Une Fille de roi, le Vieux roi, A Viva, Au bord de la mer*, sont assez fortement empreintes de romantisme, et doivent remonter à des dates plus anciennes ; mais le plus grand nombre sont des tableaux très fins, très émus, de la vie intime, des anciennes amitiés ; parmi ces dernières, nous citerons : *A M. de L [amartine]*, à l'occasion de la *Chute d'un Ange* (1838) ; *Saint-James,* le pavillon Beauchesne, qu'il faudra consulter sur ce poète trop oublié, ou plutôt que l'historien de *Louis XVII* a rejeté dans l'ombre ; le *Cloître de Villemartin,* où il chante cette création champêtre d'Alexandre Guiraud, qui y écrivit son dernier poëme en lui en donnant le nom ; *Le R. P. Lacordaire,* souvenir des dernières conférences prêchées à Toulouse par le grand Dominicain. Nous avons fait connaître les pièces de ce recueil où il a célébré sa demeure ancestrale de Sauveterre *(Notre maison, la Nouvelle maison),* et la vieille servante Sophie. En finissant, nous citerons encore ces vers, si pleins de hautes et religieuses pensées, de la pièce, *Ah! ne nous plaignons pas :*

> Sitôt que vient sur nous la souffrance avec l'âge,
> Au pays, mot charmant qui promet la santé,
> Dans le petit vallon, près du petit village,
> Si l'ont peut voir fleurir l'arbre qu'on a planté ;

Si l'on peut moissonner, sans en compter le nombre,
Des fleurs à chaque pas sur le bord du chemin ;
Si l'on peut à midi goûter le frais, sous l'ombre
      D'un bois qu'on sema de sa main ;
Si l'on voit s'élever à la taille des hommes,
Des enfants adorés qui font tout notre orgueil
. . . .

Ah ! ne nous plaignons pas, quand de la jeune fête
Tous les élans joyeux sont pour d'autres que nous ;
Ah ! ne nous plaignons pas, quand ils lèvent la tête,
Tandis que notre front penche vers nos genoux.
. . . .

Ce n'est plus le printemps ni la terre émaillée
De toutes les couleurs de la jeune saison ;
C'est l'automne, et la terre à demi dépouillée
Ouvrant à nos regards un plus vaste horizon,
Lorsque novembre vient, et de son souffle cueille
Les branches et les fleurs, les parfums et le miel,
A travers les rameaux de l'arbre qui s'effeuille,
      On voit mieux les rayons du ciel.

Cette dernière pensée, si belle, a été reprise par Victor de Laprade dans une pièce de vers de ses *Symphonies*, qu'elle a rendue célèbre : *Feuilles, tombez.*

Sans pouvoir le compter parmi les grands poètes de la France, qui ont laissé dans le champ de la poésie un puissant sillon, Jules de Rességuier est un de ceux qui ont eu leur originalité propre, qui sont les représentants d'un genre. Jules de Rességuier fut le poète du foyer élégant. Cette poésie qui en Angleterre a été depuis brillamment cultivée par Coventry Patmore, n'aurait pas eu sans Rességuier de représentant en France. C'est en quelque sorte un Sainte-Beuve aristocratique, un Sainte-Beuve élégant, religieux aussi, ce que ne fut en aucune façon l'auteur des *Poésies de Joseph Delorme.* Ce domaine, Jules de Rességuier le fit sien, et il brille encore d'assez de beautés pour que les Lettres françaises conservent sa mémoire (1).

(1) Au cours de la publication de cette étude, nous avons recueilli quelques renseignements nouveaux, que nous donnons ici, et qu'il sera facile de reporter aux passages correspondants :

Delphine Gay, a donné pour épigraphe à son élégie : *L'une ou l'autre,* ce vers de Jules de Rességuier :

Pour le malheur d'un autre on manque de courage.

Une note des *Euménides,* Paris, 1840, d'Edouard d'Anglemont, nous apprend qu'à cette époque, Jules de Rességuier était propriétaire du château du Marais, près d'Argenteuil, où était mort le marquis de Mirabeau, *l'Ami des hommes,* père du célèbre tribun, p. 263.

On lit dans la préface, vrai manifeste littéraire, qu'Emile Deschamps a placée en tête de ses *Etudes françaises et étrangères,* Paris Urbain Canel, 1828, in-8, imprimerie de Goetschy, LXI et 319 pp.;

« Si j'ai intercalé dans ce recueil de poésies toutes modernes, quelques extraits d'une traduction inédite des Odes d'Horace, malgré l'espèce de bigarrure qui en résulte, c'est que M. Jules de Rességuier me l'a demandé dans une des plus charmantes pièces de ses *Tableaux poétiques,* LA BAYADÈRE, composition pleine d'harmonie, de couleur et de nouveauté : on concevra qu'il m'était plus aisé de lui obéir que de lui répondre. »

ÉDOUARD D'ANGLEMONT

A

LA MÉMOIRE

DE

MARIE-ROSE FROMENT
1791-1877

FILLE

DE

ANTOINE-JEAN FROMENT
Violoniste et Compositeur

EDOUARD D'ANGLEMONT

I

Edouard-Hubert-Scipion d'Anglemont, appartient à notre plantureuse Normandie et à ce groupe neustrien, assez particulier, qu'on pourrait former avec Ulric Guttinger, Julien Travers, Alphonse Le Flaguais, Trébutien, Louis Bouilhet, presque ses contemporains, et depuis avec Gustave Le Vavasseur, Charles Canivet, Paul Harel, les deux Fremine, etc.

Il naquit à Pont-Audemer, le 28 décembre 1798. Il appartenait à une famille ancienne, qui semble avoir été originaire de la Flandre, aux environs de Saint-Omer, si nous nous en rapportons à ces vers où le poète lui-même énumère les pays dont les légendes l'ont inspiré :

> Les vieux châteaux normands, la Seine aux beaux rivages,
> La Rille dont l'air pur souffla sur mon berceau,
> Les forêts de Bretagne et ses landes sauvages,
> Ont de tributs nombreux enrichi mon faisceau.
> Mais avec tes manoirs et tes couvens mystiques,
> Flandre où mugit l'Escaut, *terre de mes aïeux*,
> Tu n'es pas moins féconde en récits fantastiques (1).

---

(1) Le Chateau de Clairmarais, dans les *Nouvelles Légendes françaises*, p. 51.

Peut-être était-il parent de ce sous-lieutenant Pinet d'Anglemont, « ancien élève de l'Ecole Polytechnique, qui en 1816, à Grenoble, dans les troubles de l'Isère, offrait au gouvernement ses services. » (1) Dans tous les cas, son père était du nombre des fervents légitimistes et le fils le fut comme lui. La famille était établie au petit domaine du Prémanoir, situé sur le joli village de Saint-Samson de la Roque ou sur-Rille, arrondissement de Pont-Audemer, à 7 kil. S.-O de Quillebeuf.

Rien de plus joli, de plus souriant, que ce pays, dominant de sa légère colline tout l'estuaire de la Seine; de plus pittoresque aussi avec sa vieille église du XIIe siècle, sa grotte sauvage qui servit, dit-on, d'asile à saint Béranger; son marais Vernier, dont les eaux traîtresses ne sont pas sans danger, ainsi que notre poète l'éprouvera lui-même; son lac poissonneux de la Grande Mare, tout un horizon merveilleux où les flots de la mer le disputent en beauté aux nombreux villages, aux gros bourgs semés sur cet immense tapis vert; et, le soir, les trois phares qui s'allument aux extrémités de son triple promontoire.

Les souvenirs historiques n'y font pas défaut non plus; ceux de saint Samson, qui au VIe siècle, sous Clotaire Ier, roi de Soissons et souverain de la Normandie, avait, en 527, sur ce territoire qui lui appartenait en fief, fondé la riche abbaye de Pentale, détruite plus tard (840) par les Normands, mais dont la collégiale qui la remplaça demeura toujours sous l'autorité religieuse des évêques de Dol, dont le siège avait été occupé par saint Samson; ceux aussi de la guerre de Cent ans,

---

(1) *Moniteur* de 1816, N°s 569 et 613.

comme en témoigne le nom de *Champ des Anglais*
donné à une localité du pays. C'est bien là que devait
naître un poète ami et chantre des vieilles légendes. Au
milieu d'un tel pays, Edouard d'Anglemont était évidemment prédestiné à écrire *les Légendes Françaises*.

Il n'est pas douteux qu'Edouard d'Anglemont n'ait
senti de bonne heure le charme de ces paysages normands, de ce voisinage de la mer et de ses changeantes
scènes. Quelques-uns de ses premiers vers nous l'attestent : et toujours les flots, les verdoyantes prairies
formeront le fond de ses tableaux poétiques. Dès 1824,
par un retour sur lui-même, il s'adressait ainsi à
Alexandre Guiraud, qui, lui, allait revoir ses Pyrénées
natales :

> Que ne puis-je revoir l'asile
> Où mon âme pure et tranquille
> S'enivra d'un premier amour ;
> Ces vallons, ces plaines fleuries,
> Où, dans mes jeunes rêveries,
> D'Apollon je cherchai la cour ;
>
> Où la gaze, à ma main docile,
> Couvrit le papillon agile
> D'une transparente prison ;
> Où des guérets l'hôte rapide,
> Atteint de mon plomb homicide,
> De son sang rougit le gazon.
>
> Que ne puis-je revoir la ville,
> Où cent ruisseaux, fils de la Rille,
> Versent leurs limpides trésors.... (1)

C'est peut-être le souvenir du temps où il faisait,
enfant, la chasse aux papillons dans les prairies des
bords de la Rille, qui lui inspira plus tard une de ses

---

(1) *Odes*, A MON AMI A. GUIRAUD, p. 108.

plus jolies pièces : *A un papillon volant sur la place de la Bourse*.

> De ton aspect mon œil s'étonne,
> Papillon aux jaunes couleurs,
> Image des feuilles d'automne,
> Drapeau de la saison des fleurs...
>
> Fuis donc, cherche la primevère
> Au bois d'Auteuil ou de Passy ;
> Les fleurs de percale ou de vers
> Sont les seules qu'on trouve ici. (1)

Il est peu de campagne aussi bien pourvue de rivières au cours limpide et lent, de sources fraîches, de ruisseaux causeurs, que les environs de Pont-Audemer, qu'arrosent, indépendamment de la Rille, les eaux de la Véronne, en amont ; de la Sébec à Pont-Audemer même ; de la Corbie grossie des petits affluents des Godeliers, du Foulbec, du Doult-Héroult, en aval. Edouard d'Anglemont, les a souvent chantés et on en sent comme le murmure et la printanière fraîcheur dans ses vers :

> Voyez ! au bout de ma prairie,
> La calme Risle, aux reflets bleus,
> Coule, effleurant sa broderie
> De joncs, de roseaux onduleux !
>
> La bergeronnette gentille,
> Sur le sable du bord, gaîment,
> Bat l'air, en sa grise mantille,
> De sa queue, éventail charmant !
>
> Les demoiselles, que fleuronnent
> Le rubis, l'améthyste et l'or,
> Passent, repassent ou couronnent
> Les hauts glayeuls de leur trésor !

---

(1) *Les Roses de Noël*, p. 295.

> Au dessus de l'eau qui se moire
> Sous un léger souffle du vent,
> Se croisent l'hirondelle noire
> Et l'alcyon, saphir vivant. (1)

Vers 1819, ayant à peine atteint sa majorité, il perdit son père : sa douleur fut grande et il a dédié à cette chère mémoire une de ses premières pièces de vers. L'intention sans doute en est meilleure que la forme : mais il est intéressant de connaître ses impressions de famille à cette date :

> O jour qui m'a ravi le père que je pleure,
> Dont l'aube après cinq ans est prête à revenir,
> Je te consacrerai jusqu'à ma dernière heure
>   Un profond souvenir.
>
> Non, il ne sortira jamais de ma pensée
> Cet instant solennel, où mon père expirant
> Levait encor vers moi sa main déjà glacée
>   Et son regard mourant...
>
> Je ne t'entendrai plus à mon âme ravie
> Offrir de tes conseil le précieux flambeau !
> Je ne te verrai plus me donner par ta vie
>   L'exemple le plus beau.
>
> Aux flots contagieux de l'océan du monde,
> Tu passas sans reproche et mourus sans effroi.
> ....
> Ah ! du moins jusqu'au Dieu qui tient nos destinées,
> Tu porteras mes vœux, mes vœux les plus constans,
> Et ma mère verra le cours de ses années
>   Respecté par le temps. (2)

Depuis lors, pendant presque tout le reste de sa vie, il partagea son temps entre le séjour de la campa-

---

(1) *Les Roses de Noël*, p. 319.
(2) *Odes*, p. 135.

gne, à sa propriété paternelle du Prémanoir, dont il parle souvent dans ses vers, et celui de Paris, qu'il semble cependant avoir à peu près délaissé à partir de 1860. Mais le Paris, qu'alors il regrettera bien un peu, c'est le Paris centre des Lettres et des Arts : le Paris intelligent, bien plus que le Paris mondain, arbitre des élégances :

> Qu'il m'est doux d'habiter la maison paternelle
> Où je suis revenu comme l'aigle à son nid,
> Où la Muse des champs prend mon front sous son aile,
> Où par le souvenir mon cœur se rajeunit !

> Là, quelquefois, surtout lorsque l'hiver ramène
> Ses neiges, ses brouillards et ses jours assombris,
> Lorsque son deuil revêt mon agreste domaine,
> Il m'arrive pourtant de regretter Paris ;

> Non le Paris, bazar des richesses du monde, (1)
> ....

Ce campagnard cependant fut de bonne heure un citadin, ou plutôt un Parisien. C'est dans le monde religieux et royaliste qu'il fréquenta. Mais s'il fut du nombre des défenseurs, même ardents, « du trône et de l'autel », il fut aussi de ces monarchistes et de ces chrétiens libéraux, comme était alors Chateaubriand, comme fut plus tard Montalembert, qui ne séparèrent jamais cette double foi d'une troisième, celle en la liberté. Il aura assez d'enthousiasme religieux pour défier ainsi les incrédules, les *Voltairiens*, comme on disait alors :

> Si dans la main qui les fit naître,
> Et doit un jour fermer leurs yeux,
> Des mortels osent méconnaître
> Le Roi de la terre et des cieux ;

---

(1) *Roses de Noël,* Paris, p. 251.

> Qu'ils viennent ; l'Esprit Saint m'enivre !
> Mon âme frémit et se livre
> Aux transports du céleste feu ;
> Qu'ils viennent ; que ma voix puissante
> Force leur tête menaçante
> A se courber devant un Dieu. (1)

Il saluera avec bonheur la naissance du duc de Bordeaux en 1820, la victoire du Trocadéro en 1823, l'avènement de Charles X en 1824, mais aussi il revendiquera l'indépendance pour la Grèce, et ne craindra pas d'adresser un hommage public à un ami exilé, de plaindre M. F*** d'H***, « victime en 1815, d'un caprice ministériel. » (2)

II

C'est en 1825 que parut le premier recueil de vers d'Edouard d'Anglemont. La *Bibliographie de la France* du 1er janvier 1825 l'annonça sous le n° 22 :

Odes | par | Edouard d'Anglemont. | Paris. | J. C. Blosse, libraire, | cour du Commerce, n° 7, F. S.-G. | M. D. CCCXXV. in-18. Imprimerie et fonderie de J. Pinard, rue d'Anjou-Dauphine, n° 8.

Faux-titre, titre, dédicace : *A ma mère*, et 204 pp. dont 8 de notes et 2 de table.

Ce volume de style faible, souvent incorrect, se compose de vingt-six pièces, chacune précédée d'un faux-titre et d'une épigraphe dont le choix prouve que l'auteur, s'il admirait les poètes de la nouvelle école, n'avait pas rompu avec les classiques, et penchait vers

---

(1) *Odes*, l'EXISTENCE DE DIEU.
(2) *Odes*, l'EXILÉ, et Notes, p. 195.

ce mélange de classicisme et de romantisme qui sera toujours le caractère particulier de son talent. Ces épigraphes sont empruntées à David et à Louis Racine, Voltaire, Guarini et Virgile, Isaïe, deux fois à Byron, et deux fois à André Chénier, à Lamartine, Mazza, Saint-Victor, Guiraud, Schiller, Ovide, Plaute, Ducis, Raynal, Manoel, Massillon, Delille, le Tasse. C'est en un passage de La Harpe que consiste toute la préface.

« Le poëte jaloux d'étendre et de multiplier ses idées... laisse les esprits étroits et prévenus s'efforcer en vain de plier à une même mesure tous les talents et tous les caractères, et il jouit de la variété féconde et sublime de la nature dans les *différents moyens* qu'elle a donnés à ses favoris pour charmer les hommes, les éclairer et les servir. C'est pour lui surtout que rien n'est perdu de ce qui se fait de grand et de louable... Pour lui toute vérité est une conquête, tout chef-d'œuvre est une jouissance. »

Cette large impartialité, que l'on aurait pu, à une époque où M. Cousin, à la Sorbonne, inaugurait l'eclectisme en philosophie, appeler l'éclectisme littéraire, Edouard d'Anglemont ne s'en départira jamais, et ce sera sa plus grande originalité. Ce mérite, si c'en est un, fut bien aussi un tort jusqu'à un certain point : il entrava l'essor du poète, atténua trop ses couleurs, et ce défaut d'éclat nuisit à sa réputation. Sa sagesse poétique n'occupa pas autant le monde que l'imprudence et la hardiesse aventureuse de certains autres.

Comme le titre l'indique, ce volume était surtout lyrique, et le lyrisme ne dominait pas dans la nature du talent de l'auteur. Nous verrons que c'est ailleurs qu'il trouva sa voie. Dans ce premier recueil, Edouard d'Anglemont se montre poète religieux, royaliste, mais de ce royalisme libéral qui n'avait rien d'hostile à la liberté des peuples et aux revendications des nationalités opprimées, tel que le pratiquait Chateaubriand avec tant d'éclat. Aussi, à côté de la *Naissance du duc de Bordeaux* (1820), de la *Pacification de l'Espagne* (1823), de la *Mort de Louis XVIII* (1824), de la *Fête du roi*, chante-t-il les Hellènes luttant contre l'oppression (*La Grèce, Ipsara, la Mort de lord Byron*); les malheurs de l'Italie esclave (*Venise*); la reconnaissance de l'indépendance d'Haïti (*Saint-Domingue*). C'est un véritable appel à l'insurrection qu'il adresse aux Vénitiens :

> Vil peuple, tes larmes sont vaines,
> Tu n'attendris point tes tyrans ;
> Le sang s'arrête dans tes veines !
> Qu'il coule plutôt par torrents.
> Entends ! la Liberté te crie :
> Combats, délivre ta patrie,
> Ranime ses jours glorieux ;
> Ou sous les *flancs* de tes murailles
> Trouve d'illustres funérailles :
> Il n'est point d'esclaves aux cieux (1)

Ces vers n'ont, il est vrai, ni le grand souffle lyrique, ni la perfection de la forme; mais ils sont bien dans le sentiment de cette époque où la royauté, à l'intérieur calomniée, attaquée par les sociétés secrètes, à l'extérieur surveillée dans sa force renaissante par la Sainte Alliance, jalousée déjà de l'Angleterre, n'en préparait pas moins l'indépendance de cette Grèce esclave que la France républicaine d'aujourd'hui n'a pas su défendre, et en Espagne affirmait à nouveau la solidité et la valeur de nos armées en même temps qu'elle arrachait un peuple ami, pour un moment trop court, hélas ! aux entreprises révolutionnaires qui devaient le conduire aux

---

(1) *Odes*, Venise, p. 118.

derniers termes de la décadence. Epoque d'enthousiasme, où la seule arrivée de Byron sur le sol de la Grèce, faisait battre tous les cœurs, et où Edouard d'Anglemont répondait à une pensée générale, quand il s'écriait :

> Marchez, Hellènes magnanimes,
> Sur les traces de vos héros,
> Que vos bataillons unanimes
> Anéantissent vos bourreaux!
> Que vois-je! Un dieu chez vous arrive!
> Exile-toi sur l'autre rive,
> Bizance, sauve tes soldats,
> Va, la Grèce est ressuscitée;
> Les accents du nouveau Tyrtée
> Enfantent des Léonidas. (1)

N'était-ce pas quelque chose de magnanime, de beau, que d'entendre, moins de dix ans après Waterloo et les néfastes traités de 1815, la France gourmander ainsi l'indifférence des souverains étrangers pour une juste cause.

> Vous restez muets, insensibles,
> Rois!... vous laisserez vos drapeaux
> Au sein de vos états paisibles,
> Languir dans un honteux repos!
> Non, non, je vois couler vos larmes
> Grèce. . . . .
> Tu reverras la liberté (2)

Deux pièces, dans ce recueil, témoignent, par leurs dédicaces, des premières amitiés littéraires de l'auteur. La première, datée du 20 mai 1824, était adressée à Alexandre Guiraud, qui, après son grand succès des

---

(1) *Odes*, LA GRÈCE, p. 38.
(2) Idem, IPSARA, p. 154.

Machabées (12 juin 1822), avait donné moins heureusement le *Comte Julien* (20 avril 1823). Ce poète, qui venait de perdre son père, retournait alors dans son pays natal, tout plein d'une autre douleur intime, à laquelle d'Anglemont fait ainsi allusion :

> Tu vas, à la cendre glacée
> De ta charmante fiancée
> Offrir des guirlandes de fleurs ;
> Et, sur ton sein, presser ta mère
> Qui calma ta douleur amère,
> En versant avec toi des pleurs.

Pierre-Jean Lesguillon, à qui la seconde pièce est dédiée, a laissé à peine trace dans la littérature de cette époque, et c'est surtout par les volumes de vers, souvent bizarres, de sa femme (Hermana Sandrin 1812-1882), que ce nom est encore quelque peu connu. Né à Orléans le 13 février 1799, il avait débuté par une *Epître à Lemercier* (1), dont les violences contre Louis XVIII avaient encouru une condamnation, et venait de donner à l'Odéon une comédie les *Nouveaux Adelphes* (27 juin 1825) (2) qui avait eu quelque succès. Il eut ensuite l'idée singulière de faire une sorte de tour de France professionnel, de disputer et d'obtenir des couronnes poétiques dans presque toutes les grandes villes, à Bordeaux, Toulouse, Montauban, Béziers, Castres, Marseille, Besançon, Lyon, Mâcon, Epinal, Metz, Reims, Douai, Dunkerque, Cambrai, Arras, Rouen. C'était le lauréat universel, et le volume de vers qu'il rapporta

---

(1) Paris, Ladvocat, Ponthieu et Delaunay, imp. de Tastu, in-8° de 1 feuille 1/2. (*Bibliog. de la France*, 20 mars 1824, n° 1485).
(2) Paris, Barba et Ponthieu, 1825, in-8° de 5 f. 1/4. Imprimerie de Bellemain (*Bibl. de la France*, 30 juillet 1825, n° 4322).

de cette tournée eut pour titre, très légitime sinon très poétique, *Couronnes académiques*. (1)

Lesguillon était alors tenu éloigné des luttes littéraires par la maladie, et ce sont surtout des vers de consolation que lui adresse son ami. Quelques traits de satire se mêlent cependant au ton élégiaque de cette pièce : d'Anglemont y laisse poindre la verve satirique à laquelle il donnera plus tard carrière dans les *Euménides* et dans ses dernières productions. Sous forme de conseils donnés au poète comique, il relève ainsi les travers des gens de lettres, ses contemporains :

> Vois ce rimailleur intrépide
> Qui vole sur un char rapide
> De la Pandore au Moniteur ;
> Qui fier d'un éloge, colporte
> Le lendemain, de porte en porte
> L'article... dont il est l'auteur ;
>
> Et cette Muse qui fut belle :
> Chacun s'enflamme encor pour elle
> Lorsqu'elle dit ses vers touchants ;
> Sa main n'a jamais pris la lyre,
> Mais son tendre et secret délire
> A d'un barde acheté les chants.
>
> Vois : ce mortel, de l'infortune
> Accueille la plainte opportune,
> Affecte de pieux dehors,
> Et pour les compagnes austères
> De ses voluptueux mystères,
> Du prince écume les trésors.

---

(1) *Couronnes académiques*, Paris, de Vresse, 1861, in-12 de 404 p. Imp. de Varigault, Lagny. Il mourut le 31 janvier 1873, et sa femme, qui, comme lui avait fait partie de la Société des Gens de Lettres dès sa formation, lui a laissé en 1882 un legs important.

> Ce fils de Mars, époux sauvage
> D'une femme au printemps de l'âge,
> Trafique de son impudeur,
> Et chargé de croix et de honte,
> S'offre à nos regards qu'il affronte
> Sous le masque de la candeur (1).

En dépit des deux épigraphes empruntées à André Chénier, le retour à l'antiquité ne se fait nullement sentir dans les quelques odes amoureuses que contient ce recueil. Cette Elmance, dont tour à tour il célèbre la tendresse et accuse l'infidélité, n'est qu'une ombre vague, sans réalité : et malgré un grand étalage de passion, les vers restent froids :

> Mon avenir... Elmance, à l'amour je le livre,
> De ton souffle un instant pourvu que je m'enivre,
> Que je sente ton cœur partager mon transport,
> Dussé-je sur ma tête appeler l'infortune,
> Loin d'élever aux cieux une plainte importune
>   Je bénirais mon sort (2).

Quelques vers publiés plus tard par d'Anglemont, donnent à croire que ces premières amours du poète eurent pour cadre les collines pittoresques qui entourent l'embouchure de la Seine, entre Quillebeuf et Pont-Audemer.

Décrivant ces beaux sites, en 1829, il s'écriait :

---

(1) *Odes*, p. 144. Une allusion à la prise de Psara ou Ipsara par les Turcs, date cette pièce de juillet 1824. Nous doutons que cette *Muse* soit Mme Dufrénoy, morte le 7 mars 1825, et dont, bien à tort du reste, on avait attribué les vers à Fontanes. — Lebrun avait déjà décoché la même épigramme à Fanny de Beauharnais, morte en 1813, et dont il ne peut être question ici.

(2) *Odes*, p. 21.

> J'apercevais la mer où s'engloutit la Seine !
> Mes yeux mouillés de pleurs erraient de scène en scène !
> Puis je rêvais d'amour, je murmurais un nom !...
> Je goûtais une extase et ravissante et tendre,
> Nouvelle pour mon cœur..... (1)

Mais cette Elmance, dont il peint la « gaîté folâtre » et les « yeux noirs », n'avait rien d'une nymphe naïve et champêtre : c'était une personne très mondaine et d'éducation très raffinée. Le portrait qu'il en fait est celui d'une *beauté* des salons de 1825 :

> De tes yeux noirs quel est l'empire !
> Quel charme en tes discours respire !
> Des Grâces tu l'as emprunté.
> Qui pourrait au sein de la danse
> Où tes pas volent en cadence
> Egaler ta légèreté ?
>
> Qui pourrait en un chant facile,
> Aux sons de la harpe docile
> Comme toi marier sa voix ;
> Et d'une main aussi savante
> Fixer sur la toile vivante
> Les champs, les bergers et les bois ?

Pour parler sans métaphore, Elmance était donc à la fois peintre et musicienne, et il ne serait peut-être pas impossible de la reconnaître à ce signalement.

En dehors de ces vers intimes d'amitié ou d'amour, et des odes politiques que nous avons énumérées, l'auteur ne s'est inspiré du passé et de l'histoire que dans deux pièces très étendues sur le *Siège de Paris* par Henri IV et le *Siège de Lyon* par les Sans-culottes de 1793. Peut-

---

(1) *Légendes françaises*, p. 216. Vue de Normandie.

être ne choisit-il ces deux sujets analogues que pour opposer aux férocités révolutionnaires de Dubois-Crancé envers les Lyonnais assiégés, la générosité magnanime d'Henri IV envers les Parisiens ligueurs.

Dans ce volume, la variété du rythme, du ton et des images ne répond pas malheureusement à celle des sujets : et aujourd'hui l'œuvre paraît assez médiocre. Elle eut néanmoins un certain succès et la critique ne lui fit pas l'injure du silence. Après tout, c'était un début, et on pouvait y voir quelques heureuses promesses. Un recueil important de cette époque, qui comptait déjà six années d'existence, les *Annales de la Littérature et des Arts*, l'apprécièrent ainsi :

« En publiant ses *Odes*, M. Ed. d'Anglemont a fait preuve de courage et de talent : je dis de courage, lorsqu'en un temps si ennemi des vers, il interrompt la discussion de la politique pour faire entendre ses accens. Sans doute un beau succès couronnera ses efforts : nous fondons cet espoir sur le talent de l'auteur... Une haute et sublime pensée inspire et anime le poète. La Religion et la Royauté, Dieu et le Roi, voilà les sujets de ses chants ». — Après avoir cité de nombreux vers de l'*Ode* sur *la Naissance du duc de Bordeaux*, de l'*Anniversaire*, de l'*Ode à Venise*, l'auteur de cet article « aimait à présager que la Muse accueillerait les vœux d'immortalité du jeune poète qu'elle venait de révéler à la France ». (1).

III

Les *Odes* n'étaient pas encore oubliées, lorsque d'Anglemont s'essaya dans un genre littéraire bien différent: la comédie. Il est vrai qu'il eut, dit-on, dans cette

---

(1) *Annales de la Littérature et des Arts*, 1825, t. XVIII, p. 296, article signé X.

tentative un ami qui avait déjà quelque expérience de la scène, J. Lesguillon, l'auteur récemment applaudi des *Nouveaux Adelphes*. Dix-huit mois après la publication des *Odes*, le 16 décembre 1826, il fit jouer à l'Odéon une petite comédie en un acte et en vers *le Cachemire*. Interprétée par des acteurs, dont deux n'avaient pas encore la renommée qu'ils acquirent plus tard, elle eut peu de succès, et les historiens du théâtre de l'Odéon, MM. Paul Porel et Georges Monval, disent même qu'elle fut impitoyablement sifflée (1). Ce qui le ferait croire, c'est qu'on ne nomma comme auteur que « Monsieur Edouard ». Elle ne méritait pas ce sort ; sans être un chef-d'œuvre, elle est fort agréable, des plus honnêtes — ce fut peut-être son défaut — et les vers en sont faciles, mais sans beaucoup de relief comique.

L'intrigue en est très simple : une jeune femme, Clara, cantatrice de salon, à qui la médisance n'a rien à reprocher, mais un peu coquette, va épouser un artiste distingué, Olivier. Quand la toile se lève, elle lui exprime le désir d'avoir dans sa corbeille un cachemire, alors ambition de toutes les femmes élégantes. Son fiancé lui fait des compliments sur sa toilette :

OLIVIER
.... Pour séduire, il ne vous manque rien.
CLARA
Rien.
OLIVIER
Non.
CLARA
Vous plaisantez.
OLIVIER
Moi, que voulez-vous dire ?

(1) *L'Odéon*, Paris, Lemerre, 1882, in-8°, t. II, p. 88.

CLARA
Il me manque pourtant....
OLIVIER
Quoi donc ?
CLARA
Un cachemire.

Olivier pense que, pour leur situation modeste, ce serait une dépense bien grande, et qui pourrait même faire causer. Clara n'est pas de cet avis, et ne peut s'empêcher de prendre pour juges de ce petit débat, deux de ses admirateurs, un banquier, et un russe, le comte Koutousoff, présenté par celui-ci. Naturellement ils donnent tort à Olivier, qui se retire sur quelques mots de nature à faire supposer qu'il s'est rangé à cet avis. De son côté, aussitôt sorti de chez Clara, Koutousoff court acheter le cachemire tant désiré. Quand Clara le reçoit, elle ne doute pas que le présent ne vienne d'Olivier ; mais détrompée par la visite du comte, et par certains mots qui blessent sa délicatesse, elle lui renvoie son présent,

Sachez qu'on offre rien aux femmes qu'on respecte,

reconnaît son imprudence et tombe dans les bras d'Olivier ; dont elle sera heureuse d'être la femme, même sans cachemire. Le rôle comique est celui du banquier, qui cherche à se faire passer pour le donateur du cachemire, et ne serait pas fâché d'avoir les bénéfices du présent, sans bourse délier.

Annoncée par la *Bibliographie de la France*, du 13 janvier 1827, numéro 149, la pièce parut sous ce titre :

Le | Cachemire | comédie en un acte et en vers, | par M. Edouard, | représentée pour la première fois, à Paris, sur le théâtre | royal de l'Odéon, le 16 décembre 1826 | Paris | au grand magasin des pièces de théâtre | de A. G. Brunet, libraire-éditeur, | successeur de Madame Huet | rue de Valois, Palais-Royal, n° 1er (ter), vis-à-vis l'Athénée. | 1827 in-8.

36 pp. y compris le titre, et 2 p. pour le catalogue du libraire. Sur le titre cette épigraphe :
Rien ne pare une femme autant que la vertu.
Scène dernière.
Au verso : Imprimerie de E. Duverger, rue de Verneuil, n° 4. (1).

La pièce fut interprétée par : Mlle Dutertre, *Clara*; Mlle Bury, *Fanchette*; Mlle Antonine, *Une marchande de cachemire*; Félix Huart, *Olivier*; Provost, *le Cte Koutousoff*; Duparay, *Duprez*.

Parmi ces interprètes deux noms se détachent ; François Provost, alors âgé de vingt-huit ans, qui devait devenir une des gloires de la Comédie Française, mort en décembre 1865 ; et Duparay, deuxième financier, « un vieux comédien, disent MM. Porel et Monval, d'un naturel admirable, que la Comédie Française prit trop tard à l'Odéon, et qui laissa une réputation dans l'emploi des rôles à manteaux ». Mme Dutertre, empruntée au théâtre de Rouen, avait débuté avec succès à l'Odéon, le 5 octobre 1820 ; et Félix Huart, le 28 avril 1824. Du reste l'année théâtrale de 1826, fut médiocrement heureuse pour ce théâtre, où la musique alternait avec la littérature, et qui avait mis à la scène : la *Belle-Mère et*

---

(1) Bibl. Nat. Yth. 2440. Une note ms porte : *En collaboration avec J. Ader et Lesguillon, d'après Goizet.* Ce troisième collaborateur serait Jean-Joseph Ader, né à Bayonne le 16 oct. 1796, mort le 12 avril 1859. En 1816, il avait publié, avec Arm. Malitourne et Abel Hugo, une facétie : *Traité du mélodrame*, signée A. A. A.

le Gendre, de Samson ; *Héritage et Mariage,* de Picard et Mazères ; *Agamemnon,* et *Baudouin* (sifflé), de Lemercier ; les *Noces de Figaro,* de Mozart ; l'*Actrice,* d'Ader et Fontan ; l'*Ecole des Veuves,* de Pillet ; le *Mari impromptu,* de Georges Duval.

La chute du *Cachemire* ne détourna pas Edouard d'Anglemont du théâtre, car un an ne s'était pas écoulé qu'il s'y représentait avec le libretto de l'opéra de Rossini, *Tancrède,* que l'on venait de monter pour l'arrivée de son auteur en France. Cet opéra, première œuvre du grand compositeur, datait de 1811 : il avait dix-neuf ans quand il se révéla à l'Italie par ce chef-d'œuvre qu'avaient confirmé *Il Turco in Italia, Sigismonde, Elisabetta, il Barbiere di Seviglia* (1816), *Otello* (1816), *Cenerentola, la Gazza ladra* (1817), *Semiramide* (1823). Rossini était donc alors dans toute sa gloire, et ce ne fut pas un petit honneur pour d'Anglemont d'avoir été choisi pour associer, comme librettiste, son nom à celui de l'auteur de *Tancrède.* Ce nous est une preuve de la place qu'il occupait dans les lettres.

Mais l'œuvre en elle-même est peu de chose, mélange de prose et de vers, ceux-ci simple transposition des vers du *Tancrède* de Voltaire, sur lequel d'ailleurs Rossini avait écrit sa musique : en résumé c'est une adaptation lyrique des alexandrins de Voltaire : et l'on n'y peut louer que l'habileté facile avec laquelle d'Anglemont accomplit cette besogne. La première représentation eut lieu le 7 septembre 1827 sur le théâtre de l'Odéon, scène alors mi-dramatique et mi-lyrique.

La pièce était ainsi distribuée : *Tancrède,* Mme Schütz ; *Argire, Orbassan,* chevaliers, MM. Lecomte, Delaunay ; *Aménaïde,* fille d'*Argire,* Mme Pouilley ; *Roger,* écuyer de *Tancrède,* M. V. Adolphe ; *Isaure,* amie d'*Aménaïde,* Mme Meyssin ; 1er *Ecuyer* d'*Argire,* M. Masson ; 2^{e}

Ecuyer, M. Hypolite ; un *Esclave,* M. Rihoelle. La scène est à Syracuse.

La pièce, imprimée peu après, fut annoncée le 19 septembre dans la *Bibliographie de la France,* numéro 5953.

Tancrède, | opéra en trois actes, | paroles de M. Edouard d'Anglemont, | musique de Rossini, | arrangé par M. Lemière de Corvex, | représenté, pour la première fois, à Paris, sur le théâtre | royal de l'Odéon, le 7 septembre 1827. | Paris, | chez Duvernois, libraire, | cour des Fontaines, n° 4, | et passage d'Henri IV, n°s 10, 12 et 14. | 1827. In-8°. Prix 2 fr.

43 p. y compris le faux titre, titre, dédicace :

A Madame Schütz,
Edouard d'Anglemont.

Au verso de cette dédicace : Imprimerie de Chaignieau fils aîné, rue de la Monnaie, n° 12, à Paris. (1).

Jusque là Castil-Blaze avait été en possession de traduire pour la scène française les opéras italiens, et en particulier ceux de Rossini (1821-1823). Edouard d'Anglemont dut être d'autant plus flatté du succès qu'obtint son adaptation de *Tancrède*. Cependant la traduction française ne prévalut pas sur le libretto italien ; et c'est sous cette dernière forme, *Tancredi,* que cet opéra tint longtemps encore la scène française. — « M. d'Anglemont, disait le critique anonyme du *Journal des Débats,* s'est tiré habilement de cette épreuve pénible et fastidieuse. » (10 septembre).

(1) Bibl. Nat., Yth. 17039.

IV

Lorsqu'il débuta en 1825 par des *Odes*, Edouard d'Anglemont avait suivi le courant lyrique qui entraînait presque toute la littérature. Son second recueil poétique eut un caractère plus original. L'auteur avait vingt-neuf ans, quand il le publia en 1827. Il habitait, à Paris, le quartier latin, peut-être était-il encore étudiant. Enregistrée par la *Bibliographie de la France*, du 4 juillet, sous le numéro 4378, cette nouvelle œuvre avait pour titre :

Berthe et Robert, | Poëme en quatre Chants ; | suivi de notes, | par | Edouard d'Anglemont. | Paris, | se trouve chez l'Editeur, | place de l'Ecole de Médecine, Nº I. | M. DCCC. XXVII. In-8º. Prix, 2 fr. 50.

Faux titre, au verso : « Se trouve aussi : | chez Aimé, Quai des Augustins ; | Ponthieu, galerie de Bois au Palais-Royal. | Imprimerie de A. Henry, | rue Gît-le-Cœur, N. 8 ; titre, et 86 pp. chiff., dont 19 pour les notes. (1).

Ici Edouard d'Anglemont aborde un autre genre ; sinon la poésie épique, du moins la poésie narrative. C'est à l'époque du Moyen âge qu'il emprunte son récit. Bien que la supercherie de Macpherson datât de 1762, et que la traduction française d'Ossian par Letourneur ait paru dès 1776 (2 vol. in-8), c'est surtout sous le Directoire et l'Empire que la poésie ossianique eut sa grande vogue. La traduction qu'en donna en vers Baour-Lormian, et qui rendit son nom célèbre, est de 1801 : tout le

---

(1) L'exemplaire que nous possédons porte cette dédicace manuscrite : *A son cousin Auguste d'Anglemont, hommage d'amitié. De la part de l'auteur.*

monde dès lors voulut en faire, même Parny, le galant chantre d'Eléonore, qui donna *Isnel et Asléga* (1808). Mais de bonne heure l'ossianique dériva vers le genre moyen-âge et troubadour, avec les *Chevaliers de la Table ronde, l'Amadis,* le *Roland* (1812, 1813, 1814) de Creuzé de Lesser; *Emma et Eginhard, Charlemagne à Pavie, Alfred,* de Millevoye (1808, 1812, 1815) : la romance, de la reine Hortense, paroles du comte A. de Laborde, *Partant pour la Syrie* (1810), en est resté le type le plus populaire. En réalité, ce Moyen-âge n'était que la *sensibilité* du xviiie siècle, travestie en costume des *preux* du xiie et du xve siècles, à l'usage des jeunes et glorieux colonels de Marengo, d'Austerlitz, et de Wagram. On rapporte ordinairement à M. de Marchangy, l'auteur de la *Gaule poétique* (1813-1817) et de *Trestan-le-Voyageur* (1825-1826), ce genre que l'abus et beaucoup d'œuvres médiocres ont ridiculisé : il remonte plus haut, à Châteaubriand lui-même, à certains chapitres du *Génie du Christianisme* (1802), au *Dernier des Abencerages,* composé dès 1811, bien que paru quinze ans plus tard.

Dans *Berthe et Robert,* d'Anglemont, lui aussi, se servit du Moyen âge en poésie : mais avec plus de respect de la vérité; en s'inspirant davantage de l'histoire, de la réalité. Il a aussi un plus grand souci de la forme, et les vers de son poème sont infiniment meilleurs que ceux des *Odes.* Son style a plus de fermeté, de simplicité, de caractère, sans être cependant supérieur. On n'y trouve pas, et cela lui fera toujours défaut, la griffe du lion.

Le sujet, avec des personnages différents et des circonstances autres, est le même que celui porté sur la scène en 1846, par Ponsard, dans *Agnès de Méranie.* Seulement il s'agit ici, non de Philippe-Auguste, obligé par l'excommunication papale de se séparer en l'an 1200 d'Agnès de Méranie, qu'il avait épousée en 1196 après avoir répudié sa première femme, Ingeburge de Danemark ; mais du cinquième prédécesseur de ce prince. Le héros d'Edouard d'Anglemont est ce Robert le Pieux, fils de Hugues Capet, qui, lui aussi, fut, en 996, contraint par un Pape, Grégoire V, de répudier son épouse, Berthe de Bourgogne, comme sa parente à un degré prohibé — elle était sa cousine germaine, et il avait de plus tenu sur les fonts baptismaux un enfant né de son premier mariage avec le comte de Blois. — Si la situation de Philippe-Auguste, engagé dans ses démêlés avec Jean sans Terre, quand l'interdit fut prononcé contre lui, est plus dramatique ; celle du roi Robert est plus touchante, car, lui, n'a rien à se reprocher, il n'a pas chassé une épouse vertueuse pour s'unir à une nouvelle ; c'est avec l'assentiment même des évêques de France qu'il a épousé sa cousine, et alors, comme aujourd'hui, des dispenses pouvaient lever cet empêchement. La piété même de Robert qui, on le sait, était très grande, la douceur de son caractère, rendent son histoire d'autant plus émouvante. Le poète a tiré parti avec beaucoup d'habileté de ces éléments d'intérêt. Son récit va au cœur. Comme Ponsard, qui semble bien avoir connu son poème, et non sans utilité, Edouard d'Anglemont dénoue la situation par le sacrifice volontaire de son héroïne : Berthe, ainsi qu'Agnès, se dévoue pour rendre la paix au royaume de France et sauver la couronne de son époux, mais elle ne rend pas à Robert le bonheur.

> Près de la Marne, au pied de sablonneux coteaux
> Chelles au sein des bois levait ses chapiteaux ;
> De ce cloître royal Berthe franchit l'entrée ;
> Là, sous le voile blanc et la robe azurée,
> Des épouses du Christ elle devient la sœur.
> ....

Vers le déclin du jour, autour du monastère,
Souvent on aperçut un homme solitaire,
Pâle, morne, couvert d'un vêtement de deuil ;
De l'antique abbaye il contemplait le seuil,
L'approchait, le fuyait tour à tour, et l'aurore
Quelquefois dans ces lieux le surprenait encore.

Un an s'est écoulé : le glas tinte ! les pleurs
Veillent auprès de Berthe exempte de douleurs ;
Succombant sous le poids d'une existence austère,
Avec un doux espoir elle a quitté la terre ;
Et les pâtres depuis, sous les murs du couvent,
Ne virent plus errer le fantôme vivant. (1)

Au cours des quatre chants de ce poème, on rencontre bien des passages remarquables, qui mériteraient d'être cités. Le rythme y a une sorte de mollesse amoureuse tout à fait charmante. D'heureuses descriptions encadrent ce tableau des amours innocentes, quoique réprouvées, de Robert et de Berthe. Ainsi celle du château de Vauvert, à Paris, remplacé plus tard par le couvent des Chartreux, et ce qui fut la Pépinière du Luxembourg, si aimée de nos étudiants du xixe siècle. Là s'écoulèrent, dans la paix de sentiments partagés, les premiers jours d'une union destinée à devenir si tragique :

Là se montre le lys, la rose, l'amaranthe ;
Mollement caressés par la brise odorante,
Des insectes brillants se posent sur leur sein
Pour y puiser la vie en un léger larcin ;
Oubliant par degré le ciel de sa patrie,
Là, près du cerisier, du pommier de Neustrie,
Près du lilas penché sous ses masses de fleurs,
Le pampre Phocéen se baigne de ses pleurs ;
Le tilleul, l'alizier s'y courbent en arcades ;
Là, se glissant sous l'herbe ou tombant en cascades,

---

(1) *Berthe et Robert*, p. 65.

> Des fontaines d'Arcueil les limpides ruisseaux
> Apportent en tribut le cristal de leurs eaux
> En un vaste bassin, où le cygne soupire ;
> Là, docile à la voix du printemps qui l'inspire,
> L'alouette du sein des naissantes moissons
> Bondit, et dans les airs gazouille ses chansons...
> C'est là qu'auprès de Berthe, objet de son amour,
> Robert, son jeune époux, a fixé son séjour. (1)

Si ce style poétique est bien différent de celui de Victor Hugo dans les *Feuilles d'Automne* (1831), il est moins éloigné des premières *Odes* (1822) du chef du Romantisme, et très proche parent de celui de Vigny dans *Héléna* (1822), dans *la Neige* (1826), même dans *Eloa* (1824). Rien ne prouve mieux que ce style, combien le romantisme au début se distinguait peu du classicisme ; et l'on peut dire que ce fut par sa préférence pour les sujets, les mœurs, les sentiments, les costumes, le décor enfin, le bric-à-brac du Moyen-Age, qu'il s'en sépara, bien plus que par un style particulier, par une nouveauté de rythme, une hardiesse de coupe, d'enjambement, par une richesse de rimes, qui ne vinrent que plus tard, et furent surtout l'apanage de la seconde génération romantique, celle de 1830. En résumé, romantique alors signifiait surtout *Troubadour*, Moyen-Age, en France comme en Allemagne ; avec le groupe Hugo, comme avec le groupe de Novalis, des deux Schlegel, de Tieck, d'Achim d'Arnim, de Fernand Brentano, etc., (tous ces *Führer der romantischen Schule*). Aussi Baour

---

(1) Chant I, p. 3. En écrivant ces vers, d'Anglemont songeait certainement à la Pépinière du Luxembourg ; il l'avait peut-être sous les yeux, avec ses *lilas*, ses *pampres*, c'est-à-dire ces ceps, dont la défense fut prise si vivement, déjà presque révolutionnairement, en 1866, et auxquels après 1870 on ne songea plus, quand il était alors si facile de les sauver.

Lormian, le traducteur d'Ossian, Perceval Grandmaison, le chantre de *Philippe-Auguste* (1825), Ancelot, celui de *Marie de Brabant* (1825), étaient-ils considérés par les premiers romantiques comme étant des leurs.

Le poème eut du succès : les comptes-rendus en furent nombreux dans la presse. Le *Mercure du XIX siècle*, dans celui qu'il publia, adresse à l'auteur un reproche dont Théodore de Banville ne se serait pas avisé : celui de rimer trop richement.

« Le plan de l'ouvrage, y lit-on, est presque entièrement conforme à l'histoire. Sous le rapport du style, on voit que l'auteur sacrifie quelquefois l'élégance de la phrase à la richesse des rimes. Souvent aussi, par suite de cet entraînement à rimer trop richement, le vers manque d'harmonie et de souplesse, en même temps que la pensée est équivoque, embarrassée ou appauvrie. Mais en général l'auteur écrit avec facilité, et il arrondit bien sa période. » (1).

Les *Annales de la littérature et des arts*, revue très importante alors, fondée en 1818 par un homme fort distingué, Eugène Destains (2), et qui subsista jusqu'en 1829, les *Annales*, disons-nous, en donnèrent, dans un article

---

(1) Tome xviii, 1827, p. 140.
(2) Né en 1793, à Paris, suivant la *Biographie universelle. Supplément*, Paris, 1837, t. lxii, p. 437 (article de Durozoir) ; à Coucy-en-Bourgogne, suivant Henrion (*Annuaire biographique*, 1834) ; d'abord élève des *Jeunes de langue*, engagé volontaire en 1812, puis en 1814 rentré dans la vie civile, après une blessure grave à la tête. En 1822, ayant cédé les *Annales*, il devint directeur de la *Gazette de France*, qu'il quitta en 1827, quand elle fut réunie à l'*Etoile*. Connu par ses sentiments royalistes prononcés, il fut nommé en 1830, secrétaire-interprète de l'Etat-Major général du corps d'armée rassemblé pour l'expédition d'Alger. Il mourut à Toulon, le 16 mai, dans un accès de fièvre chaude, survenue à la suite d'une scène violente entre lui et un des chef de l'expédition. Il avait publié en 1822 une nouvelle édition augmentée des *Mille et une Nuits*, traduction de Galland, notice de Charles Nodier, Paris, Galliot, 6 vol. in-8.

signé L. (1827, t. XXVIII, p. 207), une analyse élogieuse, mêlée de nombreuses citations. Le critique en terminant, encourageait ainsi l'auteur :

« Nous nous plaisons à signaler la sagesse qui préside aux opinions religieuses et politiques développées dans cet ouvrage. La peinture de la piété de Robert rend plus odieuse une excommunication fondée sur de si puérils motifs; et, en même temps que l'auteur attaque d'un côté l'abus du pouvoir pontifical, de l'autre il répand sur la religion et ses pratiques sévères tout l'éclat de la poésie et d'une vénération profonde... Tout nous porte à présager le succès d'une production où un intérêt puissant s'allie aux plus brillantes couleurs poétiques. »

V

Entré depuis quatre ans dans la carrière des Lettres, et malgré trois tentatives fort honorables, Edouard d'Anglemont n'avait pas encore rencontré près du public un de ces éclatants succès, qui fixent la renommée. Il l'obtint avec son troisième volume de vers. Ce nouveau recueil, annoncé par la *Bibliographie de la France* du 21 juillet 1829, n° 4322, parut sous ce titre.

Légendes | Françaises | par Edouard d'Anglemont. | Paris | L. Dureuil, libraire, | Place de la Bourse. | Moreau-Rosier, rue Montmartre, N. 68. | 1829. Prix 7 fr. (1).

Faux-titre, au verso : *Imprimerie de J. Tastu, rue de Vaugirard, n° 36;* titre avec vignette très romantique, signée Déveria et se rapportant à la pièce l'*Ame du Moine;* VIII p. pour la préface, et

---

(1) L'exemplaire que nous possédons, porte cette dédicace : *A son cousin Auguste d'Anglemont, Hommage de l'auteur.* Nous avons vu un autre exemplaire dédié à Madame Récamier.

268 pp. ch., dont 40 pour les Notes, et 2 pour la Table. Faux-titre, avec dédicace, pour chaque pièce. A la dernière page des notes, cul-de-lampe (un tombeau en ruine, d'où sort une source).

Ce troisième volume de poésies, à la différence des deux premiers publiés par d'Anglemont, contient une préface. Datée de juin 1829, elle est fort curieuse par les opinions littéraires, les idées politiques, que l'auteur y émet, et par les portraits satiriques qu'il trace des maîtres mêmes du romantisme. Cela ne laisse pas d'étonner de la part d'un poète que l'on a toujours mis au nombre des romantiques. Il n'est pas difficile cependant de rendre raison de cette anomalie. En effet, ce n'est ni par le style, ni par la nouveauté des rythmes, que d'Anglemont est romantique : et sous ce rapport il appartient à ce groupe des premiers romantiques, les Guiraud, les Soumet, qui restés à peu près classiques par la langue, ne sont de la nouvelle école que par une sorte de rajeunissement intérieur, un renouveau d'inspiration.

Soit que l'accueil fait à ses *Odes* en 1825 n'eût pas répondu à son attente, soit qu'au fond il reconnût qu'il n'était pas né poète lyrique, il déclare d'abord renoncer au lyrisme, sous prétexte que le genre est trop couru, qu'il n'y a plus place pour de nouveaux venus. On sent percer un peu de dépit :

« Décidément il n'est plus permis de publier des odes, d'arriver à l'improviste et sans coterie, au milieu du *grand règne lyrique* de la France ; de nos jours on a pindarisé si fort en grand, et on a tellement frappé nos anciens maîtres, qu'il y aurait folie à vouloir marcher sur leurs traces ; vous verrez que ce pauvre Jean-Baptiste Rousseau ne s'en relèvera pas ! Ils l'ont traité comme le plus grand niais de la terre après Boileau. »

Nous le savions, mais il nous apprend, ce qui est bon

à noter, que les romantiques croyaient avoir inventé l'ode politique, et la prisaient fort :

« D'après les modernes régens de la littérature, dit-il, il paraîtrait que la découverte de l'ode politique est d'une grande importance en poésie, d'une importance aussi grave que celle du grotesque dans le drame... Il faut donc se soumettre et laisser à ces êtres privilégiés le monopole de l'inspiration, d'autant plus que du domaine poétique ils ont tout pris. »

Edouard d'Anglemont exagérait beaucoup, et anticipait sur l'avenir. Les premiers romantiques ont fait, sans doute, beaucoup d'odes inspirées par les événements politiques. Victor Hugo chanta pindariquement la *Vendée*, les *Vierges de Verdun*, *Louis XVII*, la *Naissance* et le *Baptême du duc de Bordeaux*, la *Guerre d'Espagne*, les *Funérailles de Louis XVIII*, le *Sacre*. Lamartine ménagea davantage son enthousiasme; seul entre tous Vigny s'abstint. Mais ce n'était pas un genre nouveau en poésie; Ronsard, Malherbe surtout :

Prends ta foudre, Louis, et va comme un lion ;
. . . . .

Boileau (la fameuse *Ode sur Namur*), l'avaient déjà beaucoup pratiqué, non pas même inventé. Victor Hugo, dans la Préface des *Odes*, de juin 1822, avait bien dit : « Il y a deux intentions dans la publication de ce livre : l'intention littéraire et l'intention politique : mais, dans la pensée de l'auteur, la dernière est la conséquence de la première, car l'histoire des hommes ne présente de poésie que jugée du haut des idées monarchiques et des croyances religieuses ». Toutefois cette dernière phrase ne créait pas un genre, tout au plus une façon autre de concevoir l'histoire dans ses rapports avec la poésie. Ce n'était pas là, dans tous les cas, une première préface de Cromwell (1827).

C'est plutôt à la seconde Préface des *Odes* de Victor Hugo, celle de décembre 1822, qu'Edouard d'Anglemont fait ici allusion, et en particulier à ce passage :

« L'Ode française, généralement accusée de froideur et de monotonie, paraissait peu propre à retracer ce que ces trente dernières années de notre histoire présentent de touchant et de terrible.. Il lui a semblé (*à l'auteur*) que la cause de cette monotonie était dans l'abus des apostrophes, des exclamations, des prosopopées et autres figures véhémentes que l'on prodiguait dans l'Ode ; moyens de chaleur qui glacent lorsqu'ils sont trop multipliés et étourdissent au lieu d'émouvoir. Il a donc pensé que si l'on plaçait le mouvement de l'Ode *dans les idées plutôt que dans les mots*, si de plus on en asseyait la composition *sur une idée fondamentale quelconque qui fût appropriée au sujet*... on pourrait jeter dans l'Ode quelque chose de l'intérêt du Drame, et lui faire parler en outre ce langage austère, consolant et religieux, dont a besoin une vieille société qui sort encore toute chancelante des saturnales de l'athéisme et de l'anarchie. » (1)

Ce lyrisme nouveau, tel que l'entendait Victor Hugo à cette époque, ne serait donc que l'Ode rajeunie par l'inspiration religieuse et royaliste : et l'on s'étonne alors que d'Anglemont, religieux et monarchiste lui-même, en parle avec tant d'irrévérence. Il est vrai qu'il n'est pas toujours conséquent avec lui-même. Et ici cette

---

(1) *Odes et Ballades*, préface de déc. 1822. — Il semble bien cependant que ce mot d'*Ode politique*, fut alors employé par les romantiques, en un sens spécial, mais dans celui qu'indique cette préface de déc. 1822. Aussi dans celle des *Feuilles d'Automne* (1831), Victor Hugo dira de ce volume inspiré en général par des sentiments tout intimes : « Il n'y a point ici place pour cette poésie qu'on appelle politique et qu'il voudrait qu'on appelât historique. Ces poésies véhémentes et passionnées auraient troublé le calme et l'unité de ce volume. »

contrariété de principes surprend peut-être encore moins que ne font les portraits tracés par lui des trois grands poètes romantiques, à propos de ce qu'il appelle *l'accaparement poétique.*

Voici Victor Hugo :

« Le premier d'entre eux, peintre à touches larges et savantes, à luxe prodigieux de couleurs, enlumine quelques pieds de toile et s'écrie : « Ceci est l'Orient (1) ! l'Orient est à moi ! N'y touchez pas ! » Et les thuriféraires de battre des mains et de dire : C'est vrai !

L'histoire de cet accaparement poétique serait très intéressante si on osait l'écrire ; ils ont pris tellement possession des moindres lagunes qu'il est impossible de dire après eux : « Et moi aussi, je suis poète ! » Ainsi le chantre de l'Orient s'est encore réservé le champ de l'horreur ; il s'est approprié les fantômes, les gnômes, les goules, les larves, les salamandres, les djinns, et enfin le diable, tout classique qu'il était. »

Au tour d'Emile Deschamps, bien déchu et oublié aujourd'hui, mais qui venait de publier ses *Etudes françaises et étrangères*, Urbain Canel, 1828, avec une Préface à la *Cromwell*, et ces *Romances* (Romanceros) *sur Rodrigue, dernier roi des Goths, imitées de l'espagnol*, qui furent alors célèbres.

« A son exemple, un autre s'est rencontré qui a dit au maître : — « Laissez-moi la poésie espagnole, je veux faire des romanceros, je veux être Castillan ; je veux imiter *le Cid* ; après toi je serai le plus original des poètes originaux ; et il est résulté de là la bouffonnerie que vous savez. »

Vient ensuite Alfred Vigny, qui, en mai 1829, avait réuni toutes ses poésies en un volume sous le titre de *Poèmes*, Paris, Charles Gosselin, in-8 ; véritable créateur, comme nous l'avons dit ailleurs, du poème moderne,

---

(1) Les *Orientales* avaient paru le 29 janvier 1829, avec une longue préface.

du poème romantique (1), et dont le *More de Venise* avait été joué à l'Odéon six mois après (21 octobre).

« Un troisième, à qui le *poème* a été adjugé, homme d'un grand talent en prose, et qui a du drame en tête, voyant tous ces gros in-8, a voulu avoir aussi le sien, il a rassemblé les membres épars de son corps de poèmes ; il les a lancés au public en s'écriant : « Voyez ! » Il n'avait oublié qu'une chose ; ce n'était pas de faire de beaux vers et de mettre beaucoup de Bible (ce qui est de mode), mais c'était d'écrire une préface : Pas de préface ! pas de ces longues dissertations où l'auteur se fait le centre d'un système réduisant tous ses confrères au rôle obligé des satellites, rien de plus ! quelle faute ! » (2).

Sainte-Beuve, connu alors surtout comme poète renovateur des rythmes anciens, et qui en avril 1829, sous le pseudonyme de Joseph Delorme, avait publié ses premiers vers, parmi lesquels les *Rayons jaunes* avaient fait grand bruit ; Sainte-Beuve n'est pas oublié :

« Sur ces entrefaites de poésie biblique, ou homérique, ou pindarique, car rien ne leur est étranger, survient l'élégiaque breveté, Gilbert en raccourci, Gilbert sans hôpital (3) et sans grabat, il est vrai, mais plus que poitrinaire ! C'est Gilbert mort, qui ressuscite tout exprès pour écrire sa vie, et qui fait pleurer bien autrement que l'ancien Gilbert ! Protégé comme il l'est par son linceul, le moyen de critiquer un pauvre poète qui fait si admirablement le vieux vers ; il faudrait avoir le cœur aussi dur qu'un philosophe du siècle passé ; autant vaudrait toucher à l'arche sainte, à la peine de

---

(1) Voir notre étude : *Alfred de Vigny et les éditions originales de ses poésies*, Paris, Techener, 1895, in-8.
(2) Vigny se distingue en effet par la sobriété ou même l'absence de ses préfaces.
(3) Allusion au premier recueil de poésies de Sainte-Beuve, paru le 4 avril 1829, sous ce tite, *Vie, Poésies et Pensées de Joseph Delorme*, Paris, Delangle, in-16.

mort (1), par exemple, ou au drame sans unités, ou au système des fantaisies poétiques, ou aux deux gros volumes dans lesquels Ronsard est proclamé le prince des poètes (2), ou à toute autre théorie imaginée ou rêvée, ce qui revient au même, dans un jour pluvieux d'hiver ou un beau soir en voyant coucher le soleil. Sans compter qu'au delà de ce club (3) s'élève un académicien qui, après avoir jeté le gant en l'honneur des vieilles doctrines, se met, lui aussi, à faire du fantôme, du descriptif, de l'Orient, et de tout ce qu'on fait dans le monde où l'on ne voudrait pas lui donner un galon de livrée ; de sorte qu'on ne sait pas s'il écrit sérieusement ou pour rire ; toujours est-il que c'est encore une place occupée, ne serait-ce pas celle du grotesque, qui est très importante, comme vous avez pu le voir dans la reine-mère des préfaces. » (4)

Quant aux imitateurs qui faisaient cortège aux chefs du romantisme, Edmond d'Anglemont n'est pas plus tendre pour eux :

« Je ne parlerai pas des poètes à la suite, des faiseurs de sentiment en détails, ces *jeunes hommes* tout enduits de terreur et de pitié, qui voudraient bien avoir aussi un monde à eux : ceci retombe dans les Almanachs des Muses. »

---

(1) Le 7 février 1829, avait paru le *Dernier jour d'un condamné*, Paris, Gosselin, in-12, dans lequel Victor Hugo posait la question de l'abolition de la peine de mort.
(2) Dans l'œuvre célèbre de Sainte-Beuve, *Tableau historique et critique de la Poésie française et du théâtre français au XVI*e *siècle*. Paris, Sautelet, in-8, paru le 19 juillet 1828, et dont le second volume, publié quelques jours auparavant, sous le titre commun de *Poésie française au XVI*e *siècle*, contenait les Œuvres choisies de Pierre de Ronsard.
(3) Le fameux *Cénacle*.
(4) Nous croyons que cet académicien est Lemercier, qui avait publié récemment, *Chants héroïques des Montagnards et des Matelots grecs*, Urbain Canel, 1824-1825; les *Martyrs de Souli*, tragédie, Urbain Canel, 1825, et des *Remarques sur les bonnes et les mauvaises innovations dramatiques*, Bignoux, 1825. — Cette allusion ne paraît pas s'appliquer à Casimir Delavigne, Baour-Lormian, Lebrun, de Jouy.

Tout en se disant que toutes les places étaient prises en poésie, et que ceux qui les occupaient en défendaient avec acharnement les approches; tout en ressentant une colère qui, ainsi publiquement exprimée, était au moins maladroite, Edouard d'Anglemont avait cependant trouvé sa voie, celle où il allait rencontrer une réputation, momentanée sans doute, mais qu'il aurait peut-être dépendu de lui d'accroître et de fixer par plus de persévérance, de travail, de sévérité critique.

La voie lyrique qu'il avait tentée, il l'abandonnait décidément, même le long récit à moitié épique comme *Berthe et Robert :* il nous le dit avec franchise en rappelant ses débuts, dont il reconnaît l'élégance un peu vieillotte.

« Je me suis jeté dans la carrière, dit-il, comme on peut l'avoir oublié, avec quelques essais trop vieux peut-être pour le temps, mais écrits avec tout le soin d'une étude consciencieuse et d'une correction sévère, autant que j'en étais capable ; à ce propos, un jeune et spirituel critique de l'époque me comparait à un paysan du Danube qui construit sa chétive demeure avec les débris du Parthénon; paysan à la bonne heure, je veux bien être paysan ; je l'étais, je le suis encore. »

Cette nouvelle voie était non pas celle de la Ballade, dès le début très exploitée par Victor Hugo et les romantiques, et dont d'ailleurs il pensait qu'était dégoûté ce public « qui, dit-il, l'a affublée de la vieille épithète de Trissotin » ; mais celle de petits récits en vers alexandrins ou de mètres variés, où seraient encadrées les vieilles légendes, si nombreuses dans nos provinces françaises : légendes de saints, de moines, de fées, de chevaliers, les uns modèles de prud'homie ou de sainteté, les autres types de brutalité et de félonie; de belles châtelaines ; légendes qui hantent les ruines des châteaux féodaux, des antiques forêts, des claires fontaines, des abbayes et des antiques moûtiers. C'était comme une *Légende des Siècles* anticipée, mais plus locale, plus rustique, de style plus familier, moins grandiloque. Voici du reste comment il se figurait ce nouveau genre poétique, et de quelle façon il en avait compris la mise en œuvre. La chose lui était venue à l'esprit dans ses courses de campagnard, ami des vieilles choses, des antiques souvenirs, des pittoresques paysages :

« J'ai laissé là les débris du Parthénon, les fragments de marbre et les piédestaux sans statue ; je me suis enveloppé de mon sayon grossier ; j'ai parcouru les campagnes, les châteaux ruinés, les côtes de la mer ; j'ai parlé en paysan à des paysans, et ils m'ont fait dans un langage rustique des récits variés : les plaisanteries du diable, les miracles et les méfaits des moines, les infortunes des jeunes filles, les prodiges des sorciers, Richard-Sans-Peur et Henri IV, la Normandie et la Bretagne, rien n'y a manqué ; toute une histoire en contes merveilleux et étranges, mais qui risquent d'être vrais ; tout un vieux poème gaulois, plein de naïveté et de bonnes terreurs : un vieux manuscrit taché de l'eau de la mer et jaune à force de vivre ; voilà mon livre. Il n'y a rien de grec, rien d'oriental, rien de judaïque ; c'est une chronique française qui pourrait réussir si je la contais comme elle m'a été contée.

« A présent, puisse la nouvelle pléiade se retirer un peu de mon soleil, me faire un peu de place dans l'attention... Puisse le public lire mon ouvrage, non pas comme vers, mais comme histoire, et j'aurai atteint le but que je me suis proposé, but très modeste, puisque je n'ai voulu que raconter ce que je savais, poésie et gloire à part. »

Ce recueil est bien ce qu'il annonce : une *Chronique* poétique ; mais une chronique où la légende, les vieilles traditions qui se sont transmises de vieillards à vieillards conteurs au coin du foyer, dans les veillées d'hiver ou dans les rondes villageoises, ont plus de part que la vérité proprement dite. Mélange pittoresque, dramatique, émouvant, de réel et de fantastique, de vérité et d'imagination, d'histoire et de folk-lore. C'était là une nouveauté. Les *Légendes françaises*, par l'ensemble de la pensée, de l'inspiration, comme par la forme nullement lyrique, mais moitié familière, moitié héroïque et un peu archaïque, se distinguent de tous les vers de Ballades que l'on avait déjà publiés en si grand nombre.

Ce recueil se compose de vingt-deux légendes. Chacune a sa dédicace, et toutes sont adressées à des femmes célèbres, poètes, romancières, artistes, grandes dames :

A Mademoiselle Delphine Gay, alors âgée de vingt-cinq ans, couronnée dès 1822 par l'Académie française pour avoir chanté le dévouement des Sœurs de Sainte-Camille pendant la peste de Barcelone, et qui, au retour d'un voyage en Italie, venait de publier en 1827 son recueil poétique *le Dernier jour de Pompéi*, Paris, Dupont, in-16.

A Madame la comtesse de Genlis, qui devait mourir l'année suivante à quatre-vingt-quatre ans, restée célèbre par son roman *Mademoiselle de Clermont*, paru en 1802.

A Madame Ducrest, nièce de Mme de Genlis née Ducrest de Saint-Albin, qui venait de publier anonymes des *Mémoires sur l'Impératrice Joséphine*, Paris, Ladvocat, 1828-1829.

A Madame Laya. Aglaé de Boucauville, femme de Louis Laya (1761-1833), l'auteur courageux de l'*Ami des Lois* (1793). Elle avait publié en 1827 les *Trois Sœurs, ou l'Education des filles*, Paris, Sautelet, 2 vol. in-12. Remariée à Achille Comte, le naturaliste, elle concourut, en 1840, avec Mme Tastu, pour l'Eloge de Mme de Sévigné, et publia encore deux romans, *Julien* (1841), et

Madame de Lucenne (1845) ; des comédies, *le Veuvage* (1842), *l'Amant de sa femme* (1850).

A Madame Belloc. Irlandaise d'origine, Louise Swanton, née en 1796, avait épousé le peintre Hilaire Belloc, et débuté dans les lettres en 1812 par une traduction des *Contes Moraux* de Miss Edgeworth. Elle devint veuve en 1860, et mourut en novembre 1881.

A Madame la comtesse de Bauffremont. Probablement Laurence de Montmorency, fille du duc Anne, née le 7 avril 1802, mariée le 6 septembre 1819 à Théodore de Bauffremont-Courtenay.

Aux Mânes de Madame de Staël. Morte en 1817, à cinquante et un ans, l'auteur de *Delphine* (1802) et de *Corinne* (1807) dominait encore de sa célébrité le monde littéraire.

A Mademoiselle Elisa Mercœur. Cette Nantaise (1809-1835) venait de publier, en 1827, à dix-huit ans, un volume de *Poésies* qui a fait vivre son nom à côté de ceux de Mme Desbordes-Valmore et de Mme Tastu.

A Madame la comtesse d'Hautpoul, née Anne-Marie de Montgeroult (1763-1837). Nièce du vaudevilliste Marsollier, elle avait débuté en 1789 par un roman pastoral, *Zélia*, et publié en 1820 des *Poésies* qui eurent du succès.

A Madame Elise Voïard. Née Marie-Elisabeth Petitpain (1786-1866), belle-mère de Mme Tastu, elle avait obtenu en 1828 le prix Montyon pour son ouvrage *la Femme ou les Six Amours*.

A Madame Desbordes-Valmore, dont l'heureux début, *Elégies, Marie* et *Romances*, Paris, F. Louis, datait de 1818, et avait été suivi du recueil très applaudi, *Elégies et Poésies*, Paris, Ladvocat, 1824. Née en 1785, elle mourut 23 juillet 1859.

A Madame Céleste Vien, femme du second Vien, que

le nom de son père, le peintre maître de David, a rejeté dans l'ombre, avait publié en 1825 une traduction en vers estimée d'*Anacréon*. Très liée avec le poète Mollevault. Fille du général Bache, elle mourut en 1843.

A Madame Amable Tastu, l'auteur des *Oiseaux du Sacre*, qui eurent tant de succès en mai 1825 ; un des trois grands noms de femme poètes sous la Restauration. Morte le 16 janvier 1885, à quatre-vingt-dix ans.

A Madame Waldor. Agée alors de trente-quatre ans, Mélanie Villenave, fille de Villenave, l'érudit bibliophile, ne publia qu'en 1835 *Poésies du Cœur*, son œuvre la plus célèbre, mais dont quelques pièces étaient déjà connues alors. Très liée à cette époque avec Alexandre Dumas, cette liaison orageuse inspira, dit-on, *Antony* (1) ; et on attribue à Alfred de Musset des vers bien cruels à son sujet. Morte le 11 octobre 1871.

A Madame la comtesse de Bradi. Auteur aujourd'hui bien oublié de *Vannina d'Ornano*, Paris, Rousselon, 1825, et d'une *Jeanne d'Arc* en vers, Paris 1825, in-4, Agathe-Pauline de Caylac de Ceylan, née à Paris le 2 mai 1782, mourut le 7 mai 1847.

A la Princesse Constance de Salm. Surnommée le *Boileau des femmes*, Constance-Marie de Théis (1767-1845), mariée en 1789 au chirurgien Pipelet, et remariée en 1803 au prince de Salm-Dick, avait réuni ses poésies en 1811 et 1814.

A Madame Panckoucke. Femme de Charles Panckouke, le célèbre éditeur, traducteur de Tacite. Peintre distinguée, surtout de fleurs, elle a traduit les *Poésies* de Gœthe, Paris, 1825, et mourut en 1840.

---

(1) Voir, A. Dumas, *Mémoires*, Paris, C. Lévy, 1896-1898, 10 vol. in-12; et Hip. Parigot, le *Drame d'Alexandre Dumas*, Paris, C. Lévy, 1879, in-12, p. 283 s.

Aux Mânes de Madame Cottin, morte en 1807, à trente-quatre ans, mais dont la *Mathilde* (1805) survivait encore.

A Madame Sophie Gay. L'aimable auteur de *Léonie de Montbreuse*, des *Malheurs d'un amant heureux* (1818). Née Nichault de Lavalette, elle mourut en 1852, à soixante-seize ans.

A Madame Périé-Candëille. Fille du compositeur P. J. Candeille (1744-1827), elle cultiva à la fois la poésie, la musique, l'art dramatique, se fit institutrice, après avoir été actrice, et s'appela successivement du nom de ses deux derniers maris, Simons et Périé. Née le 31 juillet 1767, elle mourut le 3 février 1834.

Aux Mânes de la duchesse de Duras. L'auteur d'*Ourika* (1823), d'*Edouard* (1825), qui venait de mourir au mois de janvier 1829.

A Madame Céré-Barbé. Fille du botaniste Céré (1737-1810), auteur de *Maximien*, tragédie (1813), et de *Poésies religieuses* (1824).

Une dernière pièce, *Vue de Normandie*, ne rentre pas dans ce cadre et ne porte pas le titre de légende :

En tête de chacune de ces légendes est inscrite une date, qui fixe l'époque de son sujet. Nous allons les analyser succinctement.

I. *Le Mont-Saint-Michel*. 435. — Vers de 12 pieds, strophes de 8 vers de 7 pieds.

Scène de l'époque druidique. La Vénus des Gaules, Sfionne, avait un de ses sanctuaires au lieu qui s'appela depuis le Mont-Saint-Michel. Un orage terrible éclate pendant qu'on célèbre le culte de la déesse ; au milieu des éclairs se livre entre Satan, inspirateur, défenseur de Sfionne, et l'archange Michel, un combat dont celui-ci sort victorieux.

> Satan, atteint d'un coup que rien ne peut guérir,
> Et dont il serait mort s'il avait pu mourir,
> Tombe dans l'Océan, dont la vague, couverte
> Du sang noir qui jaillit de sa poitrine ouverte,
> L'engloutit, en jetant de bruyans tourbillons...
> Et sur le sommet nu du rocher solitaire,
> L'Archange fit bâtir un vaste monastère,
> Qu'il nomma de son nom, et, qu'au jour du danger,
> Il a toujours depuis pris soin de protéger.

II. L'Abbé de Rhuys. 594. — Vers de 12 pieds.

Récit entremêlé de dialogue entre une femme en deuil, une jeune fille, un jeune homme, un mendiant, une vieille femme, deux villageois et un moine. Le monastère de Rhuys était situé sur les côtes de Basse-Bretagne, et cet abbé n'est autre que Saint-Gildas, si célèbre dans les légendes du pays. Il ressuscite une jeune fille, qu'un châtelain a fait assassiner pour se venger de sa résistance pudique.

> La jeune fille sort du cercueil entrouvert.
> D'abord, sur le gazon qu'elle croit vacillant
> Elle pose à demi son pied faible et tremblant ;
> Et, tout-à-coup rendue à l'éclat de la vie,
> Court se jeter aux bras de sa mère ravie.
> Ainsi le papillon brise les fils soyeux
> Dont, chenille, il ourdit le tissu merveilleux,
> Marche n'osant tenter même un effort timide,
> Et déployant soudain sa force et ses couleurs,
> S'élance en conquérant sur des trônes de fleurs.

Avec cette vie nouvelle, elle sent circuler dans ses veines une ardente passion pour son sauveur, et meurt bientôt de désespoir et de honte. Mais avant, elle s'est confessé à un moine, qui l'absout et relevant alors son capuchon, découvre à ses yeux Gildas lui-même.

> Je me meurs pardonnez. — Je vous absous. — Mon père,
> Je le retrouverai dans le ciel. — Je l'espère !

Là Dieu nous permettra de nous aimer toujours,
Et vous ne m'attendrez près de lui que neuf jours.
Et comme il proférait ce langage mystique,
Le moine a découvert sa face prophétique ;
Et s'écriant : C'est vous !... et, le front radieux,
La jeune fille expire en lui montrant les cieux.
Le saint, neuf jours après, expira sur la cendre.

III. *L'Ane de Jumiège.* 637. — Strophes de 6 vers, de 3 pieds.

De pieuses religieuses prenaient soin des linges des saints autels de la célèbre abbaye.

> Un bon âne
> Dans sa manne
> Les portait ;
> Et sans bride,
> Fouet ni guide,
> Il trottait.

Mais un jour, un loup attaque le bon animal, le tue et le mange. Il en fut puni par l'ange qui épiait cette scène, et il dut jusqu'à sa mort remplir l'office de l'âne et porter le linge à l'abbaye. Une fête villageoise, moitié pieuse, moitié bachique, commémore encore aujourd'hui au hameau de Conihout, la veille de la Saint-Jean, cette vieille légende. D'Anglemont aurait pu dédier cette pièce, non à Mme Ducrest, mais à son ami Lesguillon, qui s'était inspiré de la même tradition dans une pièce de vers publiée dans la *Psyché* (1).

IV. *Edmond et Gasceline.* 773. — En vers de 12 pieds.

Le baron de Pont-Saint-Pierre, un preux de Charlemagne, qui a combattu les Sarrasins à Poitiers, Witikins

---

(1) Tome VI.

chez les Saxons, a perdu son fils, espoir de sa race, à l'assaut d'Eresbourg. Il lui reste une fille, maintenant sa seule consolation. Edmond, comte de Darnétal, la voit, s'éprend pour elle d'un amour qui est partagé, et la demande en mariage au vieux baron. Le père consent, mais à une condition ; c'est qu'il la portera dans ses bras jusqu'au sommet de la montagne voisine, car il la sait inaccessible. Gasceline conseille à Edmond d'abandonner cette impossible entreprise, ou bien d'avoir recours à un philtre magique : il lui répond, avec une belle confiance.

> Va, je n'ai pas besoin de l'art des nécromans ;
> J'ai puisé dans tes yeux philtres et talismans !
> Viens, viens, bannis ces pleurs et ces frayeurs extrêmes !
> Mon triomphe est certain ! Gasceline, je t'aime !

L'amour fait ce miracle ; mais pas jusqu'au bout. Arrivé au sommet, Edmond s'affaisse et meurt, Gasceline expire à ses côtés. C'est dans la mort qu'ils furent unis.

V. *L'Ame du Moine*. 957. — Strophes de 6 vers, de 4 pieds.

Près de la vieille abbaye de Saint-Ouen, sur les bords du Robec, vient de mourir subitement un moine indigne.

> Face rougie,
> Sortant d'orgie
> Tout en émoi.

Le Diable dispute son âme à son ange gardien, qui allègue que le moine s'est repenti au moment de mourir. Survient Robert sans Peur, duc de Normandie qui, pris pour arbitre, tranche ainsi le différend :

> Qu'à la lumière
> Le pauvre hère
> Soit ramené ;
> Que s'il dévie
> De sainte vie,
> Il soit damné.

> En repentance,
> Et pénitence
> S'il vit reclus,
> Mort dans la grâce
> Que Dieu le place
> Dans ses élus.

VI. *Hélène.* 1066. — Strophes de 6 vers, de 8 pieds.

Touchante histoire de l'amante d'un des compagnons de Guillaume le Conquérant. Du haut de la côte de Tombelaine, elle regarde s'éloigner le vaisseau qui l'emporte en Angleterre, et tombe morte en le voyant disparaître à l'horizon :

> La mort a fermé sa paupière
> Et dans ce lieu, sous une pierre
> Un vieux pêcheur l'ensevelit.
>
> On raconte que chaque année,
> Au jour qui de l'infortunée
> Eclaira le dernier moment,
> Sur les hauts genêts de sa tombe,
> On voit une blanche colombe
> Qui pousse un long gémissement

VII. *Le Château d'Harcourt.* 1100. — Vers de 12 pieds, et strophes de 7 vers de 8 pieds.

Au sortir d'un banquet, donné par le seigneur d'Harcourt pour fêter le trente-quatrième anniversaire de la bataille d'Hastings, Guillaume le Roux, second fils du Conquérant, auquel il a succédé comme roi d'Angleterre, a fait un rêve dont il reste terrifié. Il appelle un moine, qui interprète ce songe comme un avertissement de Dieu, et l'exhorte à se repentir de sa luxure et de ses sacrilèges. Le roi lui rit au nez :

L'abbé sort, et le Roi ne se confesse point,
Monte son palefroi, l'épervier sur le poing,
Appelle les limiers que le varlet déchaîne,
Et vole avec sa cour vers la forêt prochaine,
Obsédé malgré lui par un effroi secret.
— Le soir, on le trouva, le cœur percé d'un trait,
Sanglant, expirant seul, sur l'humide bruyère !
Et puis on l'inhuma sans pompe et sans prière.

VIII. *Bodilis.* 1164. — Strophes de 6 vers de 7 pieds.

D'après une tradition du comté de Léon, une fontaine près de Landiviseau, avait la réputation de découvrir, en se troublant, l'infidélité d'un amant ou d'une amante. Une jeune fille, Bodilis, tente l'épreuve :

Elle dit, et vers la source
Soudain elle prend l'essor ;
Elle arrive en haletant,
Voit le serpent qui tournoie,
Et dans les eaux à l'instant
Se précipite et se noie.

Le poète ne dit pas si Bodilis en fit autant. On peut le supposer.

IX. *Le Berger de la Brie.* 1230. — Vers de 12 pieds, entremêlés de dialogues.

Histoire de sorcellerie. Un baron de Lagny, en proie aux horribles douleurs d'une maladie étrange, appelle près de lui un de ces sorciers rebouteurs, nombreux en ce pays.

Ses yeux sont tour à tour ternes ou flamboyans ;
Il porte sur son front et verveine et sélage (1),
Sur son dos une peau d'un noirâtre pelage ;

---

(1) Plante dont se paraient les druidesses, et depuis les sorciers.

Un sarreau de lin gris couvre ses reins pressés
De rameaux de fougère en ceinture tressés ;
Il tient de la main droite une baguette blanche ;
Un coffret de fer blanc, qui sonne sur sa hanche,
Contient l'herbe qui tue et l'herbe qui guérit ;
Un livre en traits de sang par Lucifer écrit...

Il guérira le baron, mais pour prix de son service lui demande de lui livrer son enfant : le père refuse, puis consent, affolé par la douleur. Il guérit, et le sorcier exige l'exécution de la promesse faite. Aux supplications du père :

Prends cet or, fuis, mets fin à ces cruels débats,

il reste insensible, et appelle un varlet pour qu'il livre l'enfant. Mais une nourrice avisée a tout entendu, et pris la fuite avec son nourrisson. De fureur, le sorcier se tue.

Le berger aussitôt avec des cris de rage :
« Devais-je retirer ce fruit de mon ouvrage ?
Belzebuth de ses droits ne peut être frustré !
Il faut que quelqu'un meure, et c'est moi qui mourrai... »
Il s'enfuit de la salle ; il veut franchir le pas,
Et tombe consumé d'un feu qu'on ne voit pas.

X. *Le Nain*. 1326. — Vers de 12 pieds, et strophes de 8 vers, 4 de 8 pieds et 4 de 6 pieds.

Ce nain n'est pas un de ces nains secourables à l'homme, qui l'aident dans ses travaux, accomplissant pour lui la tâche imposée ; c'est un nain de la mauvaise espèce, vrai envoyé de Belzébuth. Il rencontre sur la route un pauvre pélerin qui, appuyé sur son bâton, attend le jour pour poursuivre son chemin vers Saint-Arnould, où c'était la coutume, à certain jour de l'année, de se rendre avec un bâton volé. On brûlait tous ces bâtons sur un bûcher, d'où le Saint-Esprit sortait sous la forme d'une colombe. Le Diable se saisit du pélerin, et le précipite dans un étang. Mais le pauvre homme portait un scapulaire et il est sauvé. La littérature allemande et suisse s'est beaucoup servi de ces nains. Dans ce dernier pays ils sont encore populaires : au Rigi Kaltbad, qui réveille en moi tant de souvenirs, la source est comme gardée par la statue d'un de ces nains, et l'horaire du chemin funiculaire du Stanzerhorn est orné de différentes scènes de la vie de ce peuple souterrain et merveilleux. Le tableau qu'en fait d'Anglemont est joli :

> Ils ont fui loin de nous, ces esprits familiers,
> Ces nains qui s'asseyaient auprès de nos foyers,
> Filaient et devisaient avec les jeunes filles,
> Baissaient les pont-levis devant les chevaliers,
> Dont le travail rapide aidait les ouvriers
> A livrer la moisson au tranchant des faucilles...
>
> Sur quelque fil de lin, lutins, esprits servans
> Vous êtes remontés au pays des nuages ;
> Mais par le souvenir chez nous encore vivans,
> Vous égayez du moins les récits des villages

XI. *Le Bisclavaret*. 1497. — Vers de 12 pieds.

Nom du loup-garou en Bretagne — corruption de *bleiz-garv*. Peut-être la plus belle de toutes ces légendes. A la vue de la tristesse profonde dans laquelle chaque jour, à certain moment, tombe son mari, la châtelaine de Ploërmel obtient de lui l'aveu de son malheur. En expiation du crime d'un de ses ancêtres, il devient pendant quelques heures loup-garou, et ne reprend la forme humaine qu'avec le vêtement qu'il a quitté. L'épouse compatit à sa douleur, et semble ne l'en aimer que davantage. Mais voici que le jeune seigneur auquel elle avait d'abord donné sa foi, revient de la guerre, et lui reproche son infidélité. Pressée par lui, l'aimant d'ailleurs encore, elle lui confie le secret de son mari, cache le vêtement libérateur, et voue le malheureux seigneur de Ploërmel à vivre toujours en loup ; pendant que, répandant le bruit de sa mort, ils se marient publiquement. Mais le bisclavaret, pris à la chasse par le duc de Bretagne, devient son loup familier, le suit partout, même aux tournois. Un jour, il se trouve en présence de celui qui lui a volé sa femme et se jette sur lui. Blessé à mort, le chevalier félon avoue son crime, tandis que sa complice meurt elle-même de honte, et le sire de Ploërmel cesse d'être un loup-garou, pour redevenir un brillant chevalier.

Edouard d'Anglemont a donné à cette dramatique légende un préambule très pittoresque; c'est une description de la Bretagne.

> Mes pas de l'Armorique ont foulé les rivages ;
> J'ai vu ses hauts genêts et ses landes sauvages ;
> J'ai vu ses grands marais peuplés de mille oiseaux,
> Qui se croisaient dans l'air ou fuyaient sous les eaux ;
> J'ai vu ses habitants former de lourdes danses,
> Dont l'aigre biniou mesurait les cadences ;
> Et souvent, sous l'abri d'un gothique manoir,
> Tandis que dans le lait je trempais un pain noir,
> Que la crêpe pour moi, sous la main d'une femme,
> Naissait en frémissant au milieu de la flamme,
> Sur l'escabeau de bois, auprès de l'âtre assis,
> J'ai du pâtre breton entendu les récits.

XII. *Le Mouton de Boutheille.* 1498. — Strophes de 4 vers de 7 pieds.

D'après une légende naïvement représentée en bas-relief sur le maître-autel d'une église entre Dieppe et Arques. Un agneau, que le sacristain a attaché à un pieu pour paître l'herbe du cimetière, près de l'église, est attaqué par un loup. Il s'enfuit dans l'église dont il repousse la porte avec le pieu entraîné par lui, et bêle tant que les villageois accourent et tuent le loup. L'on sait combien les animaux du bon Dieu sont mêlés aux vieux récits hagiographiques.

XIII. *La Tapisserie*. 1548. — Vers de 12 pieds, mêlés à une chanson en couplets de 8 vers, 4 de 8 pieds et 4 de 5 pieds.

Histoire d'un comte de Saulx qui, le soir en son château de Bourgogne, au coin de l'âtre héraldique, a vu s'animer en une danse villageoise les personnages d'une vieille tapisserie de famille. C'est un signe de mort prochaine pour tous ceux de sa race, et cette fois encore il n'a pas menti :

> Sur le plus haut donjon du gothique manoir
> On vit le lendemain flotter le drapeau noir,
> Et le fils, précédant une funèbre fête,
> Répétait à genoux l'hymne du roi-prophète.

La ronde en vieux langage, malheureusement d'un faux archaïsme, de ces paysans messagers de mort, est saisissante par son contraste avec cette scène de présage funèbre :

> Avril a la terre éveillée ;
> Herbes, fleurs, diaprent les champs ;
> Ces oyzels, aux gazouilleux chantz,
> S'esbattent emmy la feuillée.

> Tant doulce seyzon
> Ravive la danse ;
> Foulons en cadence
> Tapyz de gazon.

XIV. *Le Desservant du Pollet*. 1560. — Vers de 12 pieds, mêlés de strophes de mesures diverses.

Sur le grand quai du Pollet, un faubourg de Dieppe dont en 1829 les habitants « conservaient encore un caractère très particulier dans leurs mœurs, leurs usages et leurs vêtements », le sacristain de la chapelle voisine, Notre-Dame des Grèves, est réveillé au milieu de la nuit par le fracas d'une terrible tempête. En même temps, il perçoit le bruit, inusité à cette heure, de la cloche qui sonne la messe du matin! Il court à la chapelle, et voit sur les marches de l'autel un prêtre inconnu, à la barbe blanche des vieillards, qui le prie de lui servir la messe. Quand le saint sacrifice est achevé, les vêtements sacerdotaux tombent aux pieds du prêtre, et laissent voir un squelette. « Ne crains rien, dit-il au sacristain, que la frayeur a renversé à terre :

« Prêtre autrefois de cette église
  Durant dix lustres desservant,
Je négligeai de dire une messe promise,
Et n'en fus point puni tant que je fus vivant ;
Mais, après mon trépas, l'éternelle sagesse
Voulut que, chaque nuit, une heure en ce saint lieu,
J'attendisse qu'on vînt me répondre la messe ;
Et j'ai subi cent ans le châtiment de Dieu !
Il permet qu'aujourd'hui j'acquitte ma promesse,
Je vais dormir en paix ; je te rends grâce... Adieu ! »

XV. *Le Grand Veneur*. 1599. — En vers de 12 pieds, mêlés de strophes de 6 vers de 8, de 3, de 10 et de 6 pieds.

C'est l'apparition à Henri IV, au milieu d'une chasse dans la forêt de Fontainebleau, de ce fantôme du Grand Veneur, qui, disait-on, annonçait toujours une mort prochaine. — Le roi, ayant à ses côtés Gabrielle d'Estrées, s'est arrêté pour prendre part, sur l'herbe, à un joyeux repas. Il célèbre sa belle le verre en main :

Mais des cors, des limiers sèment un bruit immense !
Dans le tailli du nord une chasse commence !
Le bruit s'accroît et court de rochers en rochers,
Et le Roi tout surpris appelle ses archers.

Il ordonne d'arrêter l'insolent qui se permet de chasser sur les brisées royales.

— Sire... arrêter une ombre !.. est-ce en notre pouvoir ?
C'est l'ombre d'un piqueur tué dans l'avenue.
Sire, de l'homme noir redoutez la venue ;
Il ne paraît jamais sans présager des pleurs :
Il a de Charles-Six annoncé les malheurs !

— C'est bon pour faire peur aux enfans du village.
Buvons... Et l'homme noir écarte le feuillage ;
Et d'un accent terrible interrompant le Roi ;
— Je t'apporte un avis, Duchesse, amende-toi !

Il est temps ! q puis suivi de sa meute effrayante,
Dont s'éteint par degrés la voix rauque et bruyante,
Aussi prompt que l'éclair, au sein de la forêt,
Le fantôme chasseur s'enfonce et disparaît (1).

Cette légende eut alors un grand succès, qu'elle méritait, et c'est elle que citent toutes les anthologies où figure le nom d'Edouard d'Anglemont.

XVI. *Marie.* 1604. — Vers de 12 pieds.

Nous revenons ici en Normandie. Au confluent de l'Eure et de l'Iton, une jeune fille a vu en rêve un jeune page, si beau, si tendre, qu'en s'éveillant elle appelle encore de ses vœux cet inconnu. Son rêve aussitôt devient une réalité.

Un jeune homme à ses yeux apparaît.
Dans ses beaux cheveux blonds le vent tremble et se
[joue,
Un tendre vermillon pare sa blanche joue,

---

(1) P. de l'Estoile, dans son *Journal* (12 août 1598), Sully, dans ses *Mémoires*, et Péréfixe dans son *Histoire de Henri IV* (IIIe partie), racontent cette apparition.

> Sa forme développe un aspect ravissant ;
> De ses lèvres de rose un souris caressant
> S'échappe ; il a des yeux et d'azur et de flamme,
> Auxquels pour attendrir, pour subjuguer une âme,
> Il n'est jamais besoin que d'un regard ; enfin
> Hors les ailes, cet être a tout d'un séraphin.

Ce séraphin est le chef des anges déchus, Lucifer lui-même, Belzebuth. Marie, qui n'a pu résister à ses propos séducteurs, va devenir mère ; elle le supplie de la conduire à l'autel. Il y vient, mais sans faire un signe de croix, et quand le prêtre, tenant l'anneau consacré, lui demande son nom, il reprend la forme du maudit qu'il est, et Marie s'enfuit folle d'épouvante.

> Un monstre tout à coup s'échappe de ses flancs !
> Il arrondit son dos hérissé de poils blancs !
> Il allonge en sifflant sa tête de vipère !
> Sa queue en noirs anneaux se déroule ! Le père
> Revient, il voit son fruit, pousse un cri triomphant
> Et sous la terre emporte et la mère et l'enfant.

Moralité : en amour, jeunes filles, ne croyez pas trop à la beauté angélique : c'est souvent la beauté du diable.

XVII. *L'Apprenti sorcier*. 1640. — En vers de 12 pieds.

C'est la célèbre ballade, très humoristique, de Gœthe ; mais modifiée par les souvenirs et les mœurs du pays de Brie, où l'auteur a rencontré une légende à peu près semblable. Il s'agit, bien entendu, de ces sorciers paysans qui ont la réputation de jeter des sorts, de tuer ou de guérir à leur gré hommes et animaux. Voici l'intérieur du sorcier : il annonce le praticien :

> Aux champs où le Morin épand ses blondes eaux,
> Non loin de Coulommiers, sous un toit de roseaux,
> Entre les murs de pierre, et de bois et de plâtre
> On voit un vieux balai gisant au pied de l'âtre ;

> Quelques peaux de renard, de loutre, de blaireau ;
> Des pains d'arsenic blanc, des branches de sureau,
> Des plantes, des ognons de différentes sortes,
> Du crin, des seaux de bois, des œufs, des poules mortes,
> Une large chaudière, des vêtements grossiers.

Comme dans Gœthe, l'apprenti sorcier, menacé d'être noyé dans l'inondation qu'il a déchaînée, est sauvé par l'arrivée du maître sorcier.

XVIII. *L'Abbé de Saint-Victor*. 1642. — Vers de 12 pieds, mêlés de couplets, de vers de 7 et de 4 pieds.

L'abbé du grand et riche couvent de Saint-Victor en Provence, fort peu digne du saint qui le fonda, et qui, sous l'armure du soldat de Maximien, eut la chasteté des saints, poursuit de son amour une jeune vassalle, fille du pêcheur du couvent. Il l'entraîne dans l'abbaye, et va lui faire violence jusque sous l'image du Saint, représenté à cheval et en habit de guerre ; ses supplications sont vaines : enfin elle appelle Saint Victor à son secours :

> Elle va succomber de fatigue, abattue,
> Soudain du Saint guerrier s'ébranle la statue,
> Sa prunelle de feu roule en ses yeux d'airain,
> Le noir coursier se cabre, écume, mord son frein,
> Pousse un hennissement, et, brandissant sa lance,
> Frappant de l'éperon, le Saint de fer s'élance
> Sur l'abbé qui pâlit, frissonne, et, chancelant,
> Laisse Claire échapper...
> Depuis, l'abbé n'a point été vu sur la terre
> Et l'image du Saint, patron du monastère,
> N'orna plus une nef où l'on n'a retrouvé
> Que les pas d'un cheval empreints sur le pavé (1).

---

(1) Le même sujet a été traité par Marie Aycard (1794-1859), poète et romancier.

XIX. *L'Auto-da-fé*. 1680. — En strophes de 6 vers de 12 et de 8 pieds, et de 10 vers de 8 pieds.

Charles II, dans une de ces terribles fantaisies de malade, qui quelques temps auparavant ordonnait d'ouvrir en sa présence le cercueil de son père Philippe IV dont il embrassait les restes décomposés, force sa jeune épouse, la douce et touchante Marie-Louise d'Orléans, destinée à mourir bien jeune et non sans soupçon de poison, à assister, malgré ses répugnances et ses supplications, à un grand auto-da-fé célébré à Madrid. Ce très dramatique récit se termine par un vers qu'on peut mettre a côté du vers célèbre :

Il fait grand vent, Madame, et j'ai tué six loups,

que, dans *Ruy-Blas*, Victor Hugo fait dire par le même prince à sa seconde femme, Marie-Anne de Neubourg. Voici la fin, fort belle, de cette légende :

De ce vaste foyer qu'un feu rapide allume,
Des pleurs, des hurlemens sortent ; tout se consume
   Et la cendre est jetée aux vents.

Le temps durant la fête a mesuré treize heures
Et Charles retournant aux royales demeures :
   Chère épouse, ne pleure pas :

Le ciel s'ouvre pour ceux dont le crime s'expie,
Leur sort ne doit toucher que le cœur de l'impie !..
   J'ai faim, qu'on serve mon repas.

Le catholicisme d'Edouard d'Anglemont n'allait pas jusqu'à innocenter l'Inquisition ; elle lui inspirait des sentiments tout contraires, dont témoigne cette imprécation poétique.

Et toi, Seigneur, qui par l'onde ou les flammes
Châtia' autrefois les nations infâmes,
Et remplit Israël d'un salutaire effroi,

> Toi dont la loi proscrit un culte sanguinaire,
> Tu n'as point dévoré par le même tonnerre
> L'autel, les prêtres et le Roi !!!

XX. *L'Orgie*. 1723. — Vers de 12 pieds, mêlés de dialogue.

Non loin de Pont-Audemer, près de la montagne du Gibet et de l'abbaye de Saint-Gilles, au village de Saint-Germain, se tient le 1er septembre, une foire qui attire les habitants de tous les environs. On y boit beaucoup de cidre et même de vin. Après de copieuses libations, trois jeunes gens devisent d'une femme qui, dit-on, va tous les soirs visiter le cimetière. — « Elle y donne rendez-vous à un amant » dit l'un. — Oui, c'est sûr, crient les deux autres ». Et l'on tire au sort celui qui ira tenter l'aventure près de cette femme sensible.

> Ils arrivent tous trois près de la terre sainte.
> L'élu du sort franchit le mur dont elle est ceinte,
> Il court, en fredonnant le couplet du repas.
> Et les croix des tombeaux se brisent sous ses pas.
> Bientôt une bleuâtre et passagère flamme,
> Sous un blanc vêtement lui découvre une femme.

Il la poursuit, l'atteint, la presse, lui donne un baiser, mais...

> D'une griffe en ses flancs il sent brûler l'empreinte ;
> L'odeur d'un corps infecté lui soulève le cœur ;
> Et sous les coups pressés d'une énergique étreinte,
> Il lutte ; vainement ! Son ennemi vainqueur
> L'enlève dans les airs, avec un ris moqueur.
> Et quand l'aube dora le mont patibulaire
> Le bourreau, qui venait y gagner son salaire,
> Sur des débris humains trouva l'élu du sort
> Nu, tout défiguré, sanglant et presque mort.

C'est presque le dénouement d'*Albertus,* que Théophile Gautier publiera trois ans plus tard, en 1832. Mais Gautier ne nous donne son poème que comme une imagination fantastique, un rêve ; d'Anglemont nous présente sa légende presque comme une réalité. « Je tiens, dit-il, cette tradition célèbre dans le pays, d'une femme qui dit la tenir du jeune homme enlevé, qui, suivant elle, devenu paralytique par suite de cette aventure merveilleuse, n'est mort que quarante ans après. »

XXI. *Le Chasseur des Alpes*. 1730. — Strophes de 4 vers, de 12 et de 8 pieds.

Cette pièce imitée de Schiller (*der Alpenjäger*, 1804), figurait déjà dans les *Odes*, de 1825.

XXII. *Le jeune Prêtre*. 1805. Vers de 12 pieds.

Un des fils d'un fermier du Vexin normand a été élevé avec une jeune fille, recueillie par les siens, pendant la Terreur qui a dispersé ses parents : ils se sont aimés, et ils vont être unis, lorsque, le père de la fiancée revient de l'émigration et s'oppose au mariage. Elle, obéit en pleurant ; lui, se fait prêtre et devient curé d'un village sur les bords de la Rille. Il est là, depuis deux ans, répandant les bienfaits et les consolations autour de lui, lorsque, appelé à bénir un mariage, il reconnaît dans la jeune fille qu'il va unir, celle qu'il a aimée.

Il tombe mort au pied de l'autel :

> A peine trois soleils avaient lui sur la pierre,
> Qu'au lieu même où la mort lui ferma la paupière,
> Aux accens d'un cantique et monotone et lent,
> Vint en pompe un cercueil recouvert d'un drap blanc !

Le recueil se termine, comme nous l'avons dit, par une très belle pièce de vers, *Vue de Normandie*, en strophes de 6 vers de 12 et de 8 pieds, qui ne se rattache au sujet des *Légendes Françaises* que par de belles descriptions poétiques d'un pays auquel la plus grande partie de ces

Légendes sont empruntées. L'auteur, au débouché du bois de Sainte-Opportune, contemple le vaste horizon qui s'étend devant lui. Citons ces vers, qui nous montrent le pays même où d'Anglemont a passé la plus grande partie de sa vie :

> Je voyais, à ma gauche, en d'immenses prairies
> Que bordaient champs de blé, jardins et métairies,
> Un lac (1), environné de grands bois murmurans ;
> Là voguaient canards bleus et gris, noires judelles ;
> Là se faisaient ouïr cris aigus et bruits d'ailes
>   De hérons et de cormorans !
>
> Et devant moi c'était une chapelle sainte (2),
> Dont vingt ormeaux géans ombraient la morne enceinte,
> Où jadis au départ priaient les matelots ;
> Et Quillebœuf, au bout de la pointe angulaire,
> Elevant, à côté du phare tutélaire,
>   Son temple miné par les flots !
>
> Plus loin coulait le fleuve aux eaux jaunes et vertes,
> De barques, de filets, de navires couvertes ;
> La cité des Romains (3), avec son long clocher,
> Se dressait près d'Harcourt, aux tours démantclées ;
> Et là-bas s'effaçaient, par la brume voilées,
>   Les blanches murailles d'Orcher !
>
> Entouré de sapins, de chênes, de mélèzes,
> Là planait au-dessus des croulantes falaises,
> Tancarville, aux donjons saillans et réguliers !
> . . . .
> J'apercevais la mer où s'engloutit la Seine.

Par les citations que nous avons faites, on voit que d'Anglemont, s'il sait tirer parti d'une légende, ménager habilement le dénouement, et laisser planer des doutes calculés sur les causes et les effets ; s'il varie aussi son

---

(1) La Grand'mare.
(2) La chapelle de Saint-Léonard.
(3) Lillebonne, la Juliobona des Romains.

style avec ses sujets ; manque cependant d'originalité, de force dans l'expression, parfois de correction. Ce défaut est moins sensible ici, que dans ses précédents recueils, mais il l'est encore assez pour expliquer pourquoi sa renommée ne s'est pas maintenue.

Le succès, cependant, des *Légendes françaises* fut très marqué, et la meilleure preuve en est qu'il créa à d'Anglemont des imitateurs. Parmi ceux-ci, il faut signaler Alphonse Le Flaguais, qui en 1834 publia *Les Neustriennes, Chroniques et Ballades* ; Caen, Aimé Avonde ; et Paris, Lance, in-18, de 300 p. Dans ce recueil, qui d'ailleurs mérite de ne pas être oublié, l'auteur traite en particulier, dans les pièces intitulées le *Sacristain de Saint-Ouen*, et *Guillaume-le-Roux*, deux sujets qui avaient inspiré à Edouard d'Anglemont ses deux légendes, l'*Ame du Moine* et le *Château d'Harcourt*.

VI

Après les *Légendes françaises*, œuvre de longue haleine, Edouard d'Anglemont sembla se reposer, peut-être pour mieux jouir de son succès, cette fois très grand, ou, selon quelques-uns, par crainte de le compromettre. Si la Révolution de 1830, qui blessa vivement ses opinions royalistes et religieuses, amassa en lui des colères intérieures qui plus tard inspireront le poète, du moins ne publia-t-il au milieu des évènements de cette année violente qu'une seule pièce : *Le Dix-huit Octobre. Au peuple de Paris*, Paris, imprimerie de Tastu, in-8, de 1/2 feuille. Elle parut, selon la *Bibliographie de la France*, n° 6654, le 31 décembre 1830. Il s'agissait dans ces vers, de cette journée honteuse où la populace, au cri de : « *A mort les ministres* », avait envahi le jardin du Palais-Royal, habité encore par le nouveau roi, puis s'était portée à Vincennes où les anciens ministres de

Charles X étaient emprisonnés, attendant leur jugement. Sans la fermeté du général Daumesnil, elle aurait déshonoré la France par de lâches assassinats.

Lorsque d'Anglemont rompit le silence, après deux ans, ce fut pour revenir au théâtre, où il s'était essayé en 1826 par sa comédie *le Cachemire* — nous ne parlons pas de *Tancrède*, besogne de versificateur plus que de poète, — et coup sur coup nous le voyons à deux reprises s'engager plus avant dans cette carrière.

Le drame, que l'école romantique venait de renouveler avec Victor Hugo, Vigny, Alexandre Dumas, Mérimée, Vitet, s'était manifesté sous deux formes très distinctes : la pièce de théâtre, et la pièce non destinée à la rampe, ou autrement dit ; le Drame et la Scène Historique.

Au théâtre, c'étaient : en 1828, *Roméo et Juliette* (10 juin) de Frédéric Soulié ; en 1829, *Henri III*, d'Alexandre Dumas (10 fév.) ; *Christine à Fontainebleau* (13 oct.), de Soulié ; le *More de Venise*, de Vigny (24 octobre) ; *Une fête de Néron* (28 déc.), de Soumet et Belmontet ; en 1830 *Hernani*, de Victor Hugo (25 février) ; *Christine*, d'Alex. Dumas (30 mars) ; *Françoise de Rimini* (28 juin), de G. Drouineau ; *Jeanne la Folle* (28 août), de Fontan ; en 1831, *Antony* (3 mai), *la Maréchale d'Ancre* (25 juin), *Marion Delorme* (11 août), *Charles VII chez ses grands vassaux* (20 octobre), *Richard d'Arlington* (10 décembre) ; en 1832, *Thérésa* (6 fév.), d'Alex. Dumas ; *Louis XI* (21 fév.), de C. Delavigne ; *Méphistophélès* (7 avril) de Lesguillon ; *la Tour de Nesle* (29 mai) ; *Clotilde* (11 sept.), de Frédéric Soulié ; *le Roi s'amuse* (22 nov.). Le drame historique, on le voit, était fort à la mode : ce fut à l'histoire aussi, et à l'histoire presque contemporaine, que s'adressèrent d'Anglemont et son collaborateur. Théodore Muret, qu'il s'associa dans cette nouvelle œuvre, né à Genève en 1808, et de quelque dix ans plus jeune que lui, appartenait, quoique protestant, au parti légitimiste. Après deux petits actes en vers, *Corneille à Rouen,* joués à Rouen en 1829, il venait en 1831 d'entrer à la *Mode,* où il écrivit longtemps ainsi qu'à la *Quotidienne.* Ecrivain fécond, laborieux, il souffrit de la diversité même de ses aptitudes. Romancier, auteur dramatique, historien, c'est à ce dernier titre, par son *Histoire de l'armée de Condé* (1844) et celle des *Guerres de l'Ouest* (1848), que, depuis sa mort en 1866, il est surtout connu.

La pièce imprimée fut annoncée le 28 janvier 1832 par la *Bibliographie de la France,* sous le numéro 484.

Paul Ier | Drame historique | en trois actes et en prose, | par MM. Edouard d'Anglemont | et | Théodore Muret, | représenté pour la première fois, à Paris, | sur le théâtre de l'Ambigu-Comique, | le 27 décembre 1831. Paris. | J. N. Barba, libraire, | Palais royal, Grande Cour, | derrière le Théâtre Français. | 1832. | In-8. Prix 1 fr. 50. Imprimerie de E. Duverger, rue de Verneuil, n° 4.

Faux-titre, et 46 f. chiff.

Les rôles furent tenus par Constant, *Paul Ier*; Cullier, *le Grand-duc Alexandre*; Francisque Cadot, le *Comte Pahlen*; Eugène, *William Beningson*; Mlle Irma Martin, *Emilie Chevalier.*

Le sujet, c'est la conspiration qui aboutit à l'assassinat de Paul Ier, fils bizarre de la grande Catherine, au moment où, plein d'admiration pour Bonaparte, Premier Consul, il allait s'allier à la France, que jusque-là il avait combattue ; et peut-être ainsi changer la face du monde en supprimant, avec l'Angleterre, douze années de guerres européennes. L'ambition d'abord, puis la jalousie du comte Pahlen, qui, pour se tirer d'un mauvais pas, a laissé l'Empereur courtiser et lui prendre sa maîtresse, Emilie Chevalier, une française, que ses succès sur le théâtre de Saint-Pétersbourg ont mise en évidence : voilà les ressorts du drame. Dominée par son ancien amant, par crainte pour sa vie, Emilie garde le secret de cette conspiration que lui a confié Pahlen, malgré la reconnaissance, et peut-être l'amour qu'elle ressent pour le czar, dont la franchise et la passion l'ont touchée. Le caractère de Paul Ier, mêlé de noblesse, de magnanimité et de bizarrerie, est fortement conçu, bien soutenu. On voit monter comme une marée formidable les haines qui se forment contre le souverain dans sa famille, dans l'armée que mécontente la nouvelle politique du souverain, parmi les courtisans jaloux de la favorite, qu'il vient de créer comtesse de Riga, et même parmi les amis de l'Empereur, souvent blessés par ses paroles imprudentes, comme quand il dit à Koutaïsoff, qui le complimente :

« Tais-toi donc, mon pauvre Koutaïsoff. A travers ce beau costume de surintendant du palais, dont il nous a plu de t'affubler, tu laisses trop voir l'ancien esclave et le barbier. Tu le portes comme les singes, que les Juifs promènent de foire en foire, portent les oripeaux dont on les habille. »

Le rôle du czarewitz, Alexandre, est particulièrement touchant : tenu à l'écart par son père, qu'il aime, mais qui se défie de lui, devenu malgré lui l'espoir des mécontents et l'instrument inconscient des conspirateurs, il subit la fatalité des évènements qui lui donnent un trône au prix de son honneur filial. La scène, la dernière, où les conjurés le saluent Empereur sur le corps de son père, au secours duquel il arrive, est fort belle :

ALEXANDRE

Quels affreux pressentiments ! Quels sont ces hommes ? Palhen ici !... Mon père.

PALHEN

Monseigneur, un grand malheur est arrivé, l'empereur s'est tué lui-même.

ALEXANDRE

Non, c'est vous, c'est vous ! et l'on dira que je l'ai assassiné ! *(Il veut se précipiter sur le corps de son père).*
Mon père !

Quant à Emilie Chevalier, elle a racheté un moment de faiblesse, en se jettant entre Paul Ier et ses assassins, et il a fallu que Palhen la renversât d'un coup de poignard pour qu'on pût arriver jusqu'à l'Empereur. Mais le vrai vainqueur dans cette lutte entre Paul et les conjurés, c'est Beningson, l'ambassadeur d'Angleterre, qui a tout fomenté, et qui assistant, caché derrière une porte, à l'assassinat du nouvel allié de la France, s'écrie :

« Ah ! tu voulais te conduire en ennemi de l'Angleterre ! meurs de la mains de tes sujets ! »

Jules Janin, dans le *Journal des Débats*, rendit compte de la pièce, mais sur le ton plaisant, sans l'ombre de critique.

Voici son dernier mot.

« *Margouillis* est le mot. Le théâtre est dans le margouillis, les affaires publiques sont dans le margouillis, disait-on l'autre soir, sur le Théâtre des Nouveautés. »

Un an plus tard, d'Anglemont fit encore œuvre d'écrivain dramatique, mais cette fois sous la forme de ce qu'on appelait alors *Scènes dramatiques*. Il rencontrait là aussi d'illustres modèles.

Cette nouvelle œuvre fut annoncée le 20 octobre 1832 par la *Bibliographie de la France*, sous le numéro 5068 :

Le | Duc d'Enghien, | Histoire-Drame, | par Edouard d'Anglemont. | Paris, | librairie de Mame-Delaunay, | rue Guenégaud, n° 25. | 1832. In-8.

Faux-titre, titre, et 298 p. chif., dont 29 pour la préface, et 87 pour les notes. Couverture imp. papier-bistre, ornée d'une très jolie gravure signée, T. Johannot et Dorcy, représentant l'exécution du duc dans les fossés de Vincennes, éclairée par une lanterne : au fond des grenadiers attendent l'arme au bras. Au verso du faux-titre : Imprimerie de Lachevardière | rue du Colombier, n° 30. | Sur la couverture, entre le nom de l'auteur, et la gravure, cette épigraphe :

Quæ sunt Cæsaris, Cæsari.
EVANG. SECUND. MATH.

Sur un dernier feuillet non chiffré :

Ouvrages de M. Edouard d'Anglemont.

Sous presse :

Nouvelles Légendes françaises, un vol. in-8, avec vignettes de Tony Johannot.
Le Galéopithèque. Histoire contemporaine, un vol. in-8.
Panoramas poétiques, un vol. in-8.
Légendes Françaises, un vol. in-8, 4e édition.
Odes, et Berthe et Robert, poème en cinq chants, un vol. in-8, 2e édition.

Cette œuvre dramatique paraît, dans la pensée de l'auteur, n'avoir jamais dû être représentée. Son titre même, HISTOIRE-DRAME, le très grand nombre de personnages — il n'y en a pas moins de soixante-quatorze — la division non pas en actes, mais en deux grandes parties : la première, intitulée *Une soirée à Chantilly,* qui se passe en 1787, le 25 août, jour de la fête du roi, la Saint-Louis ; la seconde, *Quarante jours du Consulat,* qui va du 15 février au 22 mars 1804, et dont les seize scènes qui la composent nous transportent successivement dans une maison de la rue de la Montagne-Sainte-Geneviève où se réunissent Georges Cadoudal et les conjurés ; à Etteinheim, sur les bords du Rhin, chez le duc d'Enghien ; aux Tuileries dans la chambre du

Conseil, où sont réunis les ministres sous la présidence de Bonaparte; à la Préfecture de Strasbourg, dans le cabinet du général Caulincourt; au château de Vincennes, chez le commandant Harel ; à la Malmaison ; à l'hôtel Thélusson, chez Murat; chez le Préfet de Police ; puis encore à Vincennes, dans la grande salle du château, le donjon, les fossés enfin ; le grand intervalle de temps qui sépare ces deux parties, et même certaines scènes de la seconde, tout prouve qu'il s'agit ici d'une de ces *Scènes historiques,* comme on en écrivait beaucoup alors, et dont le *Cromwell* de Victor Hugo (1827) bien qu'avec des intentions scéniques plus marquées, a été non le premier, mais le plus éclatant exemple.

Nous ne parlerons pas du genre des *Proverbes,* bien que très proche parent de celui-ci, et auquel Musset a dû beaucoup. Il remonte à Carmontel (1717-1806), dont les six volumes parurent de 1768 à 1781, et étaient encore assez goûtés en 1822 pour qu'une nouvelle édition en fût donnée alors ; et surtout à son successeur immédiat, Théodore Leclercq (1778-1851), qui, à la veille même de *Cromwell*, de 1823 à 1826, donnait les quatre premiers volumes de ses *Proverbes Dramatiques,* de nouvelles éditions beaucoup accrues en 1827 (5 volumes), en 1828 (7 volumes), et deux nouveaux recueils en 1830. Dans le genre proprement dit des Scènes historiques, l'on avait vu successivement paraître : d'abord, en 1825, le *Théâtre de Clara Gazul,* par Prosper Mérimée (1803-1870), cette mystification de génie dans laquelle figuraient les *Espagnols en Danemarck ;* en 1827 les *Etats de Blois,* par Louis Vitet (1802-1873) ; les *Proverbes dramatiques* d'A. Romieu (1808-55) ; le premier volume des *Soirées de Neuilly,* œuvre collective de Cavé (1794-1852), le futur directeur des Beaux-Arts de la monarchie de Juillet, et d'Adolphe Dittmer (1795-1846), cachés sous le pseudonyme unique de M. de Fongeray, pour le portrait duquel Henry Monnier avait fait poser Stendhal. Il contenait, entre autres scènes, les *Alliés ou l'Invasion*, et *les Français en Espagne* (campagne de 1823). Le second, qui parut en 1828, est célèbre par celle intitulée *Malet ou une Conspiration sous l'Empire*, œuvre tout à fait remarquable, et qui n'est pas assez connue aujourd'hui. La même année paraissait le premier volume des *Scènes contemporaines et Scènes historiques, laissées par la Vicomtesse de Chamilly*, pseudonyme d'un trio littéraire, Emile Van der Burch (1794), Auguste Romieu et Lœve-Veimars (1801-1854), suivi en 1830 d'un second volume ; — on y remarquait : le *Tableau du Sacre*, 1804 et 1825, le *Camp de Compiègne* 1698, le *Convoi de Louis XIV*, *Hampden* — ; *la Jacquerie, Scènes féodales*, par Mérimée, et *Jean-Sans-Peur*, par Théophile Lavallée ; puis, en 1829, la *Mort de Henri III*, par Vitet ; en 1830, *les Barricades*, par le même ; le *Coup d'Etat*, par du Fongeray ; en 1831, l'*Incendiaire*, par le même ; en 1832, *la Vieille Fronde*, par Henry Martin ; en 1833, les *Mécontents* (parus dans la *Mosaïque*), et la *Double méprise*, par Mérimée.

La Préface du *Duc d'Enghien*, datée du « Château de Limay, 20 juillet 1832 », est très étendue, et non sans importance. On a prétendu que, dans cette préface, d'Anglemont eut pour collaborateur, un certain d'Assailly (1). Nous ne savons sur quelles preuves, car elle est bien dans les idées littéraires de d'Anglemont ; nous y trouvons les mêmes épigrammes contre Victor Hugo et les romantiques :

« Je viens en premier lieu, dit-il, vous avouer très humblement que je suis un grand misérable, d'avoir écrit deux

---

(1) Charles-Philippe-Alfred d'Assailly, selon Quérard (*France littéraire contemporaine*, I, p. 84), né à Paris, le 30 mars 1804,

ou trois cents pages de dialogue sans les avoir arrosées à la fois du génie de Corneille et du génie de Molière, comme a fait un grand poète, dans un grand drame, si l'on en croit les satellites de la planète, ces fougueux, ces épileptiques thuriféraires, dont j'ai déjà parlé dans une autre préface.

Puis, liant étroitement les destinées des lettres à celle de la politique, il affirme que nous n'avons plus de littérature parce que nous n'avons plus ni gouvernement, ni société véritable.

« Je le répète, c'est que vous n'avez pas de société harmonisée ! c'est qu'il vous est impossible de faire vivre l'ordre de la pensée au milieu du désordre politique. »

Entrant dans le détail, et la preuve de son affirmation :

« Une littérature, ce n'est pas les *Contes drôlatiques* (1), véritable combinaison chimique de Rabelais, de Bocace, et de la reine de Navarre ; ce n'est point du moyen-âge distillé en poussière de mots, comme il en pleut dans nos remouleurs de Walter Scott ; ce n'est pas la comédie à mouches de M. Bonjour (2), esquisse spirituelle de mœurs qui n'existent plus ; ni une scène d'amour marivaudée par M. Scribe pour Léontine Fay (3) ; ni trois actes de M. Ancelot (4), juste-milieu littéraire. Ce n'est pas non plus... J'allais vous parler de Joseph Delorme et autres... respect aux morts !

Ce n'est pas non plus les chants étranges du chef de la Pléiade moderne. Hélas ! celui qui était un ambitieux soleil

---

(1) *Les cent contes drolatiques*, par Balzac, dont le *Premier dixain*, avait paru en avril 1832, Paris, Gosselin, in-8.

(2) Casimir Bonjour (1796-1856) avait donné au Théâtre-Français, *le Protecteur et le Mari*, en 1829 ; et *Naissance, Fortune et Mérite*, en 1831.

(3) Léontine Fay, née en 1810, célèbre et charmante actrice du Gymnase, où elle avait débuté à onze ans.

(4) Ancelot (1794-1854) venait de donner trois comédies, chacune en 3 actes : *le Favori*, et *Deux jours, ou la Nouvelle mariée*, en 1831 ; *le Régent*, en 1832,

d'Orient... est descendu dans un autre signe, où nous avons vu pâlir une originalité d'emprunt, au milieu des brouillards d'automne (1) et sous la réflexion dédaigneuse de Lamartine : « Jamais le cœur n'entre pour rien dans les élucubration du cerveau de ce poète de la matière... »

Place à M. Barthélemy ! en voilà un du moins qui représente la vie de son époque. Celui-là ne s'amuse point aux passions innocentes des sylphes et des ondines ; ce qui est beau dans la nature ne lui prouve rien..., c'est *Nemésis* (2) qu'il lui faut...

Votre scène a sans doute ses chefs-d'œuvre que vous applaudissez d'enthousiasme moyennant dix-huit cents billets de faveur ! Oui, mais vous n'avez plus qu'adultères, incestes, parricides, infanticides, depuis la ronde turlupine du succès éclatant et mérité de *Henri III*...

Vigny cependant trouve grâce devant lui, ou à peu près :

A celui dont l'expression est toujours vraie, dont le style s'élève et s'abaisse tour à tour avec la même facilité, il reste le mérite d'avoir marqué un pas où personne n'avait encore réussi.

Plus que ces diatribes, ce qui nous intéresse dans cette préface, c'est l'origine que l'auteur nous donne de son *Duc d'Enghien* ; espèce de réaction contre les contemplations rétrospectives des *Légendes françaises*, et les harmonies trop calmantes de la nature.

« On n'a pas toujours l'esprit disposé à s'abandonner aux caprices de l'imagination, à jeter dans le moule poétique de douces et mélancoliques rêveries, ou de merveilleuses et fantastiques traditions, surtout lorsqu'on n'est point au

---

(1) Allusion au *Feuilles d'Automne*, de Victor Hugo, parues en décembre 1831, Paris, Renduel, in-8.

(2) Parue de 1831 à 1832, en 52 numéros in-8, Paris, chez l'auteur rue de Cléry 10, chez Denain et Perrotin.

milieu des fleurs et des bois, sur une roche escarpée et sauvage, non loin d'un fleuve majestueux ou d'un bel étang d'eau vive, ou qu'on ne respire point l'air suave et les ineffables souvenirs de la terre natale. Un matin, comme je m'éveillais, au milieu de mes livres, de mes papillons, de mes vases étrusques, il me descend tout-à-coup l'inspiration de reproduire simplement un drame contemporain, rouge au cœur du sang d'un Condé ; aussitôt j'ai recueilli des matériaux épars et j'ai édifié mon œuvre. Donc, Muses folles et enivrantes, silence, voilà l'Histoire qui passe.

L'Histoire est la justice du peuple ; le peuple est la voix de Dieu ! Voilà la voix de Dieu qui tonne ! Voilà la justice de Dieu qui passe ! »

En cette même année, Edouard d'Anglemont avait collaboré au *Livre des Cent et un* par son article, *l'Ouverture de la chasse aux environs de Paris*, paru dans le tome VIIIe, Paris Ladvocat, 1832, p. 301-315. Cet article, il dût l'écrire avec amour, il était grand chasseur, et nous verrons plus d'une fois ses vers en porter témoignage. Mais pour un vrai chasseur normand, habitué au gibier des plaines herbues et des fourrés épais, la plaine Saint-Denis était une piètre chasse. Aussi prend-il la chose du côté bouffon : ses chasseurs sont des grotesques, peut-être lui-même et son chien Galaor par l'influence des milieux.

VII

L'année 1829 où parurent les *Légendes françaises*, et celles qui suivirent, jusqu'en 1840 environ, furent dix ou douze années pendant lesquelles Edouard d'Anglemont posséda une véritable réputation littéraire. Son nom figure dans presque toutes les anthologies littéraires qui se publiaient alors, avec un grand luxe d'illustration et de typographie, sous le nom de Keepsakes. Il collabore ainsi successivement ou simultanément, en 1831, au *Talisman*, Paris, Levavasseur, in-18, et au *Keepsake français*, Paris, Giraldon-Bovinet, in-18 ; en 1833, au *Journal des Gens du Monde*, Paris, imp. Aug. Mée, in-4º ; au *Landscape français, Italie*, Paris, L. Janet, in-8º ; en 1834, au *Sélam (Josepha et le Pont du Cher)*, Paris, Levavasseur, in-18 ; en 1835, au *Nouveau Keepsake français*, Paris L. Janet, in-18, au *Talisman*, in-18, et à *la Belle Assemblée*, Paris, L. Janet, in-18 ; en 1836, au *Keepsake, Hommage aux Dames*, Paris, imp. Saintin, in-12 ; en 1842 et en 1843, au *Keepsake de la Chronique*, Paris, imp. Bethune et Plon, in-18.

Parmi les pièces de vers éparses dans ces recueils, il en est une, particulièrement remarquable, qui porte la trace d'un amour profond. Le voile étendu sur elle, à dessein sans doute, peut donner lieu à une double conjecture. S'agit-il ici d'une première inclination ou d'une jeune épouse morte peu après un heureux hymen ? On ne sait. Quoi qu'il en soit, par le sentiment comme par la forme, c'est une des meilleures d'Edouard d'Anglemont, et nous en donnerons d'autant plus volontiers les principales strophes, que cette pièce ne figure pas dans les divers recueils qu'il a publiés de ses poésies.

A un Enfant

Ah ! pourquoi ton aspect a-t-il pour moi des charmes
Qu'avant de t'avoir vu j'étais loin de prévoir ?
Pourquoi, jeune orphelin, sans répandre des larmes
    Ne puis-je te revoir ?

C'est que tes grands yeux bleus me rappellent ta mère,
Que j'aimais, comme on aime une première fois ;
Auprès de qui l'espoir d'une belle chimère
    M'abreuvait autrefois ;

Ta mère, loin de moi morte à l'hymen liée,
Lorsqu'à peine ton pied essayait quelques pas,
Ta mère, que déjà d'autres ont oubliée,
    Que je n'oublierai pas !...

C'est elle qui me fit entendre la première,
De sa timide voix le plus doux des aveux !
C'est elle qui jadis, dans une humble chaumière,
    Concentrait tous mes vœux.

C'est elle qui des vers en moi jeta la flamme !
C'est elle qui me fit dérouler en des chants
Que l'art ne réglait pas, mais qui partaient de l'âme,
    Les voluptés des champs.

C'est elle qui le soir, prête à chercher sa couche,
Me donnait un baiser, ineffable butin,
Dont le parfum brûlant attendait sur ma bouche
    Le baiser du matin (1).

VIII

Les deux tentatives dramatiques de 1831 et de 1832 n'avaient été, pour d'Anglemont, qu'une sorte d'intermède ; il revint bientôt à la poésie, et quatre ans après la publication des *Légendes françaises,* il ne fit que reprendre un genre qui lui avait si bien réussi : aussi bien par le sujet que par le titre, il leur donna une suite.

Ce nouveau recueil fut annoncé dans la *Bibliographie de la France* du 22 juin 1833, sous le numéro 3307. Il a pour titre :

Nouvelles | Légendes | Françaises | par | Edouard d'Anglemont. | Paris | Mame-Delaunay, libraire, | rue Guénégaud, n° 25. | 1833. — Prix, 8 fr.

Faux-titre, au verso cette épigraphe : *Ut fama,* Virg., et le nom de l'imprimeur : Henri Dupuy, rue de la Monnaie, n° 11 ; I-X pour le titre — orné d'une vignette signée T. Johannot, ayant pour sujet la dixième légende, *Ninon de Lenclos* — et pour la préface datée, Paris, 6 juin 1833 ; et 294 p. dont 28 pour les notes et 2 pour la table (2).

(1) *Keepsake français.* Paris (1831), Giraldon-Bovinet, p. 146.
(2) L'exemplaire que nous possédons porte pour Ex libris : Bibliothèque Mirault. Une 2ᵉ édition parut la même année, annoncée le 29 juin, n° 3458.

Malgré la raillerie dont nous l'avons vu user à l'égard des préfaces célèbres de plusieurs contemporains, Edouard d'Anglemont ne laisse pas d'en faire, et de très doctrinales : elles lui deviennent même habituelles. Celle-ci est la troisième au moins de ce genre, et il y rappelle les autres, pour rester fidèle à leur caractère. S'il ne critique plus aussi amèrement les romantiques — dont il est, — c'est qu'il les croit vaincus, finis ; il le dit, mais d'une manière assez ambiguë, qui laisse entrevoir une distinction entre romantiques. Il y a fagots et fagots, semble-t-il dire :

> Le règne usurpateur des systèmes barbares touche à son agonie ! La réaction est venue, comme elle devait nécessairement venir, à son heure de fatalité ! La loi universelle de l'humanité n'est jamais en défaut.

Mais aussitôt, rappelant Christophe Colomb qui ne demandait à ses matelots que quelques jours encore de patience, il ajoute :

> Le soleil du lendemain leur répondit ; et ils virent la terre qui leur avait été promise ! Confessons-le pourtant ; malgré tous nos efforts et nos mérites, nous n'avons pas encore abordé tout-à-fait ce nouveau monde que plusieurs s'étaient chargés de nous faire découvrir. Toutefois, en dépit de ces synthèses inapplicables, cauchemars d'esprits incomplets, d'imaginations hallucinées ; en dépit de ces exagérations qu'il serait triste, qu'il est impossible de voir se réaliser, la pratique ne mentira pas aux progrès de la théorie. L'art se régénérera et ne mourra pas. Manifestation des mystères de la pensée qui émane de Dieu, l'art est contemporain de Dieu pour toute la durée des siècles.

Cette immortalité littéraire, il la promettait, sans doute, aux romantiques qui comme lui n'avaient pas rejeté toutes les anciennes règles classiques, mais renouvelé, rajeuni la « *pratique* ». Ce qui nous importe davantage que ses prophéties, plus ou moins réalisées, c'est l'affirmation de la pensée qui l'a guidé dans la composition des secondes *Légendes françaises* comme des premières. Avant de passer à un nouveau genre de composition, qu'il annonce, il expose, avec encore plus de netteté et de conviction, ce qu'il a voulu faire :

Si maintenant, lorsque nous saluons d'un adieu ce passé dont nous avons fait notre patrie pour ainsi dire, on veut bien nous permettre, avant d'entrer dans les voies nouvelles que nous tenterons, de parler un peu de nos travaux, nous dirons que nous pouvons nous glorifier d'avoir été le premier à explorer, à reproduire sous des formes poétiques les vieilles chroniques de notre France, qui sera bientôt nivelée par la civilisation, cette sœur jalouse de la mort. La philosophie est le second instinct des poètes ; et peut-être nous étions-nous rendu compte, dans nos préoccupations, de cette prédilection intime qui nous attirait vers un but, que personne jusqu'à nous n'avait songé à atteindre, en dédain sans doute de cette superstition, luxe de croyance, que nous regardons, nous, comme une partie intégrante de l'histoire des peuples.

Ces derniers mots nous expliquent pourquoi Edouard d'Anglemont, dans les *Nouvelles Légendes*, a fait à la sorcellerie, aux apparitions, une part plus grande encore que dans les précédentes ; et il est certain qu'elle fut très grande dans les mœurs, dans les traditions de la France du moyen-âge, et même dans des siècles plus voisins, comme au dix-septième siècle, où l'on voit Mme de Montespan, le maréchal de Luxembourg, se prêter à des pratiques de sorcellerie.

Les *Nouvelles Légendes françaises* sont au nombre de vingt-cinq et suivies de quatre pièces qui ne rentrent pas dans ce cadre : *le Pacha de Coron, Au Muffoli du Jardin des Plantes, le Prémanoir,* et *le Banc du Nord.*

Comme les premières *Légendes,* aucune n'a d'épigraphe, mais toutes portent une dédicace, un grand nombre également à des femmes. Voici la nomenclature de cette seconde galerie, faite d'admirations et d'amitiés :

A Madame Aglaé de Corday.

A Madame Récamier, âgée alors de cinquante-deux ans. Jeanne-Françoise-Julie-Adélaïde Bernard, mariée à quinze ans à M. Récamier, dont elle devint veuve en 1830, morte le 11 mai 1849, dix mois après Châteaubriand, son ami.

A Madame la vicomtesse de Saint-Mauris. N'a rien écrit, que nous sachions.

A la duchesse d'Abrantès. Laure Pernon, née en 1784, mariée en 1800 au général Junot, duc d'Abrantès, connue par ses *Mémoires* (1831-1834) et de nombreux romans. Sa mort, le 7 juin 1838, a été l'occasion d'une admirable pièce de Victor Hugo, dans *Les Rayons et les Ombres* :

> Puisqu'ils n'ont pas compris dans leur étroite sphère,
> Qu'après tant de splendeur, de puissance et d'orgueil,
> Il était grand et beau que la France dût faire
> L'aumône d'une fosse à ton noble cercueil...

A la comtesse de Bradi. Agathe-Pauline Caylac de Ceylan, née à Paris le 1er mai 1782, écrivait surtout dans les revues de l'époque, et a donné au *Livre des Cent-et-un, Un Bal chez le comte d'Appony* (II, p. 347), morte vers 1840.

A Madame Constance Aubert. Constance Junot, fille aînée de la duchesse d'Abrantès, mariée à un capitaine d'infanterie retraité, née le 12 mai 1806 ; elle collabora aux derniers romans de sa mère.

A Madame Wyse, née princesse Lœtitia Bonaparte. Fille aînée de Lucien Bonaparte, prince de Canino, frère de Napoléon, et de sa seconde femme, Alexandrine de Bleschamp ; née le 1ᵉʳ décembre 1804, mariée en 1821 à sir Thomas Wyse, membre catholique du Parlement d'Angleterre, dont elle devint veuve le 15 avril 1862, morte en 1871.

A Madame Bosquet de Pétagny. Femme du monde qui n'a pas laissé de traces.

A ma Mère.

A mon ami Alexandre Dumas. Il avait alors trente ans et venait de donner (29 mai 1832) *la Tour-de-Nesle*, à la Porte-Saint-Martin.

A mon ami Eugène Sue. Le célèbre romancier (1804-1859), qui avait fait en 1823 la campagne d'Espagne, et assisté, en 1828, à la bataille de Navarin, ne publia son premier roman, *Plick et Plock*, Paris, Renduel, qu'en janvier 1831 ; mais, en 1829, et en gardant l'anonyme, il avait publié, avec A. de Forges, une comédie-vaudeville : *Monsieur le Marquis, esquisse de 1805*, Paris, Barba, in-8º.

A mon ami Jules Janin. Né en 1804, après avoir débuté au *Figaro* en 1825, écrit à la *Quotidienne*, être passé au *Journal des Débats* en 1828, il avait publié, en 1829, *l'Ane mort et la Femme guillotinée*, Paris, Baudouin, 2 vol. in-12 ; *la Confession,* Paris, A. Mesnier, 1830, 2 vol. in-12 ; *Barnave*, Paris, A. Mesnier, 1831, 4 vol. in-12 ; *Contes fantastiques*, Paris, Levavasseur, 1832, 2 vol. in-12 ; et cette même année, les *Contes nouveaux*, Paris, A. Mesnier, 1833, 4 vol. in-12. Mort en 1874. Au moment où nous écrivons ceci, on démolit le châlet de Passy, qu'il avait tant aimé, et que sa veuve avait pieusement conservé.

A mon ami Merville. Comédien et auteur dramatique (1783-1853), avait eu son plus grand succès en 1818, à l'Odéon, avec sa comédie en vers, *la Famille Glinet*, inspirée, dit-on, par Louis XVIII.

A Monsieur le vicomte d'Arlincourt. Ce romancier ultra-royaliste (1789-1856), dont le roman, *le Solitaire*, en 1821, avait eu un grand succès, s'était jeté dans le roman moyen âge, avec *les Rebelles sous Charles VI*, Paris, Lavavasseur 1832, 3 vol. in-8º, et les *Ecorcheurs*, Paris, Renduel, 1833, 2 vol. in-8º.

A Monsieur le comte Anatole de Montesquiou. Né en 1788, aide de camp de Napoléon, mort le 22 janvier 1875, il avait donné, en 1821, un volume de poésies ; il en a publié beaucoup d'autres depuis.

A mon ami le comte Alfred de Vigny. De tous les romantiques, c'est de Vigny que d'Anglemont a le moins maltraité.

A mon ami Alphonse Royer. Le futur directeur de l'Opéra avait publié, en 1830, son roman, *les Mauvais Garçons*, Paris, Renduel, 2 vol. in-8º. Né en 1803, mort en 1875.

A mon ami Paul Lacroix. Le célèbre bibliophile Jacob (1806-1884), qui débuta, en 1829, par les *Soirées de Walter Scott à Paris*, Renduel, in-8º, et venait de publier *les Francs Taupins*, Renduel, 1833, 3 vol. in-8º.

A mon ami Gigoux, né en 1803, le remarquable illustrateur romantique de *Gil Blas* (1835).

A mon ami Jules Pradier, le statuaire auteur de *Sapho* (1794-1852). En 1833, il était déjà connu par son *Prométhée* (1827), *Les Trois Grâces* (1831).

A mon ami J. Lesguillon. En cette même année, il publia un recueil de vers, *Emotions*, Paris, 1833, in-8, où se trouve, à la page 308, une pièce dédiée à Edouard d'Anglemont.

A mon ami Gustave Drouineau. Né en 1808, cet écrivain romantique, qui devait mourir fou en 1835, avait publié, dès 1823, une *Epître*, très classique, à Casimir Delavigne ; *Rienzi*, tragédie en vers, en 1826 ; *l'Ecrivain*, drame, en

1828 ; un grand roman, *Ernest, ou le Travers du siècle,* en 1829 ; et en 1833, *les Ombrages, contes spiritualistes,* Paris, Ch. Gosselin, in-8°.

A mon ami Charles Lassailly. Cet ultra-romantique (1812-1843) venait de publier son célèbre roman, *les Roueries de Trialph,* Paris, Sylvestre et Baudoin, 1833, in-8°.

A mon ami Alphonse Brot. Né en 1801, écrivain de la deuxième période romantique, il avait publié, dès 1832, *Chants d'amour et Poésies diverses,* et, en cette année même, *Entre Onze heures et Minuit, Un coin de Salon,* Paris, Souverain, 1833, 2 vol. in-8° ; *Priez pour Elle,* Paris, Sylvestre, 1833, in-8° ; et *Ainsi soit-il,* Paris, Souverain, 1833, in-8°.

A mon ami E. Roger de Beauvoir, alors âgé de vingt-quatre ans, et qui avait, l'année précédente, publié son premier roman, *l'Ecolier de Cluny, ou le Sophisme,* Paris, Fournier jeune, 1832, in-8°. Mort en 1866.

Dans le nouveau recueil, les légendes relatives au Moyen age sont moins nombreuses, huit seulement ; les autres se réfèrent : une au XVe siècle, quatre au XVIIe, neuf au XVIIIe, et neuf au XIXe ; aussi le ton et les sentiments ont-ils, en général, quelque chose de plus moderne. Le succès servit le talent de l'auteur qui, par la forme, était en progrès sur les premières *Légendes.* Cependant, comme nous avons beaucoup cité pour faire connaître le genre que d'Anglemont inaugurait en 1829, nous serons plus réservé sur celles-ci.

I. *Morgane.* 432. — Vers de 12 pieds.

Le jeune et beau Kermel, fils du sire de Ploërmel, pénètre dans l'île enchantée où la fée habite avec ses compagnes et mène une vie de plaisirs et de volupté.

Un an s'écoule pour lui dans tous les enchantements de l'amour ; mais la satiété vient enfin : il rompt son esclavage volontaire, mais meurt en touchant l'autre rivage, en même temps que disparaît l'île, engloutie dans la tempête. C'est au livre de E. Davies, *Mythology and rites of british Druids*, que d'Anglemont a emprunté son sujet. On ne peut guère rapprocher cette Morgane de la Viviane de Tennyson, dans les *Idylls of the King*.

Il y a beaucoup d'harmonie et de tendre langueur dans ces vers du poète français

> Oh ! que n'ai-je vécu, comme mes vieux ancêtres
> Du temps où lacs, forêts, donjons, manoirs champêtres,
> Tout d'un enchantement respirait animé,
> Du temps de la féerie ! Oh ! que j'aurais aimé,
> Au coucher du soleil, sur ces arides grèves,
> A déployer tout seul le vague de mes rêves,
> Le visage baigné de souffles caressants ;
> A sentir et mon cœur et mon âme et mes sens
> Plongés en des transports que la terre dénie,
> M'abreuver de parfums, d'espoir et d'harmonie.

II. *La Partie de Dés*. 567. — Vers de 10 pieds.

Souvenir d'une visite aux ruines du couvent de Saint-Benoît-sur-Loire. Satan joue aux dés avec le saint un manoir légué à l'abbaye et qu'il lui dispute. Il amène rafle de six : mais l'abbé ne désespère pas ; il amène rafle de sept.

> De ce miracle on garde la mémoire
> Dans le pays ; on le conte souvent ;
> Et ce qui fait que nous devons y croire,
> C'est qu'il est peint aux vitraux du couvent.

III. *Mélusine*. 994. — En vers de 12 pieds.

Une lavandière raconte à Catherine de Médicis, qui s'est arrêtée, dans un voyage en Poitou, près de la Fontaine des fées, à Lusignan, cette légende célèbre dans le pays et qui se rattache à la généalogie de la puissante famille des Lusignan, devenus rois de Chypre. Pour venger sa mère délaissée, Mélusine, par son art magique, a réduit son père en captivité : la mère, que révolte cette injure à la piété filiale, condamne sa fille, admirablement belle, à devenir poisson des pieds à la ceinture un jour tout entier de chaque semaine. Mélusine épouse le jeune Raimondin qui l'adore, et lui fait promettre de ne jamais violer la solitude où elle s'enferme tous les samedis. Pendant longtemps l'époux respecte ce secret, mais enfin, dans un mouvement de jalousie, il épie sa femme :

> Que voit-il ? Mélusine, en un bassin d'albâtre,
> Qui passe un blanc ivoire en ses cheveux de jais,
> Et qui bat, d'une queue écailleuse et verdâtre,
> L'eau qui vers le plafond bondit en mille jets.

En même temps le château s'effondre au milieu d'un fracas de foudre, et Mélusine disparaît sur un dragon volant. Moralité : il ne faut pas chercher à percer le secret des femmes. C'est aussi celle de la nouvelle de Cervantes.

IV. *L'Etang ducal.* 1032. — Strophes de 4 vers de 12 pieds et de 5 vers de 7 pieds.

Même sujet que le *Pêcheur*, de Gœthe, mais avec un caractère moyen âge très prononcé que n'a pas la ballade allemande. Un jeune villageois reste d'abord insensible aux paroles engageantes de la uayade du fleuve natal ; mais le jour de ses noces, par une journée accablante de chaleur, il se baigne dans les eaux de la fée amoureuse et ne reparaît plus.

> Personne n'a revu villageois ni sirène.
> Mais parfois il s'échappe un chant doux et léger
> De ce lac, où depuis un tourbillon entraîne
> Et précipite au fond quiconque ose y nager.

Ce n'est pas, cependant, au poète allemand que l'auteur a emprunté son sujet, mais à un poète ami, Auguste Lebras, collaborateur de Victor Escousse, dont, au mois de février 1832, il ne s'était pas séparé dans le suicide (1). Edouard d'Anglemont cite, à l'occasion de cette pièce, de jolis vers que le malheureux poète lui adressait de Kervegan, en Bretagne, le 30 décembre 1830, regrettant de n'avoir pas près de lui l'auteur des *Légendes françaises*. Nous citerons ce passage d'une pièce de vers qu'on ne trouverait pas ailleurs :

> Que n'es-tu donc ici ? Nous aurions jouissance
> De nains, de farfadets, de sorciers, de démons ;
> Et les vieilles terreurs que la Bretagne encense
> De ton pinceau d'artiste évoquant la puissance,
>   Iraient vivre loin de nos monts !

V. *La Chapelle du damné*. 1084. — Vers de 12 pieds.

Ce damné est un chanoine de Notre-Dame de Paris, dont le cadavre, au moment où le prêtre va donner sa bénédiction, se dresse pour confesser le vice qui l'a mis au nombre des réprouvés. Lesueur a peint cette scène dans la Vie de Saint Bruno, et cette chapelle, qui existe réellement, est décrite ainsi par d'Anglemont :

> Non loin du chœur, Paris a dans sa cathédrale
> Une chapelle nue et dite *du Damné*,
> Dont l'autel au sommet s'évase, couronné

---

(1) Né à Lorient, en 1816, d'un père huissier, Auguste Lebras avait, dès août 1829, publié un poème, les *Trois règnes*, Paris, 1829, imprimerie de Goëtschy, in-8º ; puis, en mars 1830, les *Armoricaines*, Paris, Bréauté, imp. Demonville, in-18 ; en août de la même année, *Trois Journées du peuple*, Paris, 1830, imp. Demonville, in-8º ; et avec Escousse, *Raymond*, drame en 3 actes, représenté sur le théâtre de la Gaîté le 24 janvier, Paris, Quoy, 1832, in-8º, dont la chute fut cause du suicide des deux amis. Après sa mort, parut de lui le drame *Georges, ou le Criminel par amour*, joué le 19 mai 1833 sur le théâtre de la Gaîté, Paris, Barba, 1833, in-8º.

> Par un évêque en pierre, avec sa mître en têtc,
> La tunique, l'étole et la chape de fête,
> Et tenant sous sa crosse, à ses pieds abattu,
> Un monstre à front de chien, d'écailles revêtu.
> . . . .
> Et, si nous en croyons une sainte chronique,
> Bruno le Saint, témoin de ce prodige unique,
> L'esprit épouvanté du jugement de Dieu,
> Dit aussitôt au monde un éternel adieu !

VI. *Le château de Clairmarais*. 1131. — Vers de 12 pieds.

Vieille tradition d'un château des bords de l'Escaut, aux plaines de Flandre, pays qui rappelait à l'auteur des souvenirs d'ancêtres.

> Car, avec tes manoirs et tes couvens mystiques,
> Flandre où mugit l'Escaut, terre de mes aïeux,
> Tu n'es pas moins féconde en récits fantastiques,
> En récits où l'enfer combat avec les cieux.

Quant à la légende, elle est empruntée à Henry Berthoud, dans ses *Chroniques et Traditions surnaturelles de la Flandre*, 1re série, Paris, Werdet, 1831, in-8º, avec une vignette de T. Johannot. L'épouse du comte Ulric de Clairmarais, séduite par les artifices de Belzébuth lui-même sous la figure et le nom du sire Brudemer, trompe son mari ; dénoncée par un valet, qu'elle tue du reste, elle est répudiée par Ulric, qui lui abandonne le château souillé par ses désordres. Plus tard, un religieux, attiré dans ce château maudit, joue avec le sire de Brudemer et sa maîtresse adultère, son âme contre la riche demeure ; il va perdre, lorsque sa prière fervente et un signe de croix rompent le sortilège. Château et châtelains tombent en poudre et le moine fait élever à cette place un monastère. Voici le tableau de l'entrée de Brudemer dans la salle qui va être témoin de cette partie infernale :

> Et peu d'instants après, flambant de pierreries,
> S'avance un beau seigneur qui noblement sourit,
> Qui sur son pourpoint rouge, en guise d'armoiries,
> Porte deux dragons noirs, sous lesquels est écrit :
> « Brudemer ». Sur le bras de cet homme appuyée,
> Tremble une femme pâle et belle et jeune encor ;
> Puis suivent vingt enfants à la taille ployée
> Par dix larges coffrets de fer tout remplis d'or.

VII. *Le Fossoyeur de Vaugirard*. 1138. — Vers de 12 pieds, et couplet de 4 vers de 6 pieds.

Ce fossoyeur vit grassement des morts qu'il vole :

> Jean l'ivrogne, bon père et bon époux d'ailleurs,
> Qui jouait de la flûte aux danses des dimanches,
> Des cercueils, pour son feu, s'appropriait les planches,
> Et sauvait les linceuls et des vers et des rats,
> Pour fournir sa maison de nippes et de draps.

Mais les morts volés le prennent mal ; ils sortent de leurs tombes et forcent le fossoyeur-ménétrier à leur jouer sur son violon une ronde. Il en devient fou.

VIII. *Les Trois Châteaux du baron d'Hobard*. 1145. — Strophes de 5 vers de 12 pieds.

Légende d'Alsace, que conte à l'auteur le conducteur de la voiture d'où les voyageurs sont descendus. Le cadre où se place le tableau est pittoresque :

> Nous venions de passer, en voiture publique,
> Devant une colonne où dort une relique...
> Et de Saverne, à pied, nous remontions la côte.
> Le conducteur et moi nous marchions côte à côte ;
> Lui fumait ; moi, saisi d'un doux ravissement,
> J'admirais sous mes pieds un ensemble charmant
> De prés et de bois verts, de champs, de ruisseaux jaunes,
> Mêlés de peupliers sveltes, de larges aunes,
> De toits rouges et noirs, de grisâtres clochers ;
> Puis, de l'autre côté, j'admirais des rochers,
> Hauts, couverts de pins vieux et dont la chevelure
> Jetait sur un ciel bleu sa noire dentelure.

Le fier baron d'Hobard, épris de son humble vassale, Iselle, l'épouse malgré l'anneau de fiançailles qu'elle vient d'échanger avec un jeune page, puis part pour la Terre Sainte, en lui faisant jurer, sous de farouches menaces, qu'elle ne prendra aucun nouvel époux s'il meurt dans son entreprise. Trois ans passés, un messager arrive porteur de la nouvelle de la mort du baron, qui a institué sa femme pour héritière. En même temps, le page revient et conjure Iselle de devenir sa femme, disant qu'il se tue si elle refuse. Iselle cède, mais malgré elle, à cause du serment qu'elle a fait. Ce n'était là qu'une ruse du baron pour éprouver sa femme, il reparait et poignarde les deux amants. Mais le remords le poursuit, et c'est pour le fuir qu'il fait bâtir successivement ces trois châteaux.

> Il en eût fait bâtir un autre, si quatre ans
> Tout juste après la mort du page et de sa femme,
> Le jour de la Saint-Jean, il n'eût pas rendu l'âme,
> En mêlant le blasphème à des cris déchirans.

IX. *Le Souterrain de Nauffle.* 1540. — Strophes de 4 vers de différents pieds.

Ces souterrains gardent d'immenses trésors dont les puissances de l'enfer défendent l'entrée, sauf la nuit de Noël, pendant la lecture de l'évangile à la messe de minuit. Epris d'amour pour la belle Claire, dont le père, qui le trouve trop pauvre, a refusé de l'accepter pour gendre, le jeune Michel tente l'entreprise de pénétrer dans le souterrain pendant les quelques minutes où l'accès en est libre. Il ne reparaît plus.

> Mais lorsque le soleil dora le vieux château,
> On trouva Claire inanimée,
> Pressant la grille refermée
> De doigts mordans comme un étau (1).

(1) C'est aux notes du roman *Ismalie, ou la Mort et l'Amour,* roman-

X. *Ninon de L'Enclos.* 1682. — Vers de 8 pieds.

Comment Ninon put-elle si longtemps rester belle et inspirer l'amour jusque dans l'âge où l'on ne commande plus d'ordinaire que le respect? Evidemment par quelque sortilège. Ce sortilège, c'est un pacte qu'un jour où, devant son miroir, elle se désolait de vieillir, lui a fait signer un nain affreux, tout noir, Belzébuth en personne. La fin, on la devine :

> Mais au pacte en tout fidèle,
> Lorsque ses derniers instants
> Vinrent, le nain auprès d'elle
> Parut et dit : Je t'attends (1).

XI. *Blanche de Marigny.* 1674. — Vers de 12 pieds.

Fiancé à Blanche de Marigny, le comte de Saint-André est tué à la terrible bataille de Senef, sous les ordres du marquis de Marigny : mais, par un miracle de l'amour, ou un pacte avec le diable, il revient près de Blanche reprendre le cours de ses belles amours. Pressé de fixer le jour du mariage, il refuse, et ce revenant tue en duel Marigny, qui veut venger l'honneur de sa sœur. Cette nuit même, Blanche voit lui apparaître son amant; mais : *Quantum mutatus ab illo!*

> Un homme creux, tissu d'une charpente d'os,
> Qui jette un cliquetis lugubre comme un râle,
> Et lui dit, d'une voix et lente et sépulcrale :
> « Blanche de Marigny, je viens pour t'épouser. »
> Et comme pour ravir à sa bouche un baiser,
> Il s'avance, il s'allonge ! et raide et violette,
> Blanche de Marigny mit au monde un squelette (2).

---

poème, Paris, Ponthieu, 1827, 2 parties in-8°, par le vicomte d'Arlincourt, auquel cette légende est dédiée, que d'Anglemont en a emprunté le sujet.

(1) Collin de Plancy, *Dictionnaire infernal*, Paris, Mongin, 1818 et 1825, rapporte cette tradition.

(2) Voir les *Mémoires de la vicomtesse de Fars-Fausselandry*, Paris, Lavavasseur, 1830 et 1831, 3 vol. in-8°.

XII. *La croix de Latingy.* 1680. — Vers de 12 pieds.

A Latingy, près d'Orléans, Jean le fermier donne un repas pour les fiançailles de sa fille Rose avec Pierre, le riche meunier : tout le monde est en joie : mais le buffet craque, signe funeste ; d'autant plus que cette nuit même, celle de la Saint-Martin, les sorcières tiennent leur sabbat. Pierre se moque de ces vieilles superstitions et jure qu'il se rendra au prétendu sabbat, il le fait comme il le dit.

> Le lendemain, au bruit du nocturne mystère,
> Près de la croix la foule accourt, et sur la terre
> Trouve un cercle à l'entour par la flamme tracé ;
> Et Rose n'a jamais revu son fiancé.

XIII. *Le Bal champêtre.* 1692. — Strophes de 4 vers de 8 pieds.

A Wavrins, près de Lille, pendant une kermesse, passe un prêtre portant la sainte hostie à un mourant ; les uns interrompent la danse et tombent à genoux ; d'autres n'en ont cure ni respect,

> Mais sous leurs pieds la terre tremble,
> Elle s'entr'ouvre : tous les corps
> Aussitôt s'y plantent ensemble :
> Les têtes restent en dehors.

Tous furent bientôt morts, mais absous par le prêtre à son retour.

> Puis là, se bâtit, dit l'histoire,
> Pour apaiser le Dieu jaloux,
> Une chapelle expiatoire
> Dont on a vendu les cailloux.

XIV. *La Prédiction.* 1724. — Vers de 12 pieds.

Le jour des Rois, au milieu d'un repas villageois, arrive un mendiant : on lui fait place, on partage le gâteau et il tire la fève, mais à la vue de la jeune fille du fermier, d'une beauté merveilleuse, il se trouble et verse des larmes ; pressé de parler,

> Elle sera noyée, et brûlée, et pendue,

dit-il ; on chasse le vieux, et la prédiction se réalise à quelques années de là. Portant un réchaud allumé, l'enfant glisse sur un pont de bois, se noye, tout en restant suspendue par sa jupe qui s'allume au feu du réchaud. Le récit, fait par un vieux pâtre des rives de la Marne, est peu de chose. Mais le caractère rustique des personnages et du paysage y est d'une réalité rare à cette époque.

XV. *Le Château de la Roche-Guillebault.* 1760. — Vers de 12 pieds.

Deux jeunes officiers du roi reçoivent l'hospitalité chez le fermier du château de la Roche-Guillebault, dont un ancien possesseur a été emporté, dit-on, par le Diable, vainqueur au passe-dix. La gaîté de la jeunesse, les fumées d'un bon repas les poussent à aller passer la nuit dans ce manoir hanté par les revenants. Tous deux s'endorment, mais l'un d'eux rêve qu'il prend part à un bal infernal, et en se défendant contre l'hôte qui le menace, fait feu de son pistolet. Il se réveille et voit qu'il vient de tuer son ami. Ils étaient partis le matin

> Malgré le bon fermier qui leur crie : « Etourdis,
> Vous vous repentirez, c'est moi qui vous le dis. »

XVI. *Les Petits orphelins.* 1763. — Strophes de 4 vers de 8 pieds.

Deux pauvres enfants, que la mort de leurs parents réduit à mendier, s'endorment sur la route, épuisés de fatigue et de faim, après que, le soir, l'aîné a dit à son frère qu'ils reverront leur mère s'ils ne sont pas méchants :

> Et, lorsque reparut l'aurore,
> Les champs de givre étaient rayés :
> Les orphelins dormaient encore.
> Ils ne se sont pas réveillés.

XVII. *Sacra*. 1768. — Vers de 12 pieds, mêlés d'octaves de 12 et de 6 pieds.

Légende Corse. Une sorcière du pays, qui a tué son amant et délaissé son enfant, vend à une jeune fille un sortilège pour la venger d'un fiancé infidèle. La réussite est prompte : Laura retrouve son amant mourant, qui l'aime encore et lui pardonne. Elle supplie la sorcière de le guérir : Je ne puis, dit-elle, car il est mort. En même temps, elle écarte la chemise de la poitrine du jeune homme, et reconnaît le médaillon qu'elle avait, à sa naissance, suspendu à son cou. C'est son fils qu'elle a tué. De fureur, elle plonge son poignard dans le cœur de Laura, qui est venue lui demander de s'associer à sa vengeance.

> Et, peu de temps après, sa fureur l'abandonne ;
> Elle traîne les corps aux pieds de la madone,
> Elle récite un psaume à genoux auprès d'eux,
> Puis creuse dans son antre une fosse pour deux.

XVIII. *Le Tison*. 1770. — Vers de 12 pieds.

Dans son vieil hôtel du quartier de Satory, à Versailles, meurt une vieille comtesse, qui a résisté jadis à la passion du Régent et a conservé, malgré son existence mondaine, une réputation intacte. Ses derniers conseils à sa jeune et belle nièce, qui va être son héritière, ont été :

> Mille pièges adroits assiégeront tes pas,
> Aime bien ton mari ! Prends garde !... On ne sait pas
> Jusqu'où peut, mon enfant, conduire l'adultère !

A ce moment même, un tison enflammé roule sur le parquet. La mourante se ranime, s'élance de son lit, prends à pleines mains le bois incandescent, le rejette dans la cheminée, et meurt en revenant à son lit. « C'est un trésor, bien sûr, qui est caché là », disent les héritiers.

>On saisit une chaise, une bûche, un couteau,
>La pelle, le balai, les chenets, le marteau,
>La barre du foyer et la tringle arrachée
>Aux ornements du lit où la morte est couchée,
>Tout ce qu'on peut trouver ! le plancher est ouvert !
>Mais ce n'est pas de l'or que l'on a découvert !
>C'est un cadavre auquel ce plancher sert de tombe !...
>Cependant qu'un vieillard, valet de la comtesse,
>Qui restait interdit, le cœur plein de tristesse,
>A cet horrible aspect, recule et jette un cri.
>Il avait reconnu les habits du mari.

XIX. *Le Président du Busquet*. 1772. — Vers de 12 pieds.

Ce président du Parlement de Toulouse, frappé d'un souvenir ancien, est convaincu qu'il mourra tel jour, à minuit sonnant : la présidente, à laquelle il a avoué cette crainte, s'arrange pour donner le même jour un grand souper, et a soin d'avancer la pendule d'une heure. Les douze coups sonnent, et le président est encore parfaitement en vie. Chacun de s'écrier que la prédiction a menti, et du Busquet plus fort que tous les autres. Il ne se possède pas de joie. Peu après, animé par le bon vin, la chaleur, il descend dans son parc et aperçoit son valet de chambre cajolant la soubrette andalouse de sa femme, dont il paye lui-même les faveurs. De rage jalouse, il se précipite sur le valet, qui le tue en se défendant. Au même moment sonne minuit, le vrai minuit. Voici le portrait de ce président fin de siècle :

Quant au mari, c'était un mari fort commode,
Qui s'inquiétait peu de madame, chassait
Le lièvre au chien courant, le lapin au basset,
Le râle à l'épagneul et la perdrix au braque ;
Du sanglier, parfois, se permettait l'attaque ;
Qui, lui-même, sonnait du cor comme un piqueur ;
Aimait le maniement et du trèfle et du cœur,
Le bon vin, et surtout, d'une façon jalouse,
D'un amour africain, une belle Andalouse.

XX. *Les deux Sœurs.* 1778. — Strophes de 4 vers de 12 et de 8 pieds.

Nées au même village, à Meudon, ces deux sœurs sont bien différentes ; l'une se marie et va vendre à Paris les fruits de son jardin ; l'autre va aussi dans la grande ville, mais pour y vendre sa beauté.

L'une, assise au milieu des paniers de fougère,
Sur un âne trottant, s'en revient du marché ;
L'autre passe et repasse en calèche légère
    Avec un front empanaché !

Aussi, la fin des deux sœurs fut-elle bien différente : c'est la moralité de l'histoire... qui n'est assurément pas une légende :

L'une est morte au hameau, bisaïeule entourée
D'une foule d'enfants pleurant de son adieu ;
L'autre est morte à Paris, jeune, et ne fut pleurée
    Que d'une sœur de l'Hôtel-Dieu.

XXI. *Le Ménétrier de Folainville.* 1786. — Strophes de 4 vers de 8 pieds.

Le pauvre homme a dû jouer le nuit, au carrefour du chemin, pour une bande joyeuse, d'apparence fort suspecte, et quand il a fini, il reçoit, avec menaces, l'ordre de revenir au même endroit, pour le même office, à minuit le lendemain. Il y va, mais après avoir pris conseil de son curé. Au milieu de la ronde, il change d'air, et attaque celui du chant de Saint-Jean. O merveille !

> Toute la troupe avec fracas,
> S'envole comme une fumée,
> Et laissant la terre semée
> De cendres et d'étranges pas.

XXII. *La Fileuse d'Annebaut.* 1781. — Vers de 10 pieds.

Histoire d'une grand'mère, qui revient la nuit filer sa quenouille tant que sa bru n'a pas fait dire, pour le repos de son âme, la messe qu'elle lui a promise. D'Anglemont décrit avec amour ces bords de la Rille, d'où il était alors éloigné :

> Salut encore, ô ma belle vallée,
> Pays natal, dont ma vie exilée
> Garde à jamais un souvenir d'émoi !
> Quels doux instans tu réveilles en moi !
> A toi toujours mon instinct me ramène
> Dans Annebaut où la Rille promène
> Son bleu miroir, de prés verts encadré...

XXIII. *Le Terne.* 1817. — Vers de 12 pieds.

Une jeune femme ramène en France les restes de son mari, mort en Amérique, et dont elle accomplit ainsi le dernier vœu. La cérémonie funèbre achevée, le défunt lui apparait en rêve et, pour la récompenser de sa fidélité à accomplir son désir, lui désigne les numéros qui gagneront le terne au prochain tirage de la loterie.

> Mais quand elle approcha de l'époque indiquée
> Elle chercha longtemps et partout, sans effet,
> Ces numéros du rêve, oubliés tout-à-fait
> Près d'un élève en droit au maintien doux et sage,
> Aux cheveux blonds, aux yeux bleu tendre, au frais visage
> Qui l'avait remarquée au Luxembourg...

Les numéros étaient bons, elles les retrouva plus tard, mais quand il n'était plus temps.

XXIV. *Les Yeux*. 1824. — Vers de 4 pieds.

Un grand-père meurt loin de sa fille et de son petit-fils. Pendant que la mère se désole de cet éloignement, l'enfant entre et crie avec terreur qu'il a vu deux yeux brillants qui le regardaient dans le jardin. C'étaient ceux du grand-père, car on apprend que la veille

> L'aïeul mourant
> Cherchait, la bouche
> Au crucifix,
> D'un œil farouche
> Son petit-fils.

XXV. *Les Deux Fantômes*. 1826. — Vers de 12 pieds.

On sent dans cette légende l'influence d'Alfred de Musset. Armand et Elise s'aiment ; mais une mère les sépare, non parce que Armand est plus ou moins pauvre, mais parce qu'elle a vendu sa fille à un débauché et qu'il faut la livrer. Les deux amants auraient pu fuir, ils préfèrent se tuer.

> Qu'auriez-vous fait, amis, en pareille occurence ?
> Quel remède auriez-vous choisi de préférence,
> Si ce même péril sur vous se fut dressé ?
> Pour moi, je n'aurais pas un instant balancé :
> Soudain j'aurais crié : « Cours, jockey ! ma valise
> Et ma chaise de poste et mes chevaux ! Chargeons !
> Mon argent ! mes bijoux ! et j'aurais dit : Elise,
> Tout ciel est doux à ceux qui s'aiment ! Voyageons.

N'est-ce pas là le vers de *Namouna?* — La mort ne fut pas plus douce aux deux amants que la vie. Une héritière, pour ne pas avoir ce souvenir funeste sous les yeux, exhuma les restes d'Armand et les fit porter loin de ceux de l'amante. Un ami, auquel il était apparu, protesta : on le traita de fou et de visionnaire. Ne fallait-il pas que l'héritière put jouir gaiement de l'héritage ?

La critique ne fut pas moins favorable aux *Nouvelles Légendes* qu'aux anciennes. Un des amis de d'Anglemont, compagnon de ses premières luttes, s'exprimait ainsi au sujet de ce recueil :

Ce second recueil de traditions populaires ne le cède en rien au premier : l'auteur a semblé, au contraire, écrire cette fois avec une plus grande variété de style. Plus d'un conte est narré avec la naïveté de ces bons moines, croyant de tout leur cœur à ce qu'ils racontaient, et se figurant tenir en main le cheveu qu'ils montraient à la populace. Comme dans le premier volume, nous marchons ici par progression de siècle : à mesure que nous approchons, les récits se rattachent aux souvenirs historiques, l'incertain s'éclaircit, les faits vaporeux s'éclairent, et le style marche avec eux... Nous renvoyons au livre, œuvre d'artiste et d'historien, où le poète, en s'abandonnant avec bonheur à tous les caprices d'une verve chaleureuse et colorée, a rassemblé les traditions mourantes de la patrie, au moment où elles vont s'effacer entièrement sous le niveau de la civilisation moderne (1).

IX

D'Anglemont n'était pas un de ces poètes qui cherchent leur inspiration dans les livres ; c'était en parcourant la France qu'il avait, sous l'impression immédiate des contrées qui les avaient vu naître, composé ses *Légendes*. Telle fut aussi l'origine du nouveau recueil qu'il publia deux ans plus tard, au mois de mai 1835, sous ce titre :

---

(1) Lesguillon, dans la *France littéraire*, juillet 1833, t. IV, p. 207.

Pélerinages | par | Edouard d'Anglemont. | Paris | Eugène Renduel, éditeur, | rue des Grands-Augustins, 22. | 1835. — in-8º (1).

Faux-titre, au verso : Imprimerie de Henri Dupuy, rue de la Monnaie, 11 ; titre, orné d'une vignette, vue de la façade du château de Chambord, signé Tellier, plus VII, pour la dédicace et la préface, et 276 p., dont 34 pour les notes et 2 pour la table.

Ce volume est dédié :

Au Roi de France

Dans sa préface, l'auteur commence par un violent réquisitoire contre la politique et la littérature des dernières années, et fait remonter à la révolution de 1830 l'origine et la responsabilité de la décadence qu'il signale dans les esprits, dans les mœurs, dans le gouvernement et dans les lettres :

« Les invasions, dit-il, de la littérature étrangère ont préludé au déplacement des principes fondamentaux de la constitution française. La tradition nationale est effacée des esprits et des lois, et le sens de notre existence pendant tant de siècles est perdu, pour avoir subi le joug d'un autre drapeau, pour avoir adopté des couleurs ennemies... La trahison... a, depuis le soleil de Juillet, débordé sur notre malheureuse France ! La trahison, c'est notre maladie ! La trahison, c'est notre perte ! Et c'est Mammon qui a jeté sur nous le fléau.

« Oh ! Mammon, aux mamelles d'or, aux pieds d'or, aux mains d'or, est le dieu de notre nouvelle ère ! Nul ne peut servir deux maîtres. Mammon n'a point de rival ! C'est lui qu'on adore seul ! C'est lui qui nous gouverne ! »

C'est pour fuir ce spectacle, que l'auteur s'est refugié dans la nature :

---

(1) Bibl. Nat., Inventaire Ye 14 233, demi-reliure, veau fauve. — Le volume avait été enregistré par la *Bibliographie de la France*, du 23 mai 1835, nº 2817.

« Vous nous avez vicié cet air pur dont a besoin l'âme du poète ! Et moi, pour échapper aux hurlements de l'émeute, à votre air empesté, je me suis exilé de Paris, je me suis réfugié sur les grèves solitaires de l'Océan et de la Méditerranée, au milieu de nos vastes forêts, sur nos hautes montagnes, aux rives de nos grands fleuves ; j'ai visité nos vieux châteaux, nos vieilles églises, les vestiges imposants de la domination romaine... et j'ai pris en pitié tout ce qui se fait en littérature,.. là j'ai trouvé des chants qui auront peut-être des échos dans cette France... qui lève maintenant les yeux vers un homme méconnu naguère, Berryer, celui qui serait le père de la patrie, s'il suffisait de Cicéron pour nous sauver aujourd'hui après les succès de Catilina. »

Pau, 24 avril 1835.

Ce volume contient trente et une pièces, chacune précédée d'un faux-titre avec épigraphe ; elles ont pour titre :

1 *Chantilly.* — 12 avril 1834 — vers de 12 pieds.
2 *Fourvières.* — 23 avril 1834 — vers de 12 pieds.
3 *Le Château d'Amboise.* — 30 août 1833 — vers de 12 et de 8 pieds.
4 *Une Ferme.* — 6 juillet 1830 — strophes de 4 vers de 12 et de 6 pieds.
5 *Un Cimetière.* — Au Baudry, 2 novembre 1830 — strophes de 4 vers de 12 pieds.
6 *Chambord.* — 27 août 1833 — vers de 12 pieds.
7 *Le Luxembourg.* — 15 mai 1826 — strophes de vers de 12 et de 8 pieds.
8 *Vue de Normandie.* — 24 juillet 1828 — strophes de 6 vers de 12 et de 8 pieds.
9 *Vincennes.* — 27 novembre 1833 — vers de 12 pieds.
10 *Le Prémanoir.* — Saint-Samson-sur-Rille, 20 juin 1830 — strophes de 6 vers de 12 pieds et 6 de 4 pieds.
11 *Le Banc de Nord.* — Pointe-de-la-Roque, 6 septembre 1832 — vers de 12 pieds.
12 *Rosny.* — 12 juin 1834 — strophes de 5 vers de 8 pieds.
13 *L'Eglise de Belleville.* — 25 juin 1833 — strophes de 4 vers de 12 pieds.

14 *Le Pont du Cher*. — 20 août 1833 — vers de 12 pieds.

15 *Chenonceaux*. — 28 août 1833 — strophes de 6 vers de 12 et de 8 pieds.

16 *Les Bords de la Rille*. — 23 septembre 1833 — vers de 12 pieds.

17 *La Chapelle de Notre-Dame-de-Grâce*. — Honfleur, 12 octobre 1833 — vers de 12 pieds.

18 *L'Eglise de Saint-Denis*. — 30 décembre 1833 — vers de 12 pieds.

19 *L'Obélisque de Luxor*. — Bateau à vapeur de Rouen, 19 septembre 1833 — strophes de 4 vers de 12 pieds.

20 *Ermenonville*. — Senlis, 14 avril 1834 — vers de 12 pieds.

21 *Le Puy-de-Dôme*. — 20 avril 1834 — vers de 12 pieds.

22 *Vaucluse*. — Avignon, 28 avril 1834 — strophes de 6 vers de 12 et de 8 pieds.

23 *Hyères*. — 3 mai 1834 — vers de 12 pieds.

24 *Les Arènes de Nismes*. — Canal de Languedoc, 16 mai 1834 — vers de 12 pieds.

25 *Le Château de Pau*. — 20 mai 1834 — strophes de 6 vers de 12 et de 8 pieds.

26 *La Forêt de Brocéliande*. — 12 mai 1834 — vers de 12 pieds.

27 *Saint-Germain*. — Paris, 20 août 1834 — vers de 12 pieds.

28 *Le Cirque de Marboré*. — Château de Lecqueraye, 19 septembre 1834 — strophes de 6 vers de 12 et de 8 pieds.

29 *Le Monument du duc de Berry*. — Paris, 28 octobre 1834 — vers de 12 pieds.

30 *Le Carrousel*. — Vers de 12 pieds.

31 *Une Nuit de Babylone*. — 14 novembre 1833 — vers de 12 pieds et strophes de 8 vers de 8 pieds.

Les épigraphes sont empruntées à Volney, Horace et Collombet; A. Dumas et Job; Th. Moore et Schiller; Byron et David; Byron et Chateaubriand; André Chénier; Buffon; comte de Peyronnet; marquis de Puyvert et David; Chateaubriand et Tasso; Abivardy et Horace; Gœthe et Lamennais; Gœthe et Schanfara; Horace; duchesse de Duras; Hymne à la Vierge; Scherf-Eddin, Ciceron, Frayssinous et *Liber Sapientiae*; Byron, Montenabbi; Dulaure et J.-J. Rousseau; Byron, J.-J.

Rousseau, Schiller ; Pétrarque, Horace ; Byron, Tancredi ; Cicéron et Byron ; Genoude et David ; Bernadin de Saint-Pierre et Marchangy ; Isaïe, Virgile et Massillon ; Byron, duchesse d'Abrantès et Judith ; Moïse, Murailles du Louvre et Horace ; Aboulbéça-Saleh et Byron ; Byron et David.

Il n'existe aucune dédicace particulière pour chaque pièce.

Ce recueil est presque exclusivement descriptif ; mais, quoique le pittoresque y domine plus que l'émotion, plusieurs pièces rappellent le *Sunt lacrymæ rerum,* de Virgile. On y trouve aussi comme un itinéraire poétique de deux voyages que d'Anglemont fit : en 1833, dans le centre de la France, particulièrement en Touraine, où en août il visita Tours, les rives du Cher, Chambord, Amboise, pour être de retour en Normandie en septembre, et à Paris en décembre ; et en 1834, aux mois d'avril, de mai et de septembre, dans le midi de la France, au Puy-de-Dôme, à Lyon, Avignon, Hyères, Nîmes, Pau, aux Pyrénées, au cirque de Marboré.

Parmi ces récits poétiques de voyages, il en est un que nous citerons de préférence, parce qu'il nous instruit sur l'état d'âme du poète, sur un amour dont nous retrouverons ailleurs encore quelques traces, à cette date de 1834 ou environ. Edouard d'Anglemont est à Tours, contemplant du pont du Cher la verte campagne qui s'étend devant lui, ces châteaux, ces parcs pleins de souvenirs historiques ; sa pensée l'emporte vers un lieu qui lui est doux entre tous, et il s'écrie, s'adressant au nuage qui passe :

> Où te pousse, ô nuage
> Celui qui t'a dit : Sois, et qui t'a dit : Voyage ?
> Oh ! plus heureux que moi, de sa vue exilé,
> Irais-tu, par hasard, ô beau fantôme ailé,

Aux rives de la Vienne, au manoir où près d'elle,
S'envole ma pensée et brûlante et fidèle ?
Oh ! si tu passes là, nuage, si tu vois
Ses doux yeux, prends pour elle un langage, une voix,
Parle-lui, sois l'écho de mon âme qui pleure,
Dis ce que je répète en tous lieux, à toute heure ;
Dis-lui, de grâce : A toi, mon âme ! à toi, mes jours ;
Oh ! oui, n'aimer que toi, que toi seule et toujours ;
T'aimer comme une amie, une sœur, une amante,
Foyer où mon bonheur ici-bas s'alimente !
T'aimer comme un bon ange en ma route envoyé,
Pour me conduire au ciel que j'avais oublié !
T'aimer, soit que ta vie à ma vie appartienne,
Que ta main chaque jour me guide et me soutienne ;
Soit que le sort, pour moi prodigue de douleur,
Tarisse ta lumière à mes jours sans couleur (1).

X

Plus poète que prosateur, malgré deux incursions sur le domaine du drame en prose, Edouard d'Anglemont n'avait pas encore abordé le roman. Mais le genre était trop en vogue, et les plus célèbres d'entre les romantiques y avaient trop bien réussi, pour qu'il n'ambitionnât pas de marcher sur leurs traces. Avec ou depuis le *Cinq-Mars* (1826), de Vigny, qui fut un initiateur dans le roman comme dans le poème, on avait vu paraître coup sur coup : en 1825, *Fragoletta*, d'Henri de Latouche ; *la Chronique de Charles IX*, par Mérimée ; *les Chouans*, de Balzac ; *l'Ane mort et la Femme guillotinée*, de J. Janin ; *Ernest ou le Travers du siècle*, de G. Drouineau ; *le Dernier jour d'un condamné*, de V. Hugo ; en 1830, *la Maison du Chat-qui-pelote, le Bal de Sceaux, la Vendetta*, de Balzac ; *les Mauvais garçons*, d'Alphonse Royer ; en 1831,

---

(1) *Le Sélam*, Paris, Antoine, 1834, in-12, p. 314.

Notre-Dame de Paris; Barnave, par J. Janin ; *la Peau de Chagrin, le Chef-d'œuvre inconnu*, de Balzac ; *Atar-Gul* et *Plik et Plock*, d'Eugène Sue ; *le Rouge et le Noir*, de Stendhal ; *Rose et Blanche*, de George Sand et Jules Sandeau ; *le Roi des Ribauds*, de Paul Lacroix ; en 1832, *les Deux cadavres*, de Frédéric Soulié ; *Stello*, de Vigny ; *la Salamandre*, d'Eugène Sue ; *Mme Firmiani, le Colonel Chabert, Louis Lambert*, de Balzac ; *Sous les Tilleuls*, d'Alphonse Karr ; *l'Ecolier de Cluny*, de Roger de Beauvoir ; le *Manuscrit*, de G. Drouineau ; *Indiana* et *Valentine*, de George Sand ; en 1833, *le Médecin de campagne, Eugénie Grandet*, de Balzac ; *Lélia*, de G. Sand ; *la Vigie de Koat Ven*, d'Eug. Sue ; *Une heure trop tard*, d'Alph. Karr ; *les Jeunes France*, de Théophile Gautier ; *l'Eccellenza*, de Roger de Beauvoir ; *Champavert*, de Pétrus Borel ; *Résignée*, de G. Drouineau ; *Mosaïque*, de Mérimée ; en 1834, *le Vicomte de Béziers*, de Fréd. Soulié ; *la Recherche de l'Absolu, le Père Goriot*, de Balzac ; *Jacques*, de George Sand ; *Mme de Sommerville*, de Jules Sandeau ; *Volupté*, de Sainte-Beuve ; *le Mutilé*, de Saintine ; en 1835, *Urbain Grandier*, d'Hip. Bonnelier ; *le Comte de Toulouse, le Conseiller d'Etat*, de Soulié ; *Isabel de Bavière*, d'A. Dumas ; *le Marquis de Fontanges*, Mme de Girardin ; *Flavien*, de Guiraud ; *André, Léone Lioni*, de George Sand ; *Lauzun*, de Paul de Musset ; *Servitude et Grandeur militaire*, de Vigny ; *Il vivere*, de Th. de Ferrière ; *Mademoiselle de Maupin*, de Th. Gautier ; *Grangeneuve*, de H. de Latouche ; *Lucile*, Eug. Sue ; en 1836, la *Confession d'un enfant du siècle*, d'Alfred de Musset ; *le Lys dans la vallée*, de Balzac ; *France et Marie*, de De Latouche ; *la Couronne de Bleuets*, d'Arsène Houssaye ; *le Notaire de Chantilly*, de Léon Gozlan ; *Madame de Mably*, de Saint-Valry ; *Simon*, de George Sand ; *Picciola*, de Saintine ; en 1837, *Latréaumont*, d'Eug. Sue ; *les Mémoires du Diable*, de Soulié ;

Mauprat, de G. Sand ; en 1838, *César Birotteau, la Femme supérieure, la Maison Nucingen*, de Balzac ; *le Connétable de Bourbon*, d'A. Royer ; *le Capitaine Paul*, de Dumas.

L'année même où d'Anglemont se révéla romancier, Balzac composait *le Curé de Village, Béatrix, Illusions perdues* ; F. Soulié, *le Maître d'Ecole* ; Eugène Sue, *le Marquis de Létorières, Deleytar* ; Ch. de Bernard, *le Paravent* ; J. Sandeau, *Marianna* ; Petrus Borel, Mme *Putiphar* ; Jules Lefèvre, *les Martyrs d'Arezzo* ; Jules de Saint-Félix, *la Duchesse de Longueville, Clarisse de Roni*.

Du roman historique, surtout moyenageux, et du roman de mœurs ou contemporain, entre lesquels se partageait la littérature, mais avec une préférence marquée pour le premier, d'Anglemont choisit le second, allant ainsi sur les traces de Stendhal et de Balzac, plutôt que sur celles de Victor Hugo, de Mérimée, d'Alphonse Royer. Ce fut là l'originalité de ce volume, que la *Bibliographie de la France* du 9 février 1839, enregistra sous le n° 722 :

Le | Prédestiné | Histoire contemporaine, | par | Edouard d'Anglemont. | Paris, | Jules Laisné, libraire-éditeur, | 1, passage Véro-Dodat, et 12, rue Vivienne. | 1839. — In-8 (1).

Faux-titre, au verso : Imprimerie de Maulde et Renou, rue Bailleul, 9-11 ; titre et 8 p. pour la préface et le second faux-titre, et 424 p. dont 2 pour la table — Couverture imprimée, papier chamois.

Ce roman est divisé en vingt-neuf chapitres, précédés chacun d'un faux-titre ; en voici la nomenclature :

(1) Bibl. Nat., Inventaire Y² 14018 — Non relié et non coupé.

I	*Le premier pas.*
II	*Robin des Bois.*
III	*Le rêve.*
IV	*Le régisseur.*
V	*Une visite.*
VI	*La lettre de change.*
VII	*Le dîner.*
VIII	*Sainte-Geneviève.*
IX	*La Chambre des députés.*
X	*Le départ.*
XI	*Une maison de jeu.*
XII	*Rencontre.*
XIII	*Accident.*
XIV	*M. de Challange.*
XV	*Une déclaration.*
XVI	*Confidence.*
XVII	*Le tir.*
XVIII	*Vengeance.*
XIX	*Le château de Menton.*
XX	*Le médecin.*
XXI	*L'excursion botanique.*
XXII	*Sainte-Pélagie.*
XXIII	*L'instruction.*
XXIV	*Projets de mariage.*
XXV	*Le joueur de Bourse.*
XXVI	*Mlle de Saint-Albin.*
XXVII	*Le faux.*
XXVIII	*Sur le pavé.*
XXIX	*La maison de santé.*

Dans sa préface, l'auteur regrette d'abord que pour le roman il n'y ait pas de modèle classique, sans cela il y serait fidèle, comme en d'autres genres littéraires, il l'a été à Racine et aux écrivains du siècle de Louis XIV : libre dans ses allures, voici ce qu'il a voulu :

« Notre but à nous, dit-il, serait de faire du roman une application morale des diverses phases de la civilisation contemporaine. Il y a donc dans l'exécution d'un tel plan la peinture des mœurs d'une époque ; et cette variété du fond en introduit nécessairement une dans la forme : il doit s'y reproduire surtout un but toujours le même, une logique toujours régulière, une intelligence harmonieuse en toutes ses émanations de lumière ; et cela nous semble constituer l'unité des œuvres et l'efficacité de leur influence.

« L'ouvrage que nous livrons à l'attention publique est notre premier pas dans cette carrière. Quelques objections pourraient nous être adressées, mais ce livre a été écrit en 1837, et des détails vrais alors ne le sont plus aujourd'hui. Ainsi par exemple l'Odéon, vide longtemps, ouvre enfin ses loges dorées à l'aristocratie, qui ne se rallie qu'à la royauté de l'art! Ainsi le démon du jeu remplissait encore ces maisons que, sans doute, l'on a fermées (1) pour laisser sans concurrence l'infâme tripot de la Bourse...

« Quelques gens d'une charité aveugle prétendent que cette plaie (une philosophie athée) a disparu, que la foi renaît dans les cœurs, et qu'une heureuse génération se prépare. Nous le souhaitons plus que nous ne le croyons.

« Qu'attendre en effet d'un peuple au milieu duquel il se passe au grand jour des phénomènes monstrueux, comme, en littérature, l'apparition scandaleuse de *Ruy-Blas* (2) ; comme, en politique, la conversion hypocrite de M. Lamartine. »

Au début du récit, nous sommes à Paris, en l'année 1825 ; un jeune homme, Jules Renaut, flânant le soir près de l'Odéon, est assailli par des vendeurs de contre-marques pour une représentation de *Robin des Bois*, l'opéra de Weber — car l'Odéon alors abritait l'opéra ; — tenté d'abord, mais plus sage se refusant à une dépense que l'état de sa bourse ne justifierait pas, il va s'éloigner, lorsqu'un brillant équipage s'arrête devant le péristyle du théâtre, et la vue d'une femme qui en descend fait sur lui, par sa beauté, une telle impression qu'il paye

---

(1) En vertu d'une loi votée en 1836, toutes les maisons de jeu avaient été fermées le 31 décembre 1837. Il y en avait alors 7 à Paris, dont 4 au Palais-Royal.

(2) Représenté pour la première fois sur le Théâtre de la Renaissance, le 8 novembre 1838.

bien vite le premier billet qu'on lui offre et pénètre dans la salle. Un hasard heureux le place près de la loge où est entrée l'inconnue et au cours de la soirée il réussit à lui adresser quelques mots de politesse.

Ce début est vif, et nous place au cœur du sujet.

Ce n'est pas d'aujourd'hui, ni même d'hier, que l'Odéon était un thème de plaisanterie. D'Anglemont, en 1833, s'en servait déjà.

« Il existait aussi, à cette époque, une autre foi non moins précieuse à nos yeux que la foi politique ; c'était la foi littéraire ! Quand on pense que le public allait à l'Odéon ! Odéon ! Odéon ! temple vide maintenant, que de fois la foule impatiente s'est pressée dans tes escaliers, dans tes corridors ! Que de fois des bravos innombrables et mérités ont retenti dans ton enceinte ! Que de gloires s'y sont élevées ! Hélas ! et tu n'es plus qu'un tombeau silencieux. »

Fils de Pierre Durosnel et d'une religieuse défroquée, Jules Renaut a débuté dans la vie par une idylle amoureuse avec une jeune fille, Louise Delatour, voisine de la propriété de son père dans le Loiret. Mais à Paris il l'oublie pour la femme entrevue à l'Odéon. Cette marquise de Chenevières, chassée par son mari qui a surpris ses amours, devient une aventurière, dont il partage bientôt la vie d'expédients peu scrupuleux. Amant ensuite d'une figurante des Variétés, il finit par commettre des faux, pousse au désespoir Louise qui devient folle, changeant de drapeau politique, refait sa fortune sur les barricades de Juillet.

Tel est ce roman, très fortement empreint des théories romantiques et de cette exubérance de passion qui caractérisait des œuvres dont les héros étaient tous plus ou moins des Antony. C'est surtout par là que d'Anglemont appartient à l'école romantique. Si aujourd'hui en lisant ses vers, on est tenté de voir en lui un pseudoromantique, ou tout au moins un de ces romantiques timides qui firent à peine quelques pas dans les nouvelles routes poétiques, on n'a pas de ces hésitations quand on lit sa prose, qui est bien la prose romantique, à la fois violente d'allure, de sentiments, et molle de style. Pensée, style, sentiments, tout dans cette œuvre porte la date du romantisme de 1830.

XI

Ce nouveau recueil, annoncé dans la *Bibliothèque de la France*, du 2 mai 1840, sous le n° 1933, était :

Euménides | par | Edouard d'Anglemont | Paris | chez Philippe, éditeur, | rue de Rohan, 26. | 1840. — In-8. Prix, 8 fr.

Faux-titre, au verso : Imprimerie de Pommeret et Guénot, rue Mignon, 2; VIII p. pour le titre, avec fleuron — un serpent qui dresse la tête et lance son double dard — et la préface; plus 338 p. dont 100 pour les notes et 2 pour la table. Couverture imprimée, papier vert d'eau, même fleuron que sur le titre.

Lorsque, en 1833, Edouard d'Anglemont, après les *Nouvelles Légendes françaises*, annonçait qu'il allait « entrer dans de nouvelles voies », il entendait par là le roman, et nous l'avons vu réaliser cette pensée par la publication de *Prédestiné*, en 1839. Mais comme poète il avait aussi une autre ambition : être un poète satirique. Les évènements de 1830, la curée des ambitions, les honteuses palinodies ou les lâches désertions qui suivirent, avaient ému sa bile ; et si avec Auguste Barbier le parti patriotique et républicain avait trouvé son Juvénal, les légitimistes n'avaient pas encore le leur. Pourquoi ne le serait-il pas? Déjà, dès 1830, sa pièce *le Dix-huit Octobre, adressé au Peuple de Paris*, avait montré qu'il avait le tempérament du satirique. Nous avons vu que plus tôt encore, dans ses *Odes*, quelques vers de celle adressée à A. Lesguillon en portaient déjà la marque. Ce ne fut cependant, si nous l'en croyons, qu'à défaut d'un plus illustre qu'il s'arma du fouet de la satire. Victor Hugo, dont après 1830, les légitimistes attendaient les traits vengeurs que semblaient promettre tant de vers jadis inspirés par le plus ardent royalisme, s'était peu à peu converti à la monarchie populaire. Ce silence, paraît-il, détermina Edouard d'Anglemont. Sa préface peut faire sourire aujourd'hui, mais elle est curieuse, non seulement comme expression du sentiment personnel de l'auteur, mais surtout comme reflet de l'opinon qui existait alors dans un certain parti :

« La loyauté me force à reconnaître publiquement que le titre de ce volume est une réminiscence du grand lyrique qui, dans une de ses premières odes, *le Poète dans les Révolutions* (1), a répondu à la voix pusillanime de l'intérêt personnel par de si généreuses pensées et s'est écrié dans son enthousiasme sublime :

> Quand le crime, Python livide,
> Brave impuni le front des lois,
> La Muse devient Euménide,
> Apollon saisit son carquois.

Après cette noble et candide profession de foi, pouvait-on douter du poète qui avait pris possession de la faveur publique par des compositions éminemment belles, éminemment monarchiques, comme *la Vendée, Quiberon, Louis XVIII*... Ne devait-on pas s'attendre à voir, au milieu de la tempête révolutionnaire qui bat encore notre malheureuse patrie, M. Victor Hugo poursuivre de son courroux vengeur, comme

---

(1) La 1re édition des Odes, où se trouve cette pièce, est de juin 1822, sous ce titre : *Odes et Poésies diverses,* par Victor-M. Hugo, Paris, Pélicier, in-18.

une implacable Euménide, toutes les lâchetés, toutes les turpitudes, toutes les corruptions, tous les crimes vomis par l'insurrection de 1830 ? Pouvions-nous soupçonner que celui qui semblait continuer son ancienne promesse par ce dernier vers des *Feuilles d'automne :*

Et j'ajoute à ma lyre une corde d'airain (1)

faillirait un jour, dans l'à-propos des circonstances, à la conscience du devoir, à la religion de la reconnaissance ? (2). Un autre se chagera donc de la tâche à laquelle fait défaut un écrivain qui devait la renoncer moins que personne. J'ai donc pris des mains de M. Victor Hugo une arme qu'il laissait oisive et qu'on ne me verra jamais abandonner. »

Après avoir dit ainsi l'origine de ses nouveaux vers, d'Anglemont lance de vrais anathèmes contre le temps présent, où « la Muse... n'assiste qu'à un spectacle affreux de misères, écroulement du passé, ruines du

---

(1) Cette pièce qui commence ainsi : « Ami, un dernier mot... », est datée de novembre 1831 et la dernière, en effet, des *Feuilles d'automne,* qui avaient paru, chez Renduel, au mois de décembre 1831. Dans ce recueil, composé surtout de pièces inspirées par des sentiments de la vie intime, Victor Hugo se montrait encore, par celle intitulée *Rêverie d'un passant à propos d'un roi,* datée du 18 mai 1830, mais qui semble bien écrite plus tard, royaliste respectueux, tout en prophétisant l'avènement du peuple :

> Ecoutez, écoutez, à l'horizon immense,
> Ce bruit qui parfois tombe et parfois recommence...
> C'est le peuple qui vient ! c'est la haute marée
> Qui monte incessamment par son astre attirée.

(2) En 1835, dans les *Chants du crépuscule* par ses pièces : *Dicté après juillet 1830,* où il dit des vainqueurs de Juillet :

> Frères ! et vous aussi vous avez vos journées...
> Soyez fiers ; vous avez fait autant que vos pères
> Les droits d'un peuple entier conquis par tant de guerres,
> Vous les avez tirés tout vivants du linceul.

A M. le D. d'O. [duc d'Orléans], pour une œuvre de bienfaisance ; mais aussi avec des retours de légitimisme, comme dans *A l'homme qui a livré une femme* (le juif Deutz et la duchesse de Berry) ; en 1837,

présent, débordement de l'avenir ; et est étonnée de la quantité des mauvaises passions qui se déchaînent... ».. La mission qu'il se donne est presque une mission divine. « Il entre dans le temple, et, la verge de fer à la main, il flagelle, il chasse de l'enceinte sacrée ces adorateurs de Mammon qui placent leurs impurs étalages où Dieu veut qu'on relève ses autels. » Il termine enfin cette préface fulgurante par ce dernier éclat :

« En un mot, je publie ce livre comme une protestation contre le présent honteux qui nous enserre ! Ceux qui aiment notre France d'un amour vrai, d'un amour pur me sauront peut-être gré de ma franchise et de mon courage. »

Comme bien on pense, les évènements politiques qui se produisirent de 1830 à 1840 ont inspiré la plus grande partie des vers des *Euménides*. Sur les vingt-huit pièces qui les composent, huit seulement ne sont pas des vers politiques. Pour ajouter, sans doute, à la force de ses anathèmes, l'auteur revient à l'usage des épigraphes qu'il avait abandonné dans ses trois précédents recueils. Elles sont empruntées à Byron et Napoléon, à Shakspeare et Machiavel, à Isaïe, Bergasse, Pétrarque, Montbel, Job, Chateaubriand, David, vicomte Walsh, Virgile, Gœthe, Horace, Bernard, Massillon, saint Luc, Bossuet, Jérémie, Benjamin Constant, Victor Hugo. Les titres de ces pièces disent assez les circonstances qui les ont inspirées.

dans *les Voix intérieures*, par ses pièces : *Ce siècle est grand et fort* : *A l'arc-de-triomphe* ; et en 1840, dans *les Rayons et les Ombres*, par celles : *Au roi Louis-Philippe après un arrêt de mort* (Barbès) ; *Sunt lacrimæ rerum*, (sur la mort de Charles X) ; *le Sept Août 1829* (entrevue avec Charles X à l'occasion de *Marion Delorme*), — ces deux dernières marquées encore par quelques notes d'un royalisme sentimental, — Victor Hugo se montrait tout à la fois de plus en plus orléaniste et bonapartiste.

Ces satires peuvent se ranger en trois groupes :

D'abord celles inspirées par la politique intérieure de la France, ce sont : *Les Fleurs de lys,* à propos de Louis-Philippe faisant enlever du fronton du Palais-Royal l'écusson de ses armes, et oubliant

> Ce cri qu'en un vertige et d'honneur et d'audace
>   Jeta Philippe-Egalité,
> Devant un écusson aux armes de sa race,
>   Au fond de son âtre resté !
> Armes de ma Maison, moi, que je vous efface !
>   Ce serait une lâcheté !

L'Eglise de Saint-Germain-l'Auxerrois (III) qui venait, le 14 février 1831, d'être saccagée et pillée par la populace.

> La voyez-vous l'émeute, instrument imbécile,
> Qui rêve qu'à sa voix le pouvoir est docile,
> Saluer à grands cris la chute de la croix,
> Couronne de ton front,...
> Et rouler sur les quais sa grotesque parade
> Vis-à-vis du bœuf gras traînant sa mascarade.

Le duc de Reichstadt (IV), dont le nom avait servi de prétexte à l'émeute du 5 juin 1831, et où l'auteur, pas plus bonarpartiste qu'il n'était orléaniste ou républicain, se rend coupable d'un grosse injustice pour ce malheureux fils de Napoléon, aiglon enchaîné par Metternich qui agonisait à Vienne :

> . . . . Si son cœur eût bondi sous la flamme
>   D'où sort quelque chose de grand...
> N'eut-il pas quand, après notre orage, la France
>   Flottait encore sans souverain,
> Le front tout radieux d'une noble espérance,
>   Déployé l'aigle aux bords du Rhin ?
> N'eut-il pas, quand du roi des conquêtes naguère
>   Se levaient les vieux compagnons,
> Lorsque les Polonais poussaient leur cri de guerre,
>   Joint son mousquet à leurs canons ?

Le Mont-Valérien (V), dont, disait-on (20 juin 1836), les saints ermitages allaient être démolis, rasés,

> Pour bâtir une grande et belle forteresse
> Qui prête au roi de fait, au temps de la détresse,
> L'abri qu'il n'aura plus dans le palais des rois !

Le Mariage du duc d'Orléans (XIV), 30 mai 1837, alors que, pour la première fois, on voyait un héritier du trône de France s'allier à une protestante ; aussi, écoutez d'Anglemont, ce mariage sera maudit :

> Malheur à vous ! vos fronts, qu'épura le baptême,
> Sont marqués aujourd'hui du sceau de l'anathème,
> Vous n'échapperez pas au Dieu fort et jaloux !
> Qui sait même, qui sait, si sa main n'est point prête
> A vous envelopper dans la même tempête ?
>   Malheur à vous ! Malheur à vous !

L'Eglise de Notre-Dame-de-Lorette (XV), qui venait d'être inaugurée, le 4 juin 1837, et dont on critiquait le style trop peu religieux :

> Mais pourquoi tout l'éclat de ce chœur où s'étale
> D'un tapis opulent la pompe orientale,
> Où des caisses de fleurs exhalent un encens
> Qui rappelle Paphos et le culte des sens ?
> Pourquoi ces rangs nombreux de chaises azurées,
> Ce splendide plafond, ces rosaces dorées,
> Ces colonnes de stuc, ces rideaux fastueux ?
> Oh ! ne dirait-on pas un salon somptueux ?

Le Traité de la Taffna (XVI). Ratifié le 30 mai 1837 par le roi Louis-Philippe, malgré les réserves du général Danrémont, gouverneur général de l'Algérie, et les critiques de quelques députés, ce traité qui abandonnait à Abd-el-Kader un vaste territoire, sans même lui imposer de tribut, avait été très mal accueilli par l'opinion publique. D'Anglemont s'en fait l'écho :

> Oh ! s'il vivait encore notre vieux roi de France,
> Comme il aurait le cœur brisé par la souffrance !
> Oh ! comme il trouverait l'exil du trône amer,
> Lui qui devant la peur n'abaissa pas nos gloires,
> Qui de Napoléon compléta les victoires
> En détruisant les nids des vautours de la mer.

La Citadelle de Doullens (XVII), dans laquelle le lieutenant Laity, complice de la tentative du prince Louis-Napoléon à Strasbourg (3 octobre 1836), avait été enfermé. D'Anglemont oppose les rigueurs dont il était l'objet, aux facilités qu'avait obtenues, au XVIIIe siècle, Maillebois également emprisonné dans cette forteresse.

> Toi, Maillebois, ton crime était la félonie
>   Et l'outrage à la royauté,
> Mais lorsque tu vivais c'était la tyrannie !
>   Aujourd'hui c'est la liberté.

La côte de Boulogne (XVIII). Souvenir de la colonne de la Grande armée, contrastant avec la politique anglaise du gouvernement de juillet :

> Elle dit que c'est là qu'au nom de la patrie
> Le vainqueur de Lodi, d'Egypte et de Syrie,
> A l'aspect d'Albion que dévorait ses yeux,
> Le front étincelant de l'éclat de sa gloire,
> Fêta de ses combats marqués par la victoire
>   Les compagnons audacieux.

La princesse Marie (XXII). Le poète n'est pas resté insensible au triste destin de cette princesse, fille de Louis-Philippe, mariée au duc de Wurtemberg, que son amour pour l'art, et des œuvres remarquables, comme la statuette de Jeanne d'Arc, le buste de Charlotte Corday, avaient rendue chère aux artistes français, et qui venait de mourir à Pise le 2 janvier 1839, à l'âge de vingt-six ans. Mais en même temps, il lance au roi cette sinistre prédiction :

> Pleure, élu de juillet ! l'éclair de la tempête
> Te vient des rives de l'Arno !
> De la chaîne des maux qu'un Dieu vengeur t'apprête
> Ce deuil est le premier anneau.

Vilaine chose décidément que la politique, qui ne respecte pas même les larmes versées sur une morte !

Cri de guerre (XXIII). C'est bien en effet ce cri-là que l'auteur pousse ici à l'occasion de la chute du cabinet Molé, conséquence de la coalition parlementaire, de l'ordonnance de dissolution et de nouvelles élections générales (2 mars 1839) qui avaient été particulièrement passionnées.

> Arrière les boulets, les sabres et la poudre
> Pour la guerre des nouveaux temps !
> Venez voter, venez faire éclater la foudre
> Des noms de vos représentants !
> Et que ce bruit, pour nous un éveil d'espérance,
> Au gouvernant porte un effroi,
> Présage du seul cri qui peut sauver la France :
> Fils de Mammon, tu n'es plus roi !

Le second groupe (XX) de ces satires, qui nous arrêtera moins, est celui relatif à la politique étrangère. Ce sont : *la Statue d'Achille,* — l'auteur s'égaye sur le monument assez ridicule où, à Londres, Wellington est représenté en héros de l'Iliade — et quatre autres pièces toutes relatives à la péninsule Ibérique et à ses révolutions.

Un Combat de Taureaux (XXIV) dont d'Anglemont demande l'abrogation, avec un ton de prophète qui n'a pas menti :

> Si tu ne les détruits, crains le courroux céleste !
> Le Seigneur t'a deux fois marqué d'un sceau funeste !
> Sous les mœurs du vieux temps cesse enfin de ramper;
> Et tu ne verras plus tes sujets parricides,
> Las d'exercer entre eux leurs poignards homicides,
> Les tenir prêts à te frapper.

La Fête de Jean VI (XXV), sujet à peu près analogue, une jeune fille tuée au milieu d'un bal par un taureau échappé ; *Charles V en Espagne* (XXVI), en faveur de don Carlos, qui venait en mai 1838 de faire une nouvelle tentative pour conquérir la couronne que lui disputait, pour sa fille, la reine Marie-Christine.

> Ton roi que nous voyons avec sa seule épée,
> Avec son seul drapeau, drapeau de ses aïeux,
> Réclamer fièrement leur couronne usurpée,
>   Leur héritage glorieux.

Maroto (XXVII), général carliste, qui avait trahi don Carlos, et fait manquer sa marche sur Madrid.

> Mais, qui pouvait penser que Deutz, le juif immonde,
>   Dont le front porte un écriteau
> Qui ne s'effacera qu'au dernier jour du monde
>   Serait vaincu par Maroto.
> .... Honte, honte immortelle....
> A toi qui, recréant Judas le traître antique,
>   Vendis ton maître et ton seigneur.

Toutes ces pièces qui n'ont pas une grande valeur littéraire, sont cependant intéressantes comme marque du diapason où étaient montées alors les querelles politiques et la fureur des partis.

Le troisième groupe, ne se rattache à la politique que d'une façon rétrospective, et appartient plutôt à la haute inspiration de l'histoire : c'est *Waterloo*, dont nous avons déjà parlé parce que, par un côté, il relève bien un peu de la politique ; et *l'Arc-de-Triomphe* (XXVIII), qui venait d'être inauguré en 1837. Par habileté peut-être, nous ne pouvons croire que ce soit par rivalité, Edouard d'Anglemont y prend juste le contrepied de Victor Hugo dans l'ode célèbre qui porte le même titre, et qui avait paru en 1837 dans les *Voix Intérieures*. Dans cette pièce, le grand lyrique, donnant la vision du monument dans un lointain avenir, en faisait une des trois ruines grandioses qui survivraient à Paris disparu, alors que

> Il ne restera plus dans l'immense campagne,
> Pour toute pyramide et pour tout panthéon,
> Que deux tours de granit faites par Charlemagne
> Et qu'un pilier d'airain fait par Napoléon.

Et terminait par cette réserve, qui est aussi une épigramme :

> Je ne regrette rien devant ton mur sublime
> Que Phidias absent et mon père oublié.

En quoi, si le gouvernement s'était montré injuste envers le général Hugo en n'inscrivant pas son nom sur l'Arc-de-Triomphe, le poète l'était aussi en oubliant le grand artiste Rude, qui de son souffle avait animé le groupe de *la Marseillaise*.

Quant à d'Anglemont, c'est dans le présent seul qu'il célèbre l'Arc-de-Triomphe ; il ne se sent aucune admiration anticipée pour ses ruines, si pittoresques qu'elles puissent être un jour, et afin qu'on le sache bien, il oppose son chant à celui de l'auteur des *Voix Intérieures* :

> Qu'un autre en ses chants dise, ô colosse superbe,
> Que tu serais plus beau vêtu de lierre et d'herbe,
> Que les traces des ans manquent à ta grandeur,
> Moi, dont le cœur ému te regarde et t'encense,
>   J'admire ta magnificence ;
> Moi, je t'aime paré de ta jeune splendeur.
>
> Je t'aime avec l'orgueil de ta jeune structure
> Où de nos Phidias resplendit la sculpture
> Où la France a jeté tant de noms éclatants
> Je t'aime avec ces mots fleurons de ton attique,
>   Que dira ma muse extatique
> Quand ton front roulera sous la vague du temps.

Si Victor Hugo est trop sévère en refusant un Phidias à l'Arc-de-Triomphe, Edouard d'Anglemont ne l'est pas assez, quand il lui en donne plusieurs. Son poème a également le tort de tomber dans une nomenclature historique des victoires du grand Empereur, et c'est un peu les bulletins de la Grande Armée mis en vers. Cependant, lui aussi, estime que quelque chose fait défaut au glorieux monument : c'est l'Aigle, symbole de l'Empire.

> Pourtant, malgré l'éclat dont ton nom s'environne,
> Géant, à ta parure il manque une couronne !
> *A décorer ta cime une seule a des droits !
> Arche, il te faut à toi cet aigle, effroi du monde,
> Dont la serre en palmes fécondes,
> Jetait à nos guerriers les couronnes des rois.

En ceci le poète était l'écho de l'opinion publique, très favorable alors à un projet qui donnait pour couronnement à l'Arc un aigle immense, planant les ailes éployées, et qui ne fut abandonné que par la difficulté de sa réalisation à cette hauteur et sous l'effort des vents.

En dehors de ces trois groupes on trouve encore dans les *Euménides* une huitaine de pièces inspirées simplement par des souvenirs de famille ou de voyage. Ainsi, dans celle intitulée *Bonnebosc,* le poète revient à sa jeunesse, à ses courses pittoresques dans les environs de Pont-Audemer, sur les bords de la Rille. D'Anglemont restait fidèle à son habitude d'aller, chaque automne,

> Visiter son berceau, semblable à l'hirondelle
> Qui lorsque fuit l'hiver, s'envole vers son nid.

On y lit de jolis détails, d'un sentiment tout ému

> De revoir Saint-Samson, la maison paternelle
> Où mon bon ange encor m'abritait sous son aile ;

Où de mes premiers ans s'écoula la moitié,
Ses limpides viviers, sa pompe végétale ;
De donner quelques pleurs au cloître de Pentalle
Ecroulé sous les coups d'un marteau sans pitié ;

De retrouver, au fond du val des Tourterelles
Le château de Saint-Mards, ses fossés, ses tourelles,
Où, jeunes écoliers avec ordre rangés,
Aux retentissements du cor, de votre foudre,
Pistolets où nos mains engloutissaient la poudre,
Nous combattions jadis, assiègeants, assiégés,

De revoir Bonnebosc, ces vieilles avenues
A la sombre verdure et de moi si connues,
D'où l'œil trouve un aspect et si frais et si beau,
Ce colombier peuplé de pigeons innombrables,
Cette chapelle...
              C'est là sur ces vastes pelouses
Qu'enfants nous poursuivions de nos gazes jalouses
L'agile papillon qui devançait nos pas

. . . .

Et c'est là que plus tard, quand de l'adolescence
Bouillonnait en mes sens la fraîche effervescence,
En des laves de flamme étreint comme René,
Répandant comme lui des pleurs involontaires,
Je me suis dit souvent en mes pas solitaires :
Quand le baiser d'amour me sera-t-il donné ?

N'en doutons pas, ce baiser d'amour lui fut donné ; et dans ce recueil même nous trouvons la trace d'une passion qui vers 1837 le remplissait tout entier. Il nous le dit à propos de l'Arc-de-Triomphe. S'il n'a pas plus tôt chanté l'Arc glorieux, il en donne ainsi la raison :

C'est qu'à l'amour alors j'abandonnais ma voile ;
    C'est qu'alors des plis de son voile
L'amour obscurcissait et mon âme et mes yeux.

L'excuse n'était peut-être pas très bonne, car c'est précisément tout près de là qu'il avait bâti son nid d'amour, amour très légitime ; nous croyons qu'il s'agit de sa jeune femme. En effet, ailleurs, dans sa pièce du *Mont-Valérien*, décrivant le magnifique horizon qu'on y découvre sur Paris et ses environs, il disait en juin 1836 :

> Oui, mais ne croyez pas que la France et sa gloire
> Tournent là les regards de mon front soucieux.
>
> Non, c'est que près de l'Arc, panthéon de l'armée,
> Sous les rideaux épais d'une verte ramée
> Comme un nid de colombe est caché le séjour
> De la femme qui tient ma pensée asservie,
> Dont le regard brûlant, étoile de ma vie,
> Suit au fond de mon âme et la nuit et le jour.

L'Ermitage de J.-J. Rousseau (VI), à Montmorency, est une agréable description, à laquelle se mêle une mordante épigramme contre Flamant-Grétry, alors propriétaire de l'Ermitage, et neveu du compositeur célèbre, lequel percevait 50 centimes des personnes visitant ce lieu deux fois illustré par le génie. Les autres pièces, *Saint-Gratien* (VII), *Arles* (VIII), *Aquilée* (IX), où se trouvaient de passage la duchesse d'Angoulême et les deux enfants du duc de Berry :

> Trinité de martyrs et vivante ruine,
> La fille de nos Rois, l'immortelle héroïne
> Dont l'âme tant de fois a vaincu la douleur,
> Dont Bordeaux a gardé le souvenir durable,
> Qui donne à l'Univers l'exemple incomparable
>   Et des vertus et du malheur.
>
> Et ces nobles enfants que la fortuue opprime,
> Que du cœur paternel priva le bras du crime
> ....

Argenteuil (X), consacré par le souvenir d'Héloïse et de Mirabeau ; le *Château-Gaillard,* (XII), tout plein encore des hauts faits de Richard Cœur de Lion ; l'*Abbaye de Jumièges* (XIII), avec ses sanglantes ou pieuses légendes, auraient pu prendre place dans une réimpression du recueil de 1839, *Pèlerinages*. Le même sentiment les a en effet inspirées, celui que l'auteur nous révèle, quand il dit :

> Car soumis au pouvoir d'un charme sympathique,
> Je m'arrête surtout, pèlerin poétique,
>   Parmi les morts et les débris ! (1)

Ces six dernières pièces, datées de 1836, 1834, 1837, 1839, 1836, nous renseignent ainsi sur les voyages ou les excursions que l'auteur accomplit en ces années. Il y faut ajouter le séjour qu'il fit, au mois de septembre 1838, en Angleterre, et où il composa les trois pièces sur Westminster, le château de Windsor, et le monument de Trafalgar Square.

Très curieux aujourd'hui comme témoignage de la guerre de plume que se faisaient alors les partis, ce recueil ne répondit pas cependant aux espérances de l'auteur ; si la vigueur n'y manque pas, le style n'en est ni assez original, ni assez pur pour lui assurer une réputation durable. N'exagérons pas toutefois un reproche qui peut être fait à tous les poètes secondaires de cette époque, et qui chez d'Anglemont est du moins compensé par l'habileté que le poète déploie toujours dans la conduite de ses récits et le choix de ses sujets.

XII

Les *Euménides* avaient montré le talent d'Edouard d'Anglemont sous un jour nouveau, l'auteur avait ajouté une corde à sa lyre, mais sa réputation n'en avait pas grandi. Nous ne nous étonnerons donc pas de le voir un an plus tard revenir au genre de ses

---

(1) *Aquilée*.

Légendes françaises, c'est-à-dire aux récits poétiques, un peu modifiés. Ce nouveau recueil fut annoncé ainsi par la *Bibliographie de la France* du 3 juillet 1841, n° 3054.

Amours | de France | par | Edouard d'Anglemont. | Paris | A la Librairie de Ch. Gosselin, | 9, rue Saint-Germain-des-Prés. | 1841 (1). — In-8. Prix

Faux-titre, au verso : Imprimerie d'Hippolyte Tilliard, rue Saint-Hyacinthe Saint-Michel, 30 ; titre, avec vignette, 2 colombes sur leur nid ; IV pour la préface, et 287 p. chiff., dont 71 pour les notes et 3 pour la table.

Dans sa préface, datée du 4 juin 1841, l'auteur lance encore l'anathème contre son temps :

« C'est un bien douloureux spectacle pour le poète, pour l'homme de cœur, que ces agitations qui émanent incessamment du gouvernement représentatif, le plus matériel, le plus immoral de tous les gouvernements connus ; que cette soif brutale de l'or qui dessèche tous les généreux instincts de l'âme ; que ce torrent du *progrès* qui emporte en sa course aveugle le culte de Dieu et le culte des Muses ; que ce cynisme d'apostasie, qui déborde de toutes parts dans notre vie politique et littéraire, et qui vient de se révéler d'une manière si éclatante dans la dernière séance publique de l'Académie française (2) ; que ce vent corrupteur qui semble, comme au temps de la régence, flétrir les plus nobles esprits et courber les plus hautes têtes... Aussi avons-nous détourné nos regards de cette démoralisation de la pensée humaine, de cette profanation de tout ce qu'il y a au monde de plus grand et de plus sacré, pour nous réfugier dans la mémoire des autres âges, pour reposer notre imagination au milieu de ces frais souvenirs d'amour, dont plus qu'aucune autre histoire, se colore l'histoire de notre belle France... et, dans

---

(1) Bibl. Nat. Inventaire Ye 14226.
(2) Pour la réception de V. Hugo, 30 juin 1841.

une délicieuse pérégrination à travers le domaine de nos annales... »

Mais il prendra sa revanche.

« Si nous avons fait taire un instant le cri vengeur des *Euménides*, ce n'est que parce qu'elles se réveillent plus terribles, comme autrefois de leur sommeil sous les colonnes du temple de Delphes ! »

Ce recueil ne contient en effet que des histoires d'amours et d'amours françaises. Quatre récits ou poèmes le composent, sous ces divers titres :

I. *Héloïse et Abeilard*, en quatre chants et un épilogue, formé de deux lettres, l'une d'Abeilard à Philinte, l'autre d'Héloïse à Abeilard, le tout en vers alexandrins, avec ces épigraphes :

> Di pensier in pensier
> Mi guida amor.
> (*Pétrarque*).

> They were my heart's first passion
> (*Thomas Moore*).

> Olim studio, ingenio, amore, in faustis nuptiis et pœnitentia conjuncti.
> (Epitaphe d'Héloïse et d'Abeilard).

II. *Pétrarque et Laure*, en trois chants, en vers de 12 pieds, avec ces épigraphes :

> Ungrateful Florence . . . .
> . . . . The crown
> Wich Petrarch's laureate brow supremely wore
> Upon a far and foreign soil had grown.
> (*Byron*).

> Et l'amante et l'amant sur l'aile du génie
> Montent d'un vol égal à l'immortalité.
> (*A. de Lamartine*).

III. *Henri et Florette*, en quatre chants, en vers de 10 pieds, avec ces épigraphes :

> Et Rose, elle a vécu ce que vivent les roses,
> L'espace d'un matin.
> (*Malherbe*).

> Mon cœur est mort à la joie...
> J'ai vécu... j'ai aimé.
> (*Schiller*).

IV. *Berthe et Robert*, en cinq chants et un épilogue, en vers de 12 pieds.

C'est la réimpression du poème paru en 1827 sous le même titre.

On voit par les notes qui accompagnent ces quatre récits que d'Anglemont s'est surtout inspiré, pour le premier récit, d'une vie italienne d'Abeilard, de l'ouvrage de Villeneuve sur lui, de Marchangy (*Gaule Poétique*), de Suger, et d'Abeilard lui-même, dans le récit que sous le titre de *Historia calamitatum Abelardi* il a adressé à son ami Philinte ; des poésies mêmes de Pétrarque pour le second ; de Jouy (l'*Ermite en Province*), d'Edmond Géraud, et de Péréfixe, pour le troisième.

La Bible, le cantique des cantiques : voilà ce qui perdit Héloïse et Abeilard, comme *Lancelot*, Francesca de Rimini et Paolo :

Nous citerons les vers suivants : sur Héloïse :

> Mais, tandis qu'Abeilard en des flots d'harmonie
> Epanche ainsi le feu de l'amour, du génie ;
> Tandis que tous les deux, rouges et pâlissans,
> Ils enlacent leurs pieds et leurs doigts frémissans,
> Que leurs regards ardens se parlent, se répondent,
> Que leurs âmes aussi s'égarent, se répandent,
> L'heure fuit, et la lampe est prête à s'épuiser !...
> Elle meurt !... Un baiser trouve un autre baiser !...
> L'amour les initie à son dernier mystère.
>
> Oh ! l'amour, seul bonheur des enfants de la terre,
> Oh ! l'amour, c'est ce charme, électrique mystère,
> Qui nous saisit, nous jette un trouble dévorant,
> Nous entraîne avec lui comme entraîne un torrent,
> Qui ne laisse jamais la pensée inactive ;
> Ce besoin énervant de voir qui nous captive ;
> Cette ivresse du cœur, voilà des jours mauvais ;
> Cette ardeur qui s'accroît des désirs satisfaits ;
> Et qui, jamais d'ennuis et de dégoûts suivie,
> S'éteint avec le cœur et meurt avec la vie !...
> Voilà l'amour,

Sur Laure :

Un rayon de bonheur avait lui sur ma vie,
Il n'a souri qu'un jour à mon cœur attristé,
Quand Laure m'apparut !... La mort me l'a ravie !
Oh ! pourquoi sur ces bords l'exil m'a-t-il jeté ?

Que m'importe la gloire et sa vaine auréole !
De son charme bruyant que d'autres soient épris !
Souvenir triomphal, palme du Capitole,
Me rendrez-vous le bien que la tombe m'a pris ?

Adieu, Vaucluse ! adieu ! Je pars, je fuis encore !
Hélas ! de mon destin telle est la triste loi !
. . . .
Je te laisse en partant, Laure, ma souveraine,
Beau vallon ! sois pour elle une royale cour !
Que ton onde la nomme en baisant son arène !
Que toujours tes oiseaux lui chantent mon amour.

Sur Florette :

Je t'ai dit que sous cet ombrage
Je reviendrais ce soir... Cherche-moi ;
J'y suis... cherche encore, courage...
Je ne suis pas bien loin de toi !
Henri, si je suis criminelle,
J'en demande pardon à Dieu !
Peut-être en la vie éternelle
Nous nous retrouverons... Adieu.

XIII

Jusqu'ici Edouard d'Anglemont semblait avoir fait du récit poétique son domaine particulier. Alors que la plupart des romantiques se signalaient dans la poésie lyrique, dans la poésie personnelle, lui se distinguait entre tous par la poésie impersonnelle. C'est rarement à la source des sentiments intimes qu'il puise son inspiration. A l'automne de la vie, cependant, nous le voyons comme se replier sur lui-même et, dans l'émotion des souvenirs, trouver un renouveau de talent poétique. C'est en effet par ce caractère d'émotions personnelles que se distingue, de ces autres recueils, celui qu'il fit paraître en 1860, dix-neuf ans après les *Amours de France*.

Annoncé par la *Bibliographie de la France* du 11 août 1860, sous le numéro 7042, il avait pour titre :

Roses | de Noël | par | Edouard d'Anglemont. | Paris | E. Dentu, libraire-éditeur, | galerie d'Orléans, 13, Palais-Royal. | 1860. — In-8. Prix 5 fr. Imprimerie de Beau, à Saint-Germain-en-Laye.

<small>Faux-titre, titre, préface V-VII, et 324 pp. chif. — Couverture impr., double filet, pap. jaune clair. — Vignette sur le titre, avec cette épigraphe :</small>

<small>Once more upon the waters.
Byron.</small>

Ce recueil se compose de cinquante pièces de vers, chacune précédée d'un faux-titre avec une épigraphe : elles sont empruntées à Soumet, Lamartine, Chateaubriand ; Schiller et Virgile ; Buffon ; Béranger et Ovide ; Chênedollé et C. Delavigne ; J.-J. Rousseau, David, Abivardy, Job, Byron, *Poésies malaises*, Horace, Ossian, Bernardin de Saint-Pierre et Bürger ; P. Lebrun, Isaïe, Lamennais ; *le Cantique des cantiques*, Saint-Evremont, Ballanche, V. Hugo, Sénèque, E. Koulmann, Malherbe, A. Barbier, Pindare, Massillon, Schanfara, Juan Floran, J.-B. Rousseau, Le Franc de Pompignan.

Dans sa préface, l'auteur, après avoir déploré l'indifférence que le monde témoigne pour la poésie, et affirmé que « jeter des vers au public, c'est jeter le grain des blés au vent du désert », s'excuse ainsi de présenter ce nouveau volume de vers :

« Pourquoi, me dira-t-on, mettre au jour des élégies qui ne seront point lues, qui n'éveilleront aucun écho dans le monde ? — C'est que, répondrai-je, semblable à ces montagnes qui épanchent les eaux amassées et purifiées dans leur sein, je ne puis laisser dormir dans la poussière de mes cartons le trésor de rêveries, de souvenirs et d'émotions que j'ai revêtus d'une forme rythmique ; c'est que j'aimerais à voir, sous le soleil de la publicité, ces fleurs de mon âme qui se sont épanouies au milieu des orages de ma vie, comme dans mon jardin les roses de Noël, au milieu des rigueurs de l'hiver ; c'est que je suis comme le marin qui, après avoir maintes fois sillonné les ondes, est impatient de reprendre la route de la mer ; et que je ne me demande pas quel fruit je retirerai de la manifestation de mon œuvre. »

Au Prémanoir, 7 mai 1860.

Les vers de ce volume sont ceux où d'Anglemont a mis le plus de sentiment. Avec l'âge, les tristesses de la vie sont venues ; des nuages ont traversé son beau ciel d'été : bientôt souffle le vent d'automne, qui jonche la terre de feuilles mortes. Dernières joies de la jeunesse, gravité de l'âge mûr, mélancolie et tristesse des soleils couchants, tout cela se reflète dans les vers de ce volume, composé de pièces écrites en des années bien diverses, depuis 1837 jusqu'à 1860 :

En 1841, c'est la maladie de sa fille qui éveille ses craintes et lui inspire ces vers émus :

> Et te voilà, pâle, chétive,
> Les yeux ternes, le front pesant,
> Jetant une haleine plaintive
> Qui semble une âme fugitive,
> Un murmure d'agonisant.
>
> Dieu puissant, qui me l'as donnée,
> Oh ! ne me la retire pas !
> Relève la tige inclinée,
> De cette frêle destinée
> Ecarte le vent du trépas !

O mon Dieu, prends la sous ton aile,
Et qu'elle y repose toujours !
Dans mon ivresse paternelle,
J'ai mis tant d'espérance en elle,
Pour son printemps, pour mes vieux jours (1).

Paris, octobre 1841.

Est-ce en souvenir d'un deuil domestique, qu'il a écrit ces vers, datés de septembre 1841, sur la douleur manifestée par un chien aimé :

Vous l'avez vu fou de tendresse,
Ce chien aux poils noirs et soyeux,
Bondir autour de sa maîtresse
Ou baiser son pied merveilleux !

A présent, les yeux vers la terre,
Triste, il chemine lentement,
Ou, près du foyer solitaire,
Parfois, pousse un gémissement.

Chaque jour, dès que l'huis rustique
S'ouvre, il s'en va de la maison,
Il s'arrête à la croix gothique,
Aux degrés couverts de gazon...

C'est que l'on a posé la bière
De la dame au petit chien noir,
Aux marches de la croix de pierre,
Couronne de son vieux manoir (2).

Dans les allées du Prémanoir qui ont retenti autrefois de ses jeux, de ses joies d'enfant, il promène maintenant (1854) ses pensées assombries, sans illusions, peut-être sans espoir : ciel et pensées d'automne :

Aujourd'hui je pleure en moi-même
De voir mes dahlias flétris,

(1) P. 63.
(2) *Le Chien*, p. 27.

> Mes rosiers sans leur diadème,
> Mes balsamines en débris ;
>
> De marcher sur la feuille morte
> Qui roule au courant du ruisseau,
> Ou que l'aile du temps emporte
> Loin du paternel arbrisseau !...
>
> Le temps, de ses mains acharnées,
> Comme ces fleurs, fane nos jours ;
> Comme ces feuilles, nos années
> Tombent, s'envolant pour toujours !
>
> Et le soleil, gloire éclipsée,
> Roi détrôné par un vainqueur,
> Se glace, comme la pensée,
> Comme le sang, comme le cœur (1).

Plus tôt, en 1852, c'est le récit d'une promenade à cheval sur les bords de la Seine et du marais Vervier qui faillit lui devenir funeste.

> Un soir, caressé par la brise,
> Sur mon cheval j'allais rêvant ;
> Entre ses dents le mors se brise !
> Il fuit, aussi prompt que le vent !
>
> Le vol de mon cheval m'entraîne,
> Les deux mains sur son cou brûlant !
> C'est le coursier qui, vers l'Ukraine,
> Emporte Mazeppa sanglant.
>
> A ma droite, c'est l'eau dormante,
> Le marais d'abîmes coupé ;
> A ma gauche, l'onde écumante
> Du fleuve au rempart escarpé !

Emporté par la course folle de son cheval qu'il ne peut maîtriser, il va périr, et déjà sa pensée s'élève en une ardente prière :

---

(1) P. 70, *L'Automne*.

> Succomber sans votre caresse,
> Sans les larmes de votre adieu,
> Etres si chers à ma tendresse !
> Mourir sans le pardon de Dieu !
>
> C'est horrible ! c'est effroyable !
> Et puis, dans un élan de foi :
> « Ne soyez pas impitoyable,
> Sauveur du Monde, sauvez-moi ! »

Sa prière est exaucée. Tout est bien qui finit bien :

> Et bientôt, près d'une chapelle
> Où vient prier le pélerin,
> Un pâtre, que ma voix appelle,
> Arrête mon cheval sans frein (1).

Cette rose de Noël, qui résiste aux frimas de l'hiver, et qui, au milieu des tristesses de l'année et de la vie, réjouit encore l'homme des plus vives couleurs et du plus doux parfum, c'est la poésie :

> Sylphide, aux ailes caressantes,
> Qui nous voile les mauvais jours,
> Et de visions ravissantes
> Nous berce, nous berce toujours,
>
> Jeune amante, au souffle céleste,
> Trésor qu'on ne peut épuiser,
> La Poésie encor nous reste,
> Et nous enivre en son baiser (2).
>
> Au Prémanoir, déc. 1853.

A ces poésies intimes, qui forment la plus grande partie du recueil, se mêlent d'autres pièces inspirées, comme dans les précédents, par de vieilles légendes ; ainsi la *Grotte de Biarritz*, où deux amants trouvent la mort au milieu d'une tempête, et qu'on recueille sur

---

(1) *Idem*, p. 271.
(2) *Les Roses de Noël : l'Ellébore*, p. 5,

le rivage enlacés dans un dernier embrassement ; *la Fille de l'Alhambra* ; — par de tragiques ou tendres histoires, comme *le Chasseur des Alpes, les Petits orphelins, le Pacha de Coron, la Jeune Russe en Sibérie, la Chanteuse du Carrousel; la Fiancée du Pêcheur, le Franc-chasseur, l'Aigle et la Jeune fille*, une des plus belles ; *le Lion de Numidie*, l'histoire d'Androclès ; *la Jument arabe*, très touchante ; *l'Enfant impie*, sombre épisode du naufrage de la *Méduse*. Dans un genre à part, il faut aussi citer une belle pièce sur la mort de Soumet, en 1845.

Quelques unes de ces pièces, *le Pacha de Coron, la Jument arabe*, sont dans le goût oriental qui caractérisa les années de la guerre de l'indépendance héllénique ; d'autres, comme *les Petits orphelins, la Chanteuse du Carrousel*, rappellent Alexandre Soumet dans le *Petit Savoyard*, Mme Tastu dans la *Mendiante*, et l'école sentimentale de la Restauration, dont il ne faut pas médire, car elle a produit des œuvres fort belles, vraiment touchantes. Mais c'est surtout par l'émotion intime, née de situations, de joies ou de douleurs personnelles à l'auteur, que les *Roses de Noël* se distingueront dans son œuvre.

Après un silence prolongé, qu'expliquent les atteintes de la vieillesse et peut-être aussi un certain découragement, Edouard d'Anglemont se rappela au public par un recueil de genre bien différent. Annoncé par la *Bibliographie de la France*, du 25 décembre 1869, en voici la description :

Edouard d'Anglemont | Pastels dramatiques | Paris | librairie de J. Barbé, éditeur | 12, Boulevard Saint-Martin, 12. | 1869. — In-8. Prix : 5 fr.

<small>Faux titre, au verso : liste des œuvres de l'auteur, dont deux en préparation : *le Bachelier de Paris,* roman en vers, 1 vol. in-8º ; et</small>

Chapelet d'un Ermite, 2 vol. in-8º ; — Saint-Quentin, Imprimerie Hourdequin — plus 360 pp., dont 4 pour le titre et la préface et 2 pour la table — Couverture bleu clair, cul-de-lampe (une lyre auprès du buste de Minerve).

Edouard d'Anglemont avait soixante-onze ans quand il publia ce volume, et il y avait neuf ans que s'était produit son précédent recueil, *Roses de Noël*. Vivant de plus en plus à l'écart, il avait vu son nom perdre graduellement l'éclat momentané qu'il avait eu vers 1835 et ne plus dépasser un petit cercle d'amis ou de croyants politiques. Pendant ces années d'isolement relatif, il s'était surtout exercé dans de petites et légères compositions dramatiques pour les salons, dans le genre des proverbes de Carmontel, de Leclercq et d'Alfred de Musset. Si elles eurent là quelque succès, ce succès s'étendrait-il jamais jusqu'au vrai public? D'Anglemont le voudrait bien, mais sans l'espérer beaucoup. Sa préface, datée de Paris, 20 juin 1869, trahit le découragement :

« Sous ce titre, je réunis en un faisceau quelques petites pièces de théâtre, réminiscences de la mythologie et de l'histoire, jets capricieux de l'imagination et du cœur, dont quelques-unes ont recueilli les suffrages du public indulgent des salons.

« Malgré l'ostracisme qui frappe aujourd'hui le vers, un heureux hasard de directeur ou de comédien pourra faire arriver, un jour ou l'autre, ces croquis artistiques à se produire sur d'autres scènes, comme cela s'est vu pour les esquisses aventureuses du plus délicat de nos fantaisistes modernes.

« Devant l'incertaine destinée de ces fruits de mon automne, à défaut de la vie de la représention, qui donne seule leur valeur aux œuvres scéniques, j'ai cru devoir leur donner la vie d'une élégie, d'une satire, d'un roman, et les livre dès à présent à la critique du feuilleton...

« Puissé-je, en faisant entendre aussi quelques sons, contribuer pour mon humble part, à ramener les esprits au goût de l'art divin qui a été l'amour et le charme du meilleur de mes jours. »

Ces *Pastels dramatiques* se composent de vingt pièces, dont neuf comédies, trois drames, six compositions auxquelles l'auteur donne le nom de *monodies*, une tragédie et un opéra : tout cela dans des proportions minuscules, puisque l'étendue de chacune de ces pièces ne dépasse pas dix-sept pages en moyenne. Toutes, d'ailleurs, sont en vers et précédées d'épigraphes que l'auteur a empruntées à Ovide, Plutarque, Beaumarchais, Chateaubriand, Phèdre, Soumet, Virgile, Lamartine, Regnard, Platon, Molière, de Latouche, Pythagore, A. de Musset, Le Tasse. Ces petites compositions plaisent par la variété des sujets aussi bien que du ton et des rythmes : c'est certainement une des meilleures œuvres d'Edouard d'Anglemont, peut-être la meilleure. La lecture en est encore agréable aujourd'hui, et quelques unes de ces pièces ne perdraient rien à la scène : un directeur bien avisé pourrait trouver là un succès. D'Anglement a puisé beaucoup dans l'antiquité, et par ses comédies mythologiques, grecques ou romaines, il est l'émule d'Emile Augier, de Théodore de Banville, de d'Assas, d'Armand Barthet. Ce sont le *Lever de l'Aurore*, où la Déesse aux doigts de roses souffle à Diane son amant Orion ; *Niobé* et ses douleurs ; *Stratonice*, scène de rivalité entre Séleucus et son fils Antiochus, mais où le père triomphe de la passion de l'amant ; *Tibur*, jolie scène d'amour entre Properce et Cynthie, sa maîtresse ; *Aglaé de Phalère*, où l'amante empoisonne l'amant qu'elle croit infidèle, trompée par un rival qui, éconduit, se réfugie dans la mort ; *Caton d'Utique*, qui se tue pour ne pas survivre à la liberté de Rome. A l'antiquité chrétienne, à la féerie et au moyen-âge appartiennent : *Abraham*, tragédie, *Morgane*, opéra, *Velléda*, *Jeanne d'Arc*, *Sous l'Arbre du Feu* ; — aux temps modernes : la *Rivale d'elle-même*, *l'Hôtellerie*, *Au hasard*, *la Gitane*,

Crispin à Séville; les trois premières, coquettes comédies dix-huitième siècle, poudrées à la maréchale; la quatrième, drame se développant à la même époque, mais dans un milieu de passions rudes et sauvages; la dernière, pastiche de Regnard; — à l'époque contemporaine: *Byron à Missolonghi,* monologue du poète mourant, revenant à Dieu et pensant à Ada; *le Lion à la campagne; En chemin de fer,* le premier en date de ces dialogues à la vapeur, qui sont aujourd'hui très à la mode; *le Disciple de Pythagore,* sujet antique comiquement modernisé; *A Travers la Porte,* monologue drôlatique, dans un ton très apprécié depuis.

Voici la chronologie littéraire de ce genre de comédies néo-grecques et néo-latines: *Plaute, ou la Comédie latine,* par N. Lemercier (20 janvier 1808); *la Ciguë,* par Emile Augier (Odéon, 13 mars 1844); *Pythias et Damon,* par le marquis de Belloy (Odéon, 29 mai 1847); *le Moineau de Lesbie,* par Armand Barthet (Théâtre français, 22 mars 1849); *Horace et Lydie,* par Ponsard (Théâtre français, 19 juin 1850); *le Joueur de flûte,* par Emile Augier (Théâtre français, 19 décembre 1850); *le Feuilleton d'Aristophane,* par Théodore de Banville (Odéon, 26 décembre 1852); *le Chemin de Corinthe,* par Armand Barthet (Paris, janvier 1853); *la Vénus de Milo,* par Louis d'Assas (Odéon, 15 octobre 1858); *Diane au Bois* (Odéon, 16 octobre 1863), *Déidamie* (1876), *Hymnis* (1879), *Socrate et sa femme* (1885), toutes quatre par Théodore de Banville, resté fidèle le dernier à ce genre.

Les citations nombreuses qu'on en pourrait faire seraient ou trop longues ou trop courtes et courraient le risque ou de fatiguer le lecteur ou de trahir l'intérêt de l'écrivain. Nous en ferons une, cependant, une seule, celle de l'amour dans *Un lever de l'Aurore.*

*

C'est Diane qui oppose aux caprices amoureux de l'Aurore, l'amour fidèle :

> Ecoutez-moi ! L'amour, comme moi je l'entends,
> C'est l'essence, la voix du cœur, la fleur de l'âme ;
> Un sentiment profond, mutuel, une flamme,
> Qui pénètre à la fois deux êtres, n'en fait qu'un ;
> Un lien dont les ans serrent les nœuds ; qu'aucun
> Amour autre ne peut distraire ; une tendresse
> Qui grandit d'heure en heure, et d'ivresse en ivresse ;
> Un soleil qui n'a point de soir ; un pur flambeau,
> Qui brave, comme nous, Saturne et le tombeau.

XV

Les dernières œuvres d'Edouard d'Anglemont ne nous arrêteront pas autant : outre qu'elles sont assez faibles, elles sont inspirées par un sentiment de haine, dont, sans doute, Victor Hugo avait donné l'exemple dans ses *Châtiments*, de Bruxelles 1853, mais qui s'explique moins chez un légitimiste qui ne pouvait voir dans Napoléon III un usurpateur, et à qui les terribles événements de 1870 auraient dû dicter des vers plus généreux, plus patriotiques ; ce n'était pas le moment pour d'Anglemont de marcher sur les traces du poète qu'il avait critiqué violemment, souvent injustement, et qui dans ces imitations trouva, à son tour, son châtiment. Toutefois dans ces derniers accents poétiques d'Edouard d'Anglemont quelques-uns sont d'une âme moins violente et vindicative.

La première en date de ces pièces, inspirée par un acte odieux qui souffletait la France militaire sous les yeux mêmes de ses envahisseurs, est d'une belle venue, d'une indignation généreuse. Annoncée par la *Bibliographie de la France* du mois de juin 1872, n° 5099, elle parut sous ce titre :

Edouard d'Anglemont | La | Résurrection de la Colonne. | Paris | E. Dentu, libraire-éditeur, | Galerie d'Orléans, 13, Palais-Royal. | 1872. — in-8º. Prix, 50c (1).

<small>8 pages non chiffrées, dont 2 pour le titre et 1 pour l'annonce des Œuvres d'Edouard d'Anglemont.</small>

Cette pièce, datée de Paris, juin 1872, est relative au rétablissement de la Colonne de la Place Vendôme, *déboulonnée* sous la Commune de 1871, à l'instigation du peintre Courbet. En voici une des strophes les plus vigoureuses :

> Et ce qu'aux jours futurs on ne voudra pas croire,
> Des Français, des Français, lâches démolisseurs,
> Ont scié sans effroi l'arbre de notre gloire,
> Sous le rire infernal de nos envahisseurs !

Elle porte pour épigraphe :

> Merses profundo, pulchrior evenit.
> Horace.

Trois ans plus tard, alors que les violences de langage contre Napoléon III n'avaient plus même le mérite du courage contre un souverain tout puissant ; alors que le vainqueur de Solférino, mais le vaincu de Sedan, était depuis deux ans couché dans la tombe solitaire de Chislehurst, il publie la pièce suivante, enregistrée par la *Bibliographie de la France* du 25 janvier 1875, sous le nº 1364 :

---

(1) Bibl. de l'Arsenal, Poésie, 14704.

Edouard d'Anglemont | L'Anniversaire. | Paris | E. Dentu, libraire-éditeur, | Galerie d'Orléans, 13, Palais-Royal. | 1875. — In-8º (1).

8 pp. non chiffrées, dont 2 pour le titre et 1 pour l'annonce des Œuvres | de | M. Edouard d'Anglemont.
Parmi ces œuvres on fait figurer comme étant « sous presse » :
Le Bachelier de Paris, roman en vers, 1 vol. in-8º.
Chapelet d'un Ermite, mémoires anecdotiques et littéraires, 2 vol. in-8º.

Cet anniversaire dont le poète ne se souvient que pour l'invective, est le second anniversaire de la mort de Napoléon III (9 janvier 1873). La pièce est datée : Paris, 9 janvier 1875. Voici un exemple de ces vers furibonds :

> Et l'on ose aujourd'hui dresser un cénotaphe,
> En mémoire du mort qui veut cette épitaphe :
> Ci-gît un vorace larron
> . . . .
> Un monstre dépassant Néron !

L'auteur a choisi pour épigraphe de cette pièce :

> Fecit indignatio versum.
> Juvénal.

Cette même année parut le dernier recueil poétique que d'Anglemont ait publié. Annoncé par la *Bibliographie de la France* des 10 juin, 17 juillet et 2 octobre 1875, nºs 6075, 2541 et 10702. Il a pour titre :

Edouard d'Anglemont. | Voix d'Airain. | Paris. | Renauld, éditeur | 10, quai du Louvre, 10. | 1875. — In-8º. Prix, 75c (2).

Point de faux titre, titre et 96 p. chif., dont 2 non chif. pour la préface. Couverture imprimée, jaune. — Vignette sur bois, sur le

---

(1) Bibl. de l'Arsenal, Poésie, 14722.
(2) Bibl. de l'Arsenal, Poésie, 59. — Les *Voix d'Airain* parurent par livraisons, au nombre de douze, du 10 juin au 2 octobre.

titre et la couverture. — Imprimerie Nouvelle (Ass. ouvr.), 14, rue des Jeûneurs. — Masquin et C??.

Ce volume, grossièrement imprimé, illustré de fort laides gravures sur bois, dont l'auteur aurait dû se garder comme d'un déshonneur de bibliophile, débute par une courte préface, où on lit :

« Les *Voix d'airain* sont, comme mes *Euménides*, le cri de conscience du poète ; elles allumeront peut-être, dans quelques âmes froides et égoïstes, les sentiments profonds, inaltérables, que je proclame hautement, et sans lesquels on ne peut rendre à la France sa grandeur et sa prospérité. »

Ces sentiments sont bien plutôt ceux d'une haine politique mal justifiée chez ce légitimiste prenant le rôle de vengeur de Louis-Philippe, après l'avoir si violemment injurié dans ces mêmes *Euménides* qu'il rappelle assez maladroitement.

Les pièces qui composent ce volume sont au nombre de dix-sept :

Sainte-Hélène et les Invalides. 20 juin 1840. — La 1re édition avait paru en 1840, Imprimerie de Pommeret, chez Gallois, Rigaud, Galerie Vivienne, nos 5 et, in-8 de 1/2 feuille *(Bibliographie de la France,* no 3242).
La Guerre. 10 juillet 1840.
La Louve aux deux amours. Juin 1847.
Au prince de Canino. 8 février 1850.
A Louis Bonaparte. 10 novembre 1850.
Le Coup d'Etat. Décembre 1851.
Au marquis de Pastoret. 4 janvier 1852.
Le Passage du Pruth. 6 juillet 1853.
La guerre du Mexique. 30 juillet 1867.
Le Mariage du Loup. Août 1857.
Les Arènes de Paris. 20 mai 1870.

Les Pinsons et le Coucou. 20 juillet 1870.
Les trois Fantômes. 6 septembre 1870.
L'Homme de Sedan. 20 octobre 1870.
Le Hibou. 2 novembre 1870.
Le Roi d'Italie. 8 juillet 1871.
Les Singes. 10 juillet 1871.

Enfin, au commencement de décembre de la même année parut encore, sous forme de fascicule, un dernier poème ou plutôt une dernière satire de d'Anglemont :

La Horde Bonapartiste, Paris, Librairie nationale, 1875, in-8 de 4 pp. — Imprimerie Masquin et Cie (1).

Telle fut la dernière œuvre d'Edouard d'Anglemont. Elle passa presque inaperçue et il ne lui survécut que quelques mois. Il mourut à Paris, le 22 avril 1876, âgé de soixante-dix-huit ans. Depuis longtemps l'oubli s'était fait sur lui, et il n'avait jamais retrouvé le succès des premières et des secondes *Légendes françaises*, ses deux œuvres les plus connues.

Il méritait mieux que cette réputation d'un jour, et dans les *Paysages*, les *Euménides*, les *Amours de France*, les *Roses de Noël* et les *Pastels dramatiques*, on trouve plus d'une pièce égales et même supérieures aux *Légendes françaises :* son talent s'était assoupli, et en beaucoup de points renouvelé. Dans les *Roses de Noël*, il a manié avec beaucoup de dextérité la stance de huit pieds et son style a gagné en précision, souvent aussi en vivacité et en couleur. On ne lit plus guère ses œuvres, et en cela, il a subi la défaveur qui s'attachait à son parti politique. Etre légitimiste, et le rester jusqu'à sa mort, n'était pas le moyen d'être populaire ; et si

(1) *Bibliographie de la France* du 2 décembre 1875, n° 13330.

Victor Hugo avait toujours été le poète de *la Vendée*, de *Louis XVII* et des *Vierges de Verdun,* à talent égal, il n'aurait pas eu les funérailles qu'on sait. Les *Voix d'airain* auraient pu lui refaire, à la dernière heure et auprès d'un certain parti, une réputation, mais elles venaient trop tard. Il était tombé dans un oubli dont on ne revient pas.

La postérité devra être plus juste pour lui ; et si elle ne retient pas tout ce qui porte son nom, elle pourra, grâce à un choix scrupuleux, former de ses vers une gerbe encore odorante et aux agréables couleurs.

TABLE

I. Antoine Fontaney 5
II. Jean Polonius (Labensky) 41
III. L'Indépendance de la Grèce et les Poètes de la
    Restauration 85
IV. Jules de Rességuier 120
V. Edouard d'Anglemont 205

VENDOME

IMPRIMERIE F. EMPAYTAZ

www.ingramcontent.com/pod-product-compliance
Lightning Source LLC
Chambersburg PA
CBHW070847170426
43202CB00012B/1985